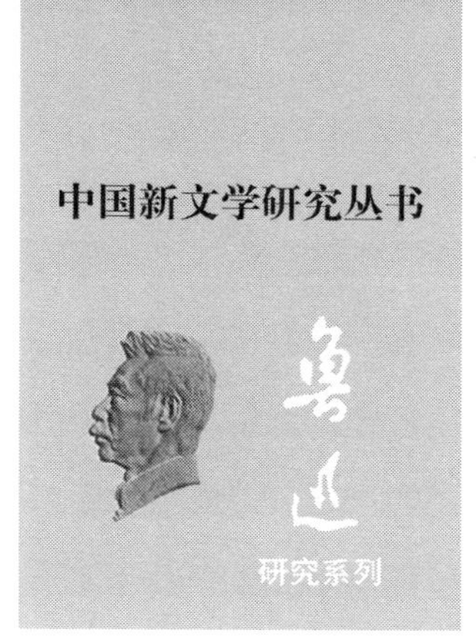

南京大学
中国新文学研究中心
中国文学与东亚文明研究协同创新中心

985工程三期项目经费
江苏高校优势学科建设工程专项资金

资助出版

十年论鲁迅（下）

——鲁迅研究论文选（2000—2010）

王彬彬　王晴飞 主编

南京大学出版社

第四辑

鲁迅在新文学传统中的领导地位之建立

——文协与抗战初期的鲁迅纪念活动

段从学

传统既然是当下历史语境中的文化主体对过去的想象和记忆，而非一个简单的由历史经验堆积而成的自然实体，因此传统的基本功能，就在于为主体在当下的文化选择和其基本立场提供合法性资源。从 1930 年代开始，新文学运动的参与者就开始有意识地总结新文学运动的历史经验，建构新文学自身的传统，试图把新文学自身的历史转变为新文学发展的合法性资源。到 1930 年代后期，新文学传统已经逐渐获得了元话语的性质，借助新文学传统来确立当前文艺运动的合法性，已经变成了一种普遍性的话语方式。抗战爆发之后，这种趋向进一步得到了延续和强化。以自觉地维护五四新文学传统著称的胡风，就曾多次强调，五四以来的中国新文艺"建立了一个革命的传统，这是任谁不能否认的事实"，抗战文艺正是这个新文艺传统在战争时期的延续和发展。[①]在胡风看来，正是这个"二十多年来的新文学的传统"，教育和指导了新文学作家，使抗战时期的"整个文艺进程"获得了正确的方向，[②]保证了抗战文艺运动的健康发展。除此之外，文协在组织和发起各种文艺运动的时候，也一直注意运用新文学传统来谋取相应的合法性。在新文学传统已经演化成了一股左右新文学发展方向的权力话语的情形之下，如何书写新文学传统的历史形态及其内部秩序，就成了与抗战时期的文艺运动和文学发展方向密切相关的话语实践行为。

作为一个以领导和组织全国抗战文艺运动为根本目标的全国性文学组织，文协正是在这样的历史情境中积极参与抗战初期的鲁迅纪念活动，最终于 1940 年从新文学运动的角度，以集团的名义确立了鲁迅在新文学传统中的领导地位，为以后进一步书写新文学传统的历史形态和内部秩序奠定了基础。

鲁迅逝世之后,上海进步文化界随即举行了盛大的悼念活动,由此形成了在鲁迅忌日开展大规模的全国性纪念活动的惯例。今天来看,进步文化界的这些纪念活动,一般都带有鲜明的现实功利目的,主要是为了借用鲁迅的影响力和社会文化地位,通过纪念鲁迅来宣传自己的社会文化主张和政治立场。但是,正像文学之为文学不是取决于自身的内在本质特征,而是取决于文学之外的社会文化语境中的共识一样,鲁迅在新文学史上的地位,同样建立在这些看上去与文学无关的纪念和阐释活动所造成的社会文化影响之上。在这个意义上,这些纪念活动,虽然与作为文学家的鲁迅没有多少直接关联,甚至和我们今天从新文学视野中看到的鲁迅存在着冲突,但却在扩大鲁迅的社会影响,确立鲁迅在中国现代文化史上的地位起到了不可替代的巨大作用,为后人从文学自身的立场来阐释鲁迅,确立鲁迅在新文学史上的领导地位,提供了必不可少的社会文化基础。

文协对鲁迅传统的书写和阐释,也是从参与这种社会性的纪念活动开始的。

1938年10月,鲁迅逝世两周年之际,正值武汉撤退。文协虽已经从武汉迁到了重庆,但留在文协武汉办事处的文协同人,仍然和鲁迅先生纪念会一起,"邀集在汉文化人,于十月十九日下午三时"[③],在汉口举行了鲁迅逝世两周年纪念大会。这次纪念会虽由文协和鲁迅先生纪念会两个文化团体的名义共同发起,但鲁迅先生纪念会当时只有胡愈之一人,不可能承担什么实际事务,文协不仅承担了这次纪念大会的一切费用,而且拟定了在《新华日报》以文协名义出版纪念专刊的计划,[④]只是后来因故未能刊出。文协同人在汉口组织的这次纪念会虽然规模不大,但却自有特色:那就是除了张季鸾等少数新闻界人士之外,其余的参与者基本上都是当时在政治部第三厅工作的左翼进步文人,如郭沫若、田汉、胡愈之、冯乃超、叶以群等。加之周恩来和秦博古以中共领导人的身份,"因为纪念鲁迅先生而特意赶来"参加纪念大会并做了重要发言,[⑤]高度评价了鲁迅的战斗精神,阐释了在抗战中纪念鲁迅的意义,故此这次纪念会,在很大程度上代表了中国共产党及其领导下的左翼进步文化界对鲁迅的公开评价。

就在武汉办事处的文协同人积极发动和组织纪念会的同时,文协也积极联络重庆文化团体，在重庆组织了鲁迅逝世二周年纪念会。1938年11月12日，重庆文化界有关文化团体召开了鲁迅先生逝世二周年纪念大会筹备会。在这次筹备会上，与会的二十五个文化团体“公推文协代表为主席，讨论纪念会筹备事项”，最后决定由文协等6个文化团体具体负责大会筹备工作。[⑥]据报告，文协主要负责相关的文字工作，一是“征集并分配纪念文字，以备各报纸出特刊之用”，二是“写纪念文字，并印成小册子，备大会送到会人士之用”。[⑦]经过文协和有关团体的认真筹备，重庆文化界于10月20日举行了两千多人的纪念大会。[⑧]此外，文协会刊《抗战文艺》还编辑出版了“鲁迅先生逝世二周年纪念特辑”，刊发了魏猛克、端木蕻良、方殷、沈起予、宋之的、梅林、老舍、姚蓬子等8人的诗文。[⑨]此后又接着刊发了周文和台静农为纪念鲁迅而撰写的专门文字。[⑩]这些纪念文字，大都以表达对鲁迅的崇敬之情为主要内容，虽然谈不上对鲁迅多少深刻的认识和分析，但却起到了扩大鲁迅的社会文化影响的重要作用，为此后的阐释和纪念活动提供了基础。

与武汉的纪念活动不同的是，重庆的纪念大会除了国民党中宣部部长邵力子担任主席并做大会发言之外，大会筹备组还“函请教育部社会部派员指导”筹备工作，[⑪]使得这次纪念大会带上了浓厚的官方色彩。

1939年10月，鲁迅逝世三周年之际，文协又与重庆社会各界一起组织了隆重的纪念会。这次鲁迅逝世三周年纪念大会，出现了三点值得注意的变化。

第一个值得注意的现象，就是国共两党均有代表参加纪念会并发表讲话，对鲁迅做了肯定性的评价。《新华日报》的报道，详细描述了当时的会场布置情形：

> 主席台的中央，在孙中山先生遗像的底下，鲜花簇拥着鲁迅先生的画像。这个有意义的布置似乎已经说明了鲁迅先生是继中山先生之死而后的最大的损失。
>
> 主席台上坐着国民党中央委员邵力子先生及中宣部副部长潘公展先生，中共领袖陈绍禹同志，重庆国民党市党部洪兰友先生，塔斯社罗果夫先生，中苏文化协会张西曼先生，中国文艺社王平陵先生，青年记者学会

> 范长江先生,作家胡风先生等。此外有中华全国文艺界抗敌协会、中华全国戏剧界抗敌协会、中华全国电影界抗敌协会、中华全国音乐界抗敌协会等文化团体及各代表千余人,挤在千余群众里面的有中共参政员秦博古、董必武、吴玉章、十八集团军参谋长叶剑英同志和新四军军长叶挺同志暨本报总编辑吴克坚、编委许涤新、戈宝权、闵廉诸同志。所有这些代表各党派各阶级的大会参加者都一致起立向着这位在临终前遗以"团结抗战"向全国呼号的伟大战士的遗像,致着最崇高的敬礼。[12]

除了会场布置体现出来的象征意义之外,从邵力子、王平陵、胡风、罗果夫、潘公展、陈绍禹等人的发言来看,国共两党在纪念鲁迅的现实意义这个问题上,也没有什么根本性的分歧,都是围绕团结抗战和民族战士两个基本主题来肯定学习鲁迅、纪念鲁迅的现实意义。这种各党派共同参与纪念活动的行为,尤其是国民党官方代表人物的出席,一方面扩大了鲁迅的社会文化影响力,更重要的是把纪念鲁迅的周期性活动变成了一种合法的社会仪式,为进步文化界进一步阐释和书写鲁迅传统的具体内涵奠定了合法性基础。

其次,从参加者的基本情况来看,一千多名与会群众中,"大部分是进步的青年、文化人、文艺工作者、工人、学生、广大的市民群众"[13],这表明鲁迅的影响力已经超出一般知识分子的范围,扩散到了普通民众中间,形成了一股不可忽视的社会文化力量。木刻家力群发表纪念文章,在一定程度上体现了当时的进步青年对鲁迅的社会文化影响力量的认识:"今天作为中国的前进青年的,如果要不能深深地认识鲁迅先生,那也将是一种更大的耻辱。"[14]

第三个值得注意的变化,就是尽管大部分纪念文字依然紧紧扣住团结抗日,甚至反对汪精卫的投降日寇等当时的时事主题来做文章,但还是不少纪念文字突破了表达个人感想,以及从当下的需要出发谈论纪念鲁迅的现实意义的一般套路,开始深入触及鲁迅精神的具体内涵,并且出现了把鲁迅的个人选择上升为具有普遍意义的文化方向的努力。《新华日报》社论,根据毛泽东对鲁迅的评价,明确提出了鲁迅精神的具体内涵:

鲁迅先生是伟大的，鲁迅先生是不朽的。毛泽东同志曾告诉我们，鲁迅先生有政治的远见、奋斗的精神和牺牲的精神，这几个特点的综合，就形成了一种伟大的“鲁迅精神”。当此纪念鲁迅先生逝世三周年时，我们每一个真诚的人，都应该继承“鲁迅精神”的这种伟大传统，来坚持我们民族的抗战，这也就是我们纪念这位伟大的民族战士的唯一的有效方法！[15]

另吴敏的纪念文章则提出了鲁迅的普遍意义：“鲁迅先生是中国现代知识分子的一个最光辉的代表者。他的纪念将永远保留在中国民众的心中，他的思想，他的奋斗的榜样，他的坚强不屈的战士精神，给予广大的青年以启示和鼓励，引导他们走上有意义的人生的道路。”[16]这种把鲁迅从当下的具体历史境域中独立出来，确定其具体内涵，进而提升为具有普遍意义的文化方向的努力，意味着鲁迅传统开始摆脱了具体历史事件的实用功利目的制约，形成了一股独立的文化力量。从后来的发展看，文协和左翼进步文化界对鲁迅传统的阐释和利用，正是以这种独立的文化力量为基础展开的。

在抗战初期的鲁迅纪念活动中，1940 年 10 月的鲁迅逝世四周年纪念活动，是一个重要的转折点。此次纪念活动，重庆进步文化界一方面利用国民党官方对鲁迅的承认和鲁迅的社会影响力，沿着实用功利主义的思路和纪念模式，把纪念鲁迅的仪式演化成了反对国民党文化专制主义的文化活动，另外一方面则沿着将鲁迅提升为一种独立的文化力量的新趋势，把鲁迅塑造成了新文学运动的领导者，确立了鲁迅在新文学传统中的领导地位。

从利用鲁迅的社会影响力来为当下事件谋取合法性这个角度看，1940 年的鲁迅逝世四周年纪念会，标志着国共两党对鲁迅的理解出现了分歧，纪念鲁迅由此开始变成了中共及其左翼文化界反对国民党文化专制的一个重要武器。这次纪念会之召开的过程及其具体情形，充分说明了这一点。和以往一样，文协和有关文化团体，很早就开始了纪念会的筹备工作：

十月初，为了纪念伟大的中国民族革命的作家鲁迅的逝世四周年纪念，在陪都的几个文化团体开始了大会的筹备会，参加的有十二个全国性的文化团体，计中华全国文艺界抗敌协会、中苏文化协会、青年记者协会、中国文艺社、国际反侵略中国分会、国民外交协会、青年记者协会、中华职业教育社，以及全国戏剧界、电影界、木刻界、音乐界抗敌协会等十二个团体。并筹划出版纪念特刊，由文协负责编辑、出版。[17]

10月11日，《新华日报》也报道了重庆文化界举行纪念活动的消息，并预告了部分纪念特刊的具体内容。[18]

但临到开会前夕，却受到了重庆卫戍司令部的阻挠，被告知不准开会。为此，老舍不得不找冯玉祥出面周旋。冯氏在日记中，详细记载了事情经过：

晚，中苏文化协会老舍先生来，为的是明日开纪念鲁迅先生大会，计参加团体十多个，他们说接到卫戍司令部通知，不准召开，说是转市党部社会部的命令。究竟是不准露天开会，或不准在巴蜀小学开会，或根本不准开会，请我设法解决。

在老舍的请求下，冯玉祥答应出面找重庆卫戍司令刘峙斡旋：

讨论的结果，是我打电话，〔向〕刘峙总司令问问。刘总司令说，会是开的，不是不叫开会，是不要乱骂。最好打电话问问市党部。

因为市党部的人我不认识，遂问问中央党部叶秘书长。他说只要卫戍司令部允许就没问题了，不过这是社会部谷正纲的事，我们可与其一电话。

事情决定了，明天二时开会，惟我不愿去当主席，因为届时他们又是乱骂，脸上不好看，免〔勉〕强推脱说同时英大使请客，不能为此而忘了国家事。他们又要延长至三点，无再推，只好去了，预告会场要有秩序。[19]

从国民党有关方面要求召开纪念会时“不要乱骂”，而冯玉祥本人也因为担心“届时他们又是乱骂，脸上不好看”而不愿担任大会主席等情形来看，纪念会实际上已经演化成了左翼进步文化界反对国民党文化专制的一种社会实践，而不再是单纯的仪式了。

正因为此,《新华日报》获知鲁迅逝世四周年纪念会受到禁止后,很快在10月19日刊出了这样一条抗议性消息:

> 今日为鲁迅先生逝世四周年纪念,渝市文艺及文化界原定本日下午二时在巴蜀小学举行纪念会,现以某种特殊原因,原定纪念办法,不能实现,闻现正设法恢复原定计划中,惟截至记者执笔时,尚未得有确定消息,今日下午纪念会能否举行尚未可知。[20]

据胡风回忆,由于纪念会筹备者"没有及时和《新华日报》通气,《新华日报》只听到了纪念会被禁止的谣传,当天就登了一条带抗议意味的报道"[21],影响了群众到会,结果仅有三百多人参加了纪念会。[22]显然,这则"带抗议意味的报道",只能是在分歧和冲突早已存在的情形之下才能迅速产生出来,反过来又强化了这种早已存在的分歧和冲突,使之变成了一种公开的政治立场。

从大会主席团成员的构成及其言行,也从一个侧面反映了国民党官方对待鲁迅纪念会的态度之变化。这次纪念会的主席团由冯玉祥、沈钧儒、梁寒操、郭沫若、陈仿先、老舍和周恩来等7人组成,冯玉祥为大会主席,表面上依然包含了不同党派的成员,实则不然。除了冯玉祥本人并不愿意参加这次纪念会,更不愿意担任主席,纪念会的筹备者事先也无意让冯氏担任大会主席,只是由于受到阻碍,不得已才求助于冯氏。因此,冯玉祥之担任纪念会主席,无论就其本人还是大会组织者而言,都是无奈之举。胡风在回忆说,"冯玉祥到会一会儿就说有约会要走,只好请老舍设法留住他,并请他担任主席"[23]。因此,冯玉祥参加纪念会,主要出自老舍等人的私人交往,并不代表国民党官方立场。重庆市党部代表陈仿先也只是在"再三邀请之下",才站起来"大声地说要学习鲁迅先生的奋斗精神"[24],没有更多表现。

会前受到的阻挠,以及国民党官方人士在纪念会上的具体言行,表明国共两党在"团结抗战"的基础上形成的有关鲁迅的共识,已经宣告破裂。在这个意义上,鲁迅逝世四周年纪念会实际上已经变成了主要由进步文化界主持的活动,带上了明显的政党政治斗争色彩。在以后的几次鲁迅逝世周年纪念活动中,这种政党政治斗争的色彩越来越浓烈,纪念鲁迅最终演变成了中共反对国民党文化专制政策和政治压迫的一个重要方式。

鲁迅逝世四周年纪念会上出现的这种分歧和冲突,与延安对鲁迅提出了全新的阐释和理解有着密切关联。大致说来,1940年之前的鲁迅纪念活动,总体上是在民族主义的话语空间中展开的,进步文化界和国共两党都集中在“团结抗战”的政治目标之下,从民族战士这个角度来阐释鲁迅,塑造鲁迅的基本形象。也就是说,国共双方对鲁迅的理解和阐释,从根本上说并没有超越三民主义的基本范围。最典型的例子,是鲁迅逝世三周年之际,《新华日报》的文章仍然以“为抗战胜利而奋斗,为创造三民主义的新中国而奋斗”为口号,阐释纪念鲁迅的现实意义。[25]国民党中宣部长梁寒操在鲁迅逝世4周年纪念会上的讲话,仍然延续了在民族主义话语空间之内来阐释和理解鲁迅的思路。据报道,梁氏一开始就表明了自己的身份乃是“一个三民主义的革命者”,进而通过鲁迅和孙中山之间的比较,肯定两人在革命精神上的一致性:

> 他说,“中山先生与鲁迅先生在革命精神上是同样的,他们都是以反帝反封建为行动目标。所不同的,中山先生是革命总流的领导者,鲁迅先生是从心理方面来领导革命的。文艺是改变精神思想最有效的工具。鲁迅先生是以战斗的态度来改革人民的精神”。最后,梁先生勉力大家要认清我们革命的前途,大家努力战斗,才能不愧于今日的纪念,才能建设三民主义的新中国。[26]

不过,就在国民党官方继续在三民主义的范围内来理解和阐释鲁迅,把鲁迅当作文化领袖看待的同时,延安方面却对鲁迅提出了全新的阐释。

1940年2月,毛泽东根据无产阶级革命的逻辑需要,提出了新民主主义文化理论,对鲁迅做了全新的阐释和评价,确立了鲁迅在无产阶级领导的五四新文化运动中的核心地位。毛泽东认为,“在‘五四’以后,中国产生了完全崭新的文化生力军,这就是中国共产党人所领导的共产主义的文化思想,即共产主义的世界观与社会革命论”。

> 而鲁迅，就是这个文化新军的最伟大与最英勇的旗手。鲁迅是中国文化革命的主将，他不但是伟大的文学家，而且是伟大的思想家与伟大的革命家。鲁迅的骨头是最硬的，他没有丝毫的奴颜与媚骨。这是殖民地半殖民地人民最可宝贵的性格。鲁迅是在文化战线上，代表全民族的大多数，向着敌人冲锋陷阵的最正确、最勇敢、最坚定、最忠实、最热忱的空前的民族英雄。鲁迅的方向，就是中华民族新文化的方向。[27]

这个论断，奠定了鲁迅在中国现代文化和文学史上的历史地位，开辟了共产党人自己独立阐释和理解鲁迅的话语空间，在相当一段历史时间之内，左右了现代文学研究者阐释和理解鲁迅的基本思路。毛泽东的新民主主义文化理论及其对鲁迅的高度评价，显然正是重庆地区的鲁迅逝世四周年纪念会上，国共两党的分歧和冲突之根源。分歧和冲突的焦点则是：双方都意识到了鲁迅的重要意义，承认了鲁迅在文化界的领导地位，但国民党是在民族主义的话语空间中，继续根据三民主义的相关理论资源来阐释和评价鲁迅，而延安方面则在共产主义的话语空间中，根据新民主主义文化论，把鲁迅塑造成了新民主主义文化领袖。

国共双方从不同的角度来阐释和理解鲁迅在文化界的领导地位，自然是为了利用鲁迅的社会文化影响来为各自不同的政治文化谋取合法性，而不是因为先有了政治文化的合法性，才有了鲁迅的领导地位。换言之，鲁迅作为文化领袖地位，是建立在先于他所代表的文化传统而存在的社会文化影响力的基础上，而不是他所代表的文化传统赋予的。承认鲁迅在文化界的领导地位，实际上也就在无形中扩大了鲁迅的社会影响，强化了作为一种独立文化力量的鲁迅传统之存在。从鲁迅传统之形成的角度来看，这意味着国共两党和社会各界共同参与的几次大规模的纪念活动，已经把鲁迅塑造成了一股具有强大的文化力量，一种国共双方都无法忽视的权力资源。

这一事实，为文协从新文学的传统的角度来阐释鲁迅，确立鲁迅在新文学传统中的领导地位提供了社会文化基础。

鲁迅逝世四周年纪念大会结束之后，文协同人紧接着以聚餐会的形式，在当天晚上召开了“鲁迅纪念会”,决定次日在中苏文化协会举行鲁迅纪念晚会,以“讨论及研究鲁迅之作品”,并报告关于鲁迅之回忆等事项。[28]正如文协承认的那样,这次聚餐会,无论从哪方面看都“可以说是纪念会的继续的发展”[29],带有明显的抗议性质。 而周恩来、沈钧儒和田汉等人的发言,更进一步强化了聚餐会的政治色彩。

1940年10月20日,文协组织纪念鲁迅先生逝世四周年的晚会,在胡风主持下如期举行,30多名重庆地区的文协会员参加了会议。 根据胡风的总结,文协同人在这次晚会上,达成了这样的共识:“第一,大家都认为我们应该接受先生的领导,研究先生的遗著,学习先生的战斗精神;第二,我们要认识先生的现实主义方法和精神,并加以认真的研究和学习。”[30]文协研究部的工作报告,对这次晚会所取得的“共同的意见”之叙述,细节上虽有出入,主要观点却没有差别:

> (1) 肯定了鲁迅精神是中国文艺运动的领导精神,鲁迅先生是中国文艺运动的领导者。这一点,由老舍先生提出,全场衷心地表示同意。
>
> (2) 我们应该学习鲁迅先生的现实主义精神和方法。
>
> (3) 建议文协理事会本部应设立“鲁迅研究会”。[31]

根据晚会的提议,文协总务部随后很快成立了“鲁迅研究会”[32],以制度化的形式把学习和研究鲁迅的活动变成了文协的一项日常工作。 此外,成都、桂林、昆明和延安等地的文协分会,也同时举行鲁迅逝世四周年纪念活动。[33]这些活动,呼应着文协对鲁迅之领导地位的承认,把文协同人的关于鲁迅的“共同意见”与相应的实践活动结合起来,使之变成了一种有着常规化的生产活动,并且可以通过这些生产活动不断得到更新和强化的意识形态知识。

不难看出,文协对鲁迅在新文学传统中的领导地位的确认,与毛泽东在延安对鲁迅在新民主主义文化中的领导地位的确认,明显地构成了知识谱系上的内在关联。 事实上,文协同人不过是在新文学传统这一新民主主义文化的具体领域之内,重复了延安方面的有关论断。 文协在重庆文化界的鲁迅逝世四周年纪念会受到国民党官方阻挠的情形下,毅然单独出面召开“鲁迅纪念会”和“鲁迅晚会”,

以及"全场由衷地表示同意"确立鲁迅为新文学传统领导人这种书写文学史结论的特殊形式,也使得文协对鲁迅之文学史地位的确认,带上了浓厚的权力特征。

但是,换个角度来看文协从参与社会各界共同举行的鲁迅逝世纪念活动,到最后以自身的名义确立鲁迅在新文学传统中的领导地位的历史过程,文协同人对鲁迅之文学史地位的书写,却又离不开抗战初期国共两党在"团结抗战"的民族主义话语空间中对鲁迅的积极评价,以及社会各界大规模的纪念活动。文协实际上是把国共双方对纪念鲁迅之现实意义的肯定,以及社会各界大规模的纪念鲁迅活动生产出来的普遍性的文化权力,巧妙地转化成了自身独立书写鲁迅在新文学传统中的领导地位的文学史权力。就此而言,文协确立了鲁迅的领导地位,其实也就等于把弥散在整个社会生活领域的普遍性文化权力,凝聚成了自身书写新文学传统的内部秩序,左右新文学发展方向的一种特殊的文学史权力。

鲁迅在新文学传统中的领导地位被确定之后,对鲁迅的阐释和评价,反过来又成了书写新文学传统、确立新文学发展方向的一个基本途径。1941 年 11 月,中共南方局借助文协等民众团体,发起了声势浩大而影响深远的"郭沫若五十寿辰暨创作生活二十五周年"纪念活动,把郭沫若塑造成了鲁迅的后继者,由此创立了通过公开的纪念仪式来书写新文学传统,确立当下文学运动方向的话语运作方式。1944 年的纪念老舍创作生活二十周年,1945 年的纪念茅盾五十诞辰等活动,都是这一话语运作方式的产物。这些纪念活动所确立的文学史秩序,迄今仍然或隐或现地左右着今天的现代文学史格局。

注 释

① 胡风:《民族战争与我们——略论三年来文艺运动的情势,纪念抗战三周年》,《胡风全集》第 2 卷,第 626 页,湖北人民出版社,1999 年。

② 胡风:《今天,我们的中心问题是什么?》,《胡风全集》第 2 卷,第 604 页。

③ 记者:《文艺简报》,1938 年 10 月 29 日《抗战文艺》第 2 卷第 8 期。

④ 冯乃超:《从武汉撤退》,1938年11月12日《抗战文艺》第2卷第11期。

⑤ 欲明、密林:《鲁迅逝世二周年纪念会昨日下午在青年会举行》,1938年10月20日《新华日报》第3版。

⑥⑪ 《鲁迅纪念会筹备记》,1938年10月22日《抗战文艺》第2卷第7期。

⑦ 总务部:《会务报告》,《抗战文艺》第2卷第8期。

⑧ 记者:《严肃的纪念——鲁迅先生逝世二周年纪念会特写》,《抗战文艺》第2卷第8期。

⑨ 参见《鲁迅先生逝世二周年纪念特辑》,《抗战文艺》第2卷第7期。

⑩ 台静农:《鲁迅先生的一生》,周文《学习鲁迅精神》,均见《抗战文艺》第2卷第8期。

⑫⑬ 述周:《战时首都千余群众纪念民族战士鲁迅先生》,1939年10月20日《新华日报》第2版。

⑭ 力群:《不知道鲁迅先生即是一种耻辱——为鲁迅先生逝世三周年纪念而作》,原载1939年11月5日《文化前锋》,引自张梦阳编《鲁迅研究学术论著资料汇编》第2卷,第1228页,中国文联出版公司,1986年。

⑮ 《纪念伟大的民族战士鲁迅先生》,1939年10月19日《新华日报》第1版。

⑯㉕ 吴敏:《中国知识分子的道路——纪念鲁迅先生》,1939年10月20日《新华日报》第4版。

⑰㉖㉙㉚㉝ 记者:《记"鲁迅纪念会"和"鲁迅晚会"》,1940年12月1日《抗战文艺》第6卷第4期。

⑱ 集纳者:《国内外文坛》,1940年10月11日《新华日报》第4版。

⑲ 中国第二历史档案馆:《冯玉祥日记》第5册,第934－935页,江苏古籍出版社,1992年。

⑳ 《陪都文化界纪念鲁迅逝世四周年》,1940年10月19日《新华日报》第2版。

㉑㉓ 胡风:《回忆录·重庆前期》,《胡风全集》第7卷,第487页。

㉒㉔ 《他——活在我们心里——鲁迅先生逝世四周年纪念大会记》,1940年10月20日《新华日报》第3版。

㉗ 毛泽东:《新民主主义的政治与新民主主义的文化》,1940年2月15日《中国文化》创

刊号，第 19 号。

㉘ 《渝文艺界今开晚会研究鲁迅先生作品》，1940 年 10 月 20 日《新华日报》第 3 版。

㉛ 研究部：《研究部报告（二十八年四月—二十九年十二月底）》，1941 年 3 月 20 日《抗战文艺》第 7 卷第 2、3 期合刊。

㉜ 总务部：《会务报告》，《抗战文艺》第 6 卷第 4 期。

（《鲁迅研究月刊》2008 年第 7 期）

延安时期“鲁迅传统”的形成(上)

袁盛勇

一

1936年10月19日,鲁迅在上海不幸病逝。这一消息传到当时即将进驻延安的中共中央,毫无疑义引起了相当强烈的震撼,中共中央对此作出了热切反响。中共中央在随后发表的唁电和文件中对鲁迅作了非常之高的评价,比如说他是“我国文学革命的导师、思想界的权威、文坛上最灿烂光辉的巨星”,又说他是“最伟大的文学家,热忱追求光明的导师,献身于抗日救国非凡的领袖,共产主义苏维埃运动之亲爱的战友”,并且明确指出他“对于我中华民族,功绩之伟大,不亚于高尔基之于苏联”。[①]与此同时,左翼文化界中那些曾经跟他大有扞格的人,也都遵照党的指示,对他采取了貌似非常崇敬的态度:鲁迅在他们笔下也确乎越来越不像一个人,而是一个神了。这种现象在延安这一特定的政治区域又无疑得到了空前有组织的开展,并且随着政治情势的发展和需要,对鲁迅的理解也越来越褊狭化了。这就是说,鲁迅愈来愈被抽象化,单一化,符号化,即越来越被意识形态化了。那么,这种现象在延安是否经历了一个过程?倘是的,它又经历了一个怎样的过程?本文试图从鲁迅接受史的角度,作一些学理性的探究。

鲁迅之为鲁迅,首先在于他是一位伟大的文学家,须知,他那震撼中国的第一声呐喊并不是标志着他的独异思想开始得以确立的《文化偏至论》,而是揭示了古老东方鲜血淋漓之沉沦景观的《狂人日记》。可是,由于他的那种独异思想已经如此罕见又如此艺术地渗透其小说的每个角落,因而必须指出,鲁迅确乎不仅是一位文学家,而且是一位最为富有思想意味的文学家。在延安,作为文学家的鲁迅无疑在人们心中留下了最为值得骄傲且最为动人的一幕。1938年4月,"鲁迅艺术学院"在延安创立时,发起人毛泽东、周恩来等一致认为鲁迅是"中国最大的文豪"。[②]萧军更是认为,"鲁迅不仅是中国的唯一的伟大的作家",而且"在世界上他已经是他同时代的最伟大的作家群中一人了"。[③]正是在这意义上,中共中央才会赞誉他为"我国文学革命的导师",是"文坛上最伟大的巨星"。[④]而在鲁迅的文学作品中,在延安最为让人称道的是其小说与杂文。萧三曾经指出,就鲁迅的作品而言,他的"小说是反映社会下层生活的,是代表他们说话的。他的杂感是他反对一切反动现象与反动思想之最有力的武器,是战斗的政论,而有最高的艺术性的"[⑤]。这说明,鲁迅小说和杂文有其各自无可取代的艺术特征与社会价值,因而值得延安作家予以学习和借鉴。其实在延安,当时不仅文化界如此认为,党的部分领导人——比如张闻天——也是这样看待鲁迅的。他说,鲁迅创作的小说和杂文,不仅是"每个干部所必须研究的读物",[⑥]而且"现代中国的青年",从"先生的作品中可以得到很多有益的、宝贵的东西"[⑦]。正是基于这种认识,他指导批评家刘雪苇先后编辑出版了《鲁迅论文选集》和《鲁迅小说选集》。历史证明,"这两本选集的出版,对当时抗日根据地内开展鲁迅著作的学习和鲁迅精神的发扬,起了很大的作用"[⑧]。因此,鲁迅作品在整个延安发生了积极而广大的影响,这是毫无疑义的。但是,随着时间的不断延展,随着延安政治情势的不断变化,人们对鲁迅作品的理解和接受也发生了颇为耐人寻味的变迁。之所以耐人寻味,是因为它经历了一个合乎意识形态逻辑的发展过程。那么,这个过程到底是怎样的呢?

为了便于大家理解鲁迅作品在延安的传播,我们有必要先来谈谈延安文化界对鲁迅小说的认识与评价。应该说,当时人们对鲁迅小说给予了相当不错的评价。丁玲曾在总结苏区文艺的成就与缺陷时指出:"苏区的文艺,到现在还没有产生过如同阿Q那样艺术成熟的作品,就是像《子夜》、《八月的乡村》……有着丰富新鲜,大的场面的描写也找不出。"[⑨]显然,这里所言阿Q是指鲁迅最为著名的小说之一《阿Q正传》,在丁玲看来,它是比茅盾的《子夜》和萧军的《八月的乡村》等小说成熟得多的作品，是艺术创作中的杰作。萧军认为，鲁迅之所以能够成为世界上最伟大的作家之一，除了“他的作品曾经被译过各国的文字”之外，一个重要原因就是因为他创造了阿Q这一典型。在他看来，阿Q“不独概括了中国人的弱点，同时它也概括了人类的弱点”，[10]因而具有超越民族和时空的普遍意义。后来，萧军又在世界文学范围内认为阿Q与塞万提斯笔下的堂·吉诃德、莎士比亚塑造的哈姆莱特一样，“全是‘人类’的了，也全是不朽的了。因为它们不独概括了那个时代的人底弱点、人底善良，也指出了将来的人底弱点和善良。……以至于它们——弱点和善良——底应该没落或昂扬的前路”[11]。此外，周立波、雷加等人也对《阿Q正传》作过积极的研究或评介。其中，周立波认为阿Q“是中国精神文明的化身”，是“东方特产”，“是一个奇异而且复杂的心理现象”。[12]应该说，这一观点与此前茅盾、周作人对于阿Q的看法有一脉相承之处，比较切合作品描写的实际。正是因为这部作品有着非凡的艺术品格，延安文化界才会对它产生经久的研究和阅读兴趣，负责延安鲁迅研究会的萧军也才会于1941年不惮在当时物资紧缺的情况下，毅然决定编辑并出版《阿Q论集》这样带有研究性质的专论书籍。

我们知道，抗战时期曾经发生过关于“民族形式”问题的论争，它是由延安文化界有意识地发起的，所以在“民族形式”论争的背后，分明有着浓厚的党派意识形态色彩。讨论中，大家在探讨民族形式、民族风格的内涵时也曾多次提到鲁迅作品特别是他的小说创作。巴人认为，判定什么样的作品才算具有中国气派和中国作风，对其进行“抽象的原则的规定是不大可能的，举例来说，鲁迅的《阿Q正传》是有中国的气派与中国的作风的。鲁迅的文艺杂感是有中国的气派与中国作风的”[13]。如果说巴人的观点还只能算是左翼的，那么艾思奇、周扬等人的观点可就属于地道的延安文学界了。艾思奇在回答“五四”以来新文艺运动是否产生了具有民族气派和民族风格的作品时，明确指出：“鲁迅先生不但在他的创作里表现了这不妥协、积极向上的精神，而且很成功地发扬了民族的好的传统；他的作品所以成为五四新文艺运动的最高的成果，也正因为它在形式和内容上都不但是新的而且也是民族的。"[14]周扬更是肯定地说:"受果戈理影响最深的鲁迅,他笔下所刻划出来的人物,世态与风习,不是俄国式的,而是十足的中国的,他的描写的笔调是十足的中国式的笔调。《狂人日记》以及其他短篇的形式虽为中国文学史上所从来未有过的,却正是民族的形式、民族的新形式。完全的民族新形式之建立,是应当以这为起点,从这里出发的。"[15]显然,他们认为鲁迅创作了最为富有民族特色或民族新形式的现代典范作品。他们在"民族形式"论争中对鲁迅的极力肯定,既是对鲁迅本人及其作品的颂扬,也自然包含了对于民族新形式创造的期待,而它也内含了一个建基在肯定"五四"新文学之上的对于民族形式创造的评价标准问题。在他们的论述中,鲁迅无疑是最能体现"五四"新文学创作实绩的典型代表,并且代表了未来中国文学的发展方向。周扬、艾思奇等人的上述观点出现在延安整风以前,这说明,在整风以前的较长时间里,文学界更加倾向于把鲁迅的创作当作一个非常重要的参照系来加以看待,他们确实希望鲁迅富有生命力的小说传统能够在以延安为中心的新的文学创作中得以充分体现出来。但是,令人不安的是,即使在整风以前,对于鲁迅的小说也还存在着另外一种不同的甚至带有某种贬抑色彩的理解,而且随着以后延安政治情势的发展和新的意识形态的确立,这种理解不仅很有可能成为鲁迅接受史上的重要一脉,并且还会以其特定的意识形态话语权威的完全获得而对鲁迅的小说传统进行肢解与改写。那么,这是一种怎样的理解呢?

在延安,周扬虽然对鲁迅小说给出了如上所述的积极评价,但也非常尖锐地指出了存在其中的缺陷,这或许也是一种所谓合乎辩证的写法吧。在周扬眼里,作为"现实主义者的鲁迅没有能够创造出积极的形象",这是令人遗憾的。究其原因乃在于他虽然"在生活上一向和农民有密切的联系",但和无产阶级"这个新的力量较为疏远,那时他还只能用'不胜辽远'似的眼光,眺望这个新的阶级",故他没能"创造出积极的形象,正是很自然的事情"。[16]周扬这个说法显然受到了"革命文学"论争时期一些带有批判性的"左倾"观点的影响,他所言鲁迅在那时"还只能用'不胜辽远'似的眼光,眺望这个新的阶级",就总是能让人想起冯乃超以前在上海嘲讽鲁迅的话:“鲁迅这位老生——若许我用文学的表现——是常从幽暗的酒家的楼头,醉眼陶然地眺望窗外的人生。”[17]你瞧,“不胜辽远”与“醉眼陶然”在修辞表达上何其相似!

萧军曾经这样问道:“阿Q的时代究竟过去了吗?”“阿Q的子孙怎样了?”[18]周立波当时仿佛代他作了回答。在周立波看来,“现在也真的还有阿Q的余党。但我以为他们不成什么问题了”。原因在于,“《阿Q正传》出世仅仅二十年头,‘好中国’已经哺育无数新男女,他们有着斗争的美丽的现在。他们差不多不能理解我们的老Q了。我们历史的奔驰,比诗人的幻想奔驰,还要快一些”[19]。这是说,时代已经发生急剧变化,阿Q时代已经日渐消亡,因而在这新的历史条件下,阿Q终究会成为过去的产物,他的子孙再也不会是阿Q了。周立波的这个看法显然容易让人想起二十年代末钱杏邨的宣告:“死去了的阿Q时代。”[20]历史证明,这是一种浅薄而庸俗的乐观主义,它往往使人对现在与未来失去应有的清醒判断,并时时情不自禁地把美好的未来廉价地许诺给同样浅薄的人们。这种乐观主义显然也流淌在周立波、何其芳等延安文人的身上。何其芳曾在论述高尔基时指出:在理论上,马列主义是绝对真理,它像一把万能钥匙能够开启“悲剧”之门,并使“悲剧”消解于无形;在现实上,他和其他作家一道置身其间的延安,已经是一个到处闪烁着马列主义光辉的新民主主义社会了。故而何其芳天真地想:在这样一个理想世界里,怎么还会有“悲剧”发生呢?正是依照这种逻辑,他真诚希望延安的作家能够超越对“死亡”的书写而使文学最终摆脱“悲剧”的纠缠。[21]周立波显然与何其芳一样具有一种对马列主义顶礼膜拜的情结,也具有一种消解“悲剧”的美学观念,故而他在解读《阿Q正传》时才会相信,阿Q的忧伤面影在新民主主义社会,在解放了的明天,定将完全消失;也才会真挚地希望:“让Grotesque(怪诞的,荒唐的——引者)的中国,只残留在梦里吧!”[22]

由此观之,我认为,不论是周扬对鲁迅小说缺乏积极形象塑造的指摘,还是周立波真挚希望阿Q时代以及阿Q一类的人物永远成为历史的论述,都有可能导致对鲁迅小说传统的潜在消解。之所以说它们此时构成的仍只是一种潜在消解,原因在于还必须等待另外一个关键性因素的出现，这个因素就是毛泽东新民主主义意识形态权威的确立。

应该说，毛泽东对鲁迅终其一生都是非常敬重的。但是，如果说毛泽东对鲁迅杂文表现了一种一以贯之的阅读激情，那么与此相比，他对鲁迅小说却表现了一种惊人的冷淡，有时还不惜对之作出倾向于否定性的评价。比较显明的例子，是他在针对以延安为中心的文学运动发表有关具有指导性的讲话时，从来没有提及过鲁迅的小说。比如1938年4月10日，他在鲁迅艺术学院(简称“鲁艺”)成立大会发表的讲话中，提到了《夏伯阳》、《毁灭》、《铁流》等俄苏小说，但对鲁迅小说出人意料地保持了沉默。4月28日，他又去那里围绕“怎样做艺术家”这一主题作了演讲，其中很有兴致地谈及古典小说《红楼梦》，又提到了法捷耶夫的《毁灭》，但对鲁迅小说还是不曾提及一句。[23]1942年5月，毛泽东在延安文艺座谈会上发表了他一生中最为重要并且对未来中国文艺发展产生了深远影响的讲话。他强烈希望延安等革命根据地的作家要去谱写“新的人物，新的世界”，并且期望在延安文学中能够出现像《毁灭》这样的革命作品，可是，这篇特别注明用来纪念鲁迅的文章，却偏偏对鲁迅小说三缄其口，讳莫如深。显然，这既是一种故意的沉默，也是一种有意的冷淡。或许有人会问，能否说这是由于毛泽东对鲁迅小说不太熟悉的缘故呢？我认为，恰恰相反，这是由于他对鲁迅小说非常熟悉的结果。在鲁迅小说中，毛泽东对《阿Q正传》无疑是最为喜欢的了，这从他在报告、讲演中多次提到阿Q即可看出。但是，他在写给周扬的信中又说：鲁迅在《阿Q正传》等作品中“表现农民着重其黑暗面，封建主义的一面，忽略其英勇斗争、反抗地主，即民主主义的一面，这是因为他未曾经验过农民斗争之故”。[24]既然鲁迅小说存在这样大的缺点——而且联系毛泽东历来对农民革命性的高度强调来看，这个缺点自然是极其严重的了——那么，我们怎能希望毛泽东对它们作出热情洋溢的评价呢？应该说，毛泽东不在公开场合言说其小说的“缺陷”就已经是十分地掌握了批评的尺度了。至此，如果我们把上述周扬、周立波以及毛泽东等人对鲁迅小说所具有的批评性或贬抑性看法联结起来，可以看出，作为小说家的鲁迅形象在延安分明有着被不断弱化的一面,而且可以预期,以后随着毛泽东权威地位的确立,倘若人们对鲁迅小说的诠释不发生符合新的意识形态要求的根本转换,那么这种弱化趋势将会更为明显。

二

在小说和杂文两种文体中,给延安文学界带来特别麻烦的并不是小说,[25]而是杂文。第一次对鲁迅杂文给予全面而高度评价的是瞿秋白。在其著名论文《〈鲁迅杂感选集〉序言》中,他高屋建瓴地指出:“鲁迅的杂感其实是一种‘社会论文’——战斗的‘阜利通’(Feuilleton)。”[26]这说明,杂文是一种最为富有战斗力的文体,鲁迅的革命精神与狼性品格也正从这种文体的写作中鲜明体现出来。毛泽东在一定程度上认可了瞿秋白的评价。1939年至1940年,他在《一二九运动的伟大意义》、《新民主主义论》等讲演中认为:第一,鲁迅杂文在当时的文化“围剿”和反“围剿”斗争中具有标志性作用,它们因较为真实地记录了当时的历史情况,所以也就具有史诗性的价值。第二,鲁迅之所以能够成为文化伟人,一个重要原因在于他在这场“围剿”中是始终站在被压迫者的立场,并且出神入化地运用了极具战斗性的杂文。换言之,如果没有这场“围剿”,没有对杂文的创造性运用,那么就不会成就作为文化伟人的鲁迅。显然,这种观点与瞿秋白对鲁迅杂文极具战斗性功能的高度评价一脉相承。其实,对于瞿秋白的论述,当时延安政治—文化界表现了一种普遍认同的态势。张闻天在给刘雪苇编辑的《鲁迅论文选集》所作的序言中说:“关于鲁迅先生作品的各种评论文字,在出版界是很多的,但编者只选了瞿秋白先生的一篇《编序》作为‘附录’放在后面。从这篇《编序》里,可以看出这位已故的革命家如何深刻的了解鲁迅。”[27]这里所言“编序”即是指瞿秋白的《〈鲁迅杂感选集〉序言》,“如何深刻”四字分明表达了张闻天对瞿氏所写“序言”的赞叹与认同,由此也可见出张氏本人对鲁迅杂文的重视与推崇。

在此种态势下,延安文学界倘若产生对杂文的偏爱,并且由此涌动一股具有冲击力的杂文热流,显然是情理之中的事情;相反,倘若从不出现这样的文学景观,那倒会令人怀疑延安文人的创造活力。果然不出所料,在一部分具有知识分子气的延安作家努力下,在1941年至1942年春天这段时间内出现了一批令延安文人兴奋,但也同时让中共领导尤其是毛泽东倍感焦虑与困惑的杂文作品。主要有:丁玲《三八节有感》、《干部衣服》,艾青《了解作家,尊重作家》,萧军《“纪念鲁迅:要用真正的业绩!”》、《论同志之“爱”与“耐”》,罗烽《嚣张录》,王实味《野百合花》、《政治家·艺术家》,等等。这些作品的最大特色在于率直而谈,摒弃了那种不痛不痒的行文风格,而把批判锋芒火辣辣地指向了延安这个“新世界”。它们揭示了延安存在的一些不正常现象,揭示了太阳中客观存在着的黑点。其中,丁玲在《三八节有感》中几乎是愤懑难遏地道出了延安妇女特别是知识女性的生存困境,其中又显然夹杂了自己有苦难诉的生存体验,安置了她“多年的苦痛和寄予了热切的希望”。[28]所以她的呼唤才会产生震撼人心的效果:“‘妇女’这两个字,将在什么时代才不被重视,不需要特别的被提出呢?”[29]萧军则呼吁人们要用真正的业绩来纪念鲁迅,要尊重革命者受教育的权利,并且对有些革命者用“奴化的毒素”来“浸蚀”那些担任勤务工作的“红小鬼”的灵魂的现象进行了强烈批评。[30]艾青则从自己的创作体验出发,希望延安人们更为自觉地尊重作家的人格和自由写作的权利。他认为,“作家除了自由写作之外,不要求其他的特权。他们用生命去拥护民主政治的理由之一,就因为民主政治能保障他们的艺术创作的独立的精神”[31]。显然,这种自由意志与独立精神是“五四”新文化传统中的重要组成部分之一,也是左联时期和国统区作家为之神往与奋斗的重要动力之一,因此在艾青看来,据称是最为民主和自由的延安就应该更为容许这种精神的存在。其实,艾青的话也从一个侧面透露了不少知识分子在抗战时期奔赴延安的重要原因。

在这股杂文潮中,最为宿命地蕴含了个人和知识分子的悲剧命运的,应该说是王实味的作品。在延安,王实味主要是以翻译列宁著作为生,是一个刻苦勤奋又富有才华的人。除译作外,他当时写作并公开发表的文章仅有不多的几篇,[32]在这些文章里,作者确乎显现了惊人的勇气。他认为,“我们底革命事业有两方面:改造社会制度和改造人——人底灵魂”。这要改造的灵魂既是艺术家的,也是政治家的,而且它们必须是“首先针对着我们自己和我们底阵营”的。之所以如此,乃是因为“旧中国是一个包脓裹血的,充满着肮脏与黑暗的社会,在这个社会里生长的中国人,必然要沾染上它们,连我们自己——创造新中国的革命战士,也不能例外”。王实味清醒地意识到,“清除自己灵魂的肮脏黑暗,是一个艰难痛苦的过程,但它是走向伟大的必经道路”[33]。显然,这里所说的灵魂改造属于自我批判的范畴,在一定意义上,它是对“五四”启蒙主义传统的坚守与继承,是一个隶属于现代启蒙主义话语的命题。但是,考虑到当时延安正在开展整风运动的政治—文化语境,因而它又是一个隶属于党的思想改造的命题,这种思想改造运动在当时的中共领导人特别是毛泽东那里,正是被当作一种新的启蒙运动来看待的。这样,王实味所言人的灵魂改造与其说是“五四”启蒙主义的命题,毋宁说是一个处在“五四”启蒙与延安新启蒙或意识形态型塑之间的命题,显然,这样的启蒙话语为向新的意识形态话语转换提供了一定空间,故而在我看来,如果只有这样一篇杂文是断然不会给王实味带来那种悲剧性灾难的。我认为,给他悄然增添悲剧性砝码的是他在《解放日报》分两次刊载的《野百合花》。在这篇杂文里,王实味把批判的锋芒直接指向了延安社会中的“阴暗”面。他认为延安生活中存在着一种“歌啭玉堂春、舞回金莲步的生平气象”,而这是与当时严酷的战争环境“不太和谐”的;他借两个女同志的议论,慨叹延安生活中缺乏同志间的真诚友爱;他对延安政治—文化生活中普遍存在的文过饰非现象表示了尖刻批评,以期引起大家特别是年轻人的反思;最为令人不安的,是他在文章的最后触及了当时延安供给制存在的弊端,尤其对客观存在的等级制度进行了忧心忡忡的揭示。[34]

延安文学中出现的这股颇有冲击力的杂文创作热流,是与延安部分作家对杂文创作的呼吁同步进行的。萧军在延安可以说是较早提倡杂文写作的一个,但比他更为明确有力地举起鲁迅杂文的,是丁玲。在延安举行的纪念鲁迅逝世五周年大会上,丁玲明确“希望拿笔杆子的同志要大胆的互相批评,展开自由论争。学习继续鲁迅先生所使用过的武器‘杂文’;来团结整齐大家的步骤,促进延安社会的进步”[35]。丁玲这次讲话显然是有备而来,因为几天后她就发表了那极具感召力的名文《我们需要杂文》。在这里,她把上述意思表达得更加清楚,也更加尖锐。她认为,在民族抗战时期,杂文更是一种利器,因为“现在这一时代仍不脱离鲁迅先生的时代”,“即使在进步的地方,有了初步的民主,然而这里更须要督促,监视,中国所有的几千年来的根深蒂固的封建恶习,是不容易铲除的,而所谓进步的地方,又非从天而降,它与中国的旧社会是相连结着的”。因此,她不同意延安某些人所言的“不宜于写杂文”,“只应反映民主的生活,伟大的建设”的说法,而坚决认为:“我们这时代还须要杂文,我们不要放弃这一武器。举起它,杂文是不会死的。”[36]丁玲是当时延安文学界的名人,也是受到中共领袖特别是毛泽东予以特别关怀的著名作家,而且在具体工作上又是《解放日报》文艺副刊的主编,因此可以想见,她对杂文创作的呼吁即使单从编者与作者互动的角度来分析,也会产生积极的效应。为了对丁玲的呼吁给以积极回应,罗烽写了《还是杂文的时代》,萧军也写了《杂文还废不得说》,从题目即可看出他们的观点与丁玲是完全一致的。应该说,当时的杂文创作确实受到了不少读者的欢迎。1942 年 3 月 20 日,《解放日报》在“信箱”栏还发表了一篇读者来信,其中说:“像《轻骑队》那样的揭露刊物,虽然不免为好多纱帽气十足的‘干部’们斥为‘杂牌军’,我以为仍然是应该存在下去的;不但存在下去,而且其存在的规模还似乎应该与党的正气同其扩大,扩大到更正经合法的版面上。”[37]而这,无疑更进一步坚定了大家写作杂文的信心。

在丁玲、萧军等人眼里,写作杂文显然是承继鲁迅精神的最好方式之一。鲁迅曾经不无憎恶地指出,中国多“瞒和骗”的文学,因此,就鲁迅杂文的本性而言,它是一种以追求真相为美的文体,他反对虚伪的情感,呼唤真诚的心灵。杂文不仅指向外在的世界,而且更多时候指向内面的世界。只有颇不自满的民族和个人,才能承受杂文之重,也才有可能由此取得不断进步,用政治的话语,那就是才有可能从一个胜利走向另一个胜利。正是在这个意义上,艾青在其文章中才会严正指出,“希望作家能把癣疥写成花朵,把脓包写成蓓蕾的人,是最没有出息的人——因为他连看见自己丑陋的勇气都没有,更何况要他改呢?”[38]因此,只有敢于直面现实之丑恶的人,才是真正严肃的现实主义者。丁玲说,“陶醉于小的成功,讳疾忌医,虽也可以说是人之常情,但却只是懒惰和怯弱。”[39]其实,无论是“讳疾忌医”,还是“懒惰和怯弱”,在鲁迅那里,都是一种病态的阿Q气的表征。因此,丁玲的告诫里既充满着鲁迅的精神,也满盛着对延安的爱。萧军更是以为,延安既然是“最尊敬,最肯承继,最懂得鲁迅精神和事业的地方”,那么研究鲁迅自然要“比中国任何地方”投入“三倍或者几倍力量的”,而其目的在于“使每个在延安在边区的党人和非党人,能够懂得鲁迅,承继起鲁迅的精神……使他们自动地强健起‘自己’,自动地把整个身心埋进革命和民族解放的事业里”。什么叫“鲁迅的精神”?在萧军看来,鲁迅精神无疑是一种批判精神,也是一种具有人道主义情怀的革命精神,人们只有承续鲁迅的批判精神,具有个体批判意识,才会有助于“中国新文化的开展和提高”,才会实现鲁迅留给人们的理想,即:“把自己的民族从奴隶和奴才的地位提到一个真正‘人’的地位;把人类从半虫豸的地位提到人的地位。”[40]但随后发生的历史将会证明,这种凭借对鲁迅精神的继承而去争取“人”的地位的努力,注定会是知识分子一厢情愿的想法,在一个日渐走向极端的政治—文化语境中,它注定会走向失败。

毛泽东对鲁迅后期杂文的偏爱是众所周知的事实,因此,对于鲁迅式杂文的批判性功能他不能不有其深刻的体会和认识。在一定意义上,毛泽东最初并不害怕延安的杂文创作,也不担心鲁迅的批判锋芒终会指向自身。应该说丁玲等人的杂文写作在一定程度上是符合毛泽东的整风初衷的。因为毛泽东素来主张“相信群众,依靠群众”,相信群众运动能够有效地监督各级领导干部,有利于揭露与纠正存在的各种问题,所以他在1942年发动整风运动初期,明确提倡自下而上采取“大鸣大放”的斗争形式。毛泽东在这年2月1日的讲演中,曾经说当时“党的领导路线是正确的,但是在一部分党员中间,还有三风不正的问题。于是你也来呀,我也来呀,大家把主观主义宗派主义党八股的尾巴割下来呀"。这末尾一句很形象、风趣,大有民间狂欢的意味。这些话是毛泽东在中共中央党校开学典礼上讲演《整顿学风党风文风》时说的,当是属于演讲时的临场发挥,后来发表时删去了。但《解放日报》在3月9日发表的社论《教条和裤子》(胡乔木起草并经毛泽东修改)中不仅转述了这些话,更是号召人们参与到史无前例的"脱裤子"(整风)运动中来,以便帮助党员干部切实割掉"三风不正"的"尾巴"。既然毛泽东这样说了,《解放日报》又以社论形式发出了恳切的号召,因此文化界没有理由不以积极姿态去面对延安的阴暗面。但是,让毛泽东不久便感到颇为不安的是,丁玲《三八节有感》、王实味《野百合花》等杂文对延安阴暗面的揭露,由于一针见血地触及了部分领导和老干部的缺陷,而引起了其中一些人,特别是一些军队领导人的强烈反感[41]。据胡乔木回忆,在一次由毛泽东主持召开的有关《解放日报》改版问题的会议上,"贺龙、王震同志都批评了《三八节有感》,批评得很尖锐。贺龙说:丁玲,你是我的老乡呵,你怎么写出这样的文章?跳舞有什么妨碍?值得这样挖苦?话说得比较重。当时我感到问题提得太重了,便跟毛主席说:'关于文艺上的问题,是不是另外找机会讨论?'第二天,毛主席批评我:'你昨天讲的话很不对,贺龙、王震他们是政治家,他们一眼就看出问题,你就看不出来。'"[42]这表明,毛泽东此时已经赞同从政治角度而非艺术角度去看待当时意在揭露延安阴暗面的杂文了。本来,毛泽东发动这场轰轰烈烈的思想改造运动,目的之一在于通过整风冲击那些以王明为首的高中级领导干部,以便由此树立新的意识形态权威,为即将到来的一元化领导打下一个坚实的基础。但现在这种激烈的暴露行为已经引起了一些高中级领导人的反感,怎么办?唯一的办法即是有意识地抓住一些典型进行批判,使其明了党的民主与纪律的辩证关系,并进而向当时在"大鸣大放"中受到伤害的一些高中级领导人表示支持。这是有利于进行权力集中的一个不得不为的过程。在这过程中,王实味作为新意识形态权威确立途中的祭品已经别无选择地浮现出来。

毛泽东公开表示对《野百合花》等杂文的批判,是在1942年3月31日《解放日报》改版座谈会上。他在会上严肃批评了在整风运动中出现的绝对平均的观念和冷嘲暗箭的做法,指出:“关于整顿三风问题,各部门已开始热烈讨论,这是很好的现象。但也有些人是从不正确的立场说话的,这就是绝对平均的观念和冷嘲暗箭的办法。近来颇有些人要求绝对平均,但这是一种幻想,不能实现的。……小资产阶级的空想社会主义思想,我们应该拒绝。”又说,“批评应该是严正的、尖锐的,但又应该是诚恳的、坦白的、与人为善的。只有这种态度,才对团结有利。冷嘲暗箭,则是一种销蚀剂,是对团结不利的”[43]。这里批评的,就作品而言,显然是指《野百合花》;就人物而言,分明是指《野百合花》的作者王实味。当然,《野百合花》里反映的不良现象和赖以表现的方法在当时具有普遍性,因而毛的批评在针对个人之外,也是针对延安文艺界的普遍现象的。对于平均主义观念,毛泽东在当时应该说是深恶痛绝的。因此,王实味在《野百合花》中揭示的供给制存在的弊端及宣扬的平均主义观念,足以引起毛的深深反感。此外,这篇杂文中多次运用了“必然性”、“天塌不下来”、“言必称希腊”、“大师”等语汇,并且采用的自然是讽刺口吻,而它们恰恰是毛泽东当时最爱运用的习语之一。[44]因此,在毛泽东看来,这可能是一种戏仿或嘲弄。尽管胡乔木在回忆中一再强调“王实味不代表整个文艺界”,丁玲的《三八节有感》在文艺界才具有“相当代表性”,[45]但毛泽东还是对他两人及其作品从政治上作了严格区分。据丁玲回忆,在4月初的高级干部学习会上,面对与会者对丁玲和王实味的激烈批评,毛泽东意味深长地总结道:“《三八节有感》同《野百合花》不一样,《三八节有感》虽然有批评,但还有建议。丁玲同王实味也不同,丁玲是同志,王实味是托派。”[46]这是那次会议的总结性发言,对丁玲而言,它是一种保护,所以她在后来才会充满深情地说:“毛主席的话保了我,我心里一直感谢他老人家。”[47]对王实味来说,却是一种政治上的定性,而且是非常致命的政治定性,因为在延安把一个人定位“托派”就意味着在政治上被判处死刑。所以,王实味的“托派”性质,并非如人们所言,是在后来中央研究院的批判会上形成的,[48]也不是时任中央社会部部长的康生一手促成的,[49]而是自4月初在毛泽东那里就已经确定了的。

问题的复杂性在于,无论是丁玲,还是王实味,他们当时运用的批评性文体与批判精神大都来自鲁迅。不必说丁玲曾经举起鲁迅的杂文,宣称鲁迅的杂文是不会死的,也不必说像萧军这位鲁门弟子一样到处鼓吹鲁迅自由独立的反抗精神,单说王实味吧:首先,据批判者说,他的“《野百合花》的形式,是完全模仿鲁迅先生的《无花的蔷薇》的”[50];其次,他虽然在后来中央研究院的批判会上已经处于有组织的围攻当中,却仍执迷不悟地“以现代的鲁迅自居”。[51]于是,在当时的批判文章中似乎可以明显看出,批判者似乎存在一种“既要削弱以至阉割、否定鲁迅的批判精神,又要利用鲁迅旗帜的尴尬”。[52]正因如此,如何看待与运用鲁迅的杂文不仅成为文化界的任务,也在事实上成为政治家必须予以迫切解决的问题。这样,毛泽东才会针对延安文学界“还是杂文时代,还要鲁迅笔法”的观点发表如下不容争辩的看法:

> 鲁迅处在黑暗势力统治下面,没有言论自由,所以用冷嘲热讽的杂文形式作战,鲁迅是完全正确的。我们也需要尖锐地嘲笑法西斯主义、中国的反动派和一切危害人民的事物,但在给革命文艺家以充分民主自由、仅仅不给反革命分子以民主自由的陕甘宁边区和敌后的各抗日根据地,杂文形式就不应该简单地和鲁迅的一样。我们可以大声疾呼,而不要隐晦曲折,使人民大众不易看懂。如果不是对于人民的敌人,而是对于人民自己,那末,“杂文时代”的鲁迅,也不曾嘲笑和攻击革命人民和革命政党,杂文的写法也和对于敌人的完全两样。……如果把同志当作敌人来对待,就是使自己站在敌人的立场上去了。我们是否废除讽刺?不是的,讽刺是永远需要的。但是有几种讽刺:有对付敌人的,有对付同盟者的,有对付自己队伍的,态度各有不同。我们并不一般地反对讽刺,但是必须废除讽刺的乱用。[53]

显然,毛泽东在这里对鲁迅杂文和鲁迅笔法的理解与限定,都是从特定的政治立场、阶级立场出发的。首先,他把鲁迅杂文的产生及其特质的获得当作一种特定历史条件和政治环境的产物,因而,随着时代和环境的变更,鲁迅杂文无疑显现了它的历史局限性。其次,他认为“‘杂文时代’的鲁迅,也不曾嘲笑和攻击革命人民和革命政党,杂文的写法也和对于敌人的完全两样”,这是说鲁迅杂文体现出来的批判意识有其鲜明的阶级立场的规定,杂文及其特定写法的形成同样具有阶级性品格。因此,在以延安为中心的新民主主义社会,由于时代变了,政权性质变了,社会内涵变了,所以鲁迅式杂文也必然发生变化,它那如匕首般令人心惊肉跳的批判锋芒再也不能指向革命阵营以及新的社会与人民,而只能毫不客气地指向民族和阶级的敌人。艾思奇在论述讽刺时也曾强调指出:“讽刺服从于阶级的、民族的斗争任务。讽刺的内容和形式,决定于阶级立场和斗争对象。”又说,讽刺必须以事实做基础,它是真理的反映,因此它“会因对象的不同而有差异,对敌人的讽刺和对自己的讽刺,不是也不应该是一样的”:对敌人,讽刺是一种战斗的武器,它是具有“打击性质的”;对自己,讽刺是一种自我教育和自我批评的方法,它是必须充满“善意的”。[54]这样,鲁迅式杂文倘要继续存在,那么它必然取决于它所表征的意识形态的合法性,而这样的杂文已经不是鲁迅那种任性而谈,无所顾忌,亦即忠实于自身体验、观察与思考的杂文了,而是一种曾被论者意欲命名为“新杂文”的那种东西。[55]但在这里,我们看到,在弱化鲁迅杂文价值的同时,也对蕴含其间的批判性话语进行了一番合乎新的意识形态需求的转换。在后面的论述中我们可以看到,这种对鲁迅传统的意识形态化转换不仅仅是毛泽东所使然,也是当时不少延安文化人所使然。

注　释

① 以上引文均见《红色中华》1936年10月28日第3版。

② 毛泽东、周恩来等:《鲁迅艺术学院创立缘起》,见刘增杰等编《抗日战争时期延安及各抗日民主根据地文学运动资料(上)》,山西人民出版社1983年版,第447页。

③⑩ 萧军:《鲁迅研究会成立经过》,中国社科院文学研究所鲁迅研究室编《1913—1983鲁迅研究学术论著资料汇编》(以下简称“汇编本”)第3卷,北京:中国文联出版公司1987年版,第504页。

④ 见《共产党中央、苏维埃中央政府为追悼鲁迅致国民党中央、南京政府电》,《红色中

华》1936 年 10 月 28 日第 3 版。

⑤ 萧三:《鲁迅逝世三周年纪念》,《新中华报》1939 年 10 月 20 日第 4 版。

⑥ 张闻天:《提高干部学习的质量》,《张闻天文集》第 3 卷,北京:中共党史出版社 1994 年版,第 147 页。

⑦㉗ 张闻天:《关于编辑〈鲁迅论文选集〉的几点说明》,原载刘雪苇编《鲁迅论文选集》,延安解放社 1940 年初版。此见《张闻天文集》第 3 卷第 120、121 页,改题为《〈鲁迅论文选集〉序言》,北京:中共党史出版社 1994 年版。

⑧ 此见《〈鲁迅论文选集〉序言》“选编说明”,《张闻天文集》第 3 卷,北京:中共党史出版社 1994 年版,第 121 页。

⑨ 丁玲:《文艺在苏区》,《解放》周刊 1937 年 5 月 11 日第 1 卷 3 期。

⑪⑱ 萧军:《两本书底“前记”(一)——鲁迅研究特刊第一辑:〈阿 Q 论集〉》,《解放日报》1941 年 10 月 13 日第 4 版。

⑫ 周立波:《谈阿 Q》,1941 年 1 月 5 日《中国文艺》第 1 卷 1 期。

⑬ 巴人:《中国气派与中国作风》,1939 年 9 月《文艺阵地》第 3 卷 10 期。

⑭ 艾思奇:《旧形式运用的基本原则》,1939 年 4 月 16 日《文艺战线》第 1 卷 3 号。

⑮ 周扬:《对旧形式利用在文学上的一个看法》,1940 年 2 月 15 日《中国文化》创刊号。

⑯ 周扬:《一个伟大的民主主义现实主义者的路——纪念鲁迅逝世二周年》,1938 年 11 月 7 日《解放》周刊第 56 期。

⑰ 冯乃超:《艺术与社会生活》,1928 年 1 月 15 日《文化批判》创刊号。

⑲㉒ 周立波:《谈阿 Q》,1941 年 1 月《中国文艺》第 1 卷 1 期。

⑳ 参阅钱杏邨《死去了的阿 Q 时代》,1928 年 3 月 1 日《太阳月刊》3 月号。

㉑ 何其芳:《高尔基——由这个名字所引起的一些感想》,《新中华报》1940 年 6 月 18 日第 5 版。

㉓ 参阅毛泽东《在鲁迅艺术学院的讲话》,《毛泽东文集》第 2 卷,北京:人民出版社 1993 年版,第 123—124 页。

㉔ 毛泽东:《致周扬》(1939 年 11 月 7 日),见《毛泽东文艺论集》,北京:中央文献出版社 2002 年版,第 259 页。

㉕ 但丁玲《在医院中时》、《我在霞村的时候》等一类小说曾因其蕴含的批判意识而受

到责难与批判,它们也在一定程度上承续了鲁迅的启蒙文学传统。

㉖ 瞿秋白:《〈鲁迅杂感选集〉序言》,《瞿秋白文集》(文学编)第3卷,北京:人民文学出版社1989年版,第96页。

㉘ 丁玲:《文艺界对王实味应有的态度及反省——六月十一日在中央研究院与王实味思想作斗争的座谈会上的发言》,《解放日报》1942年6月16日第4版。

㉙ 丁玲:《三八节有感》,《解放日报》1942年3月9日第4版。

㉚ 参阅萧军《"纪念鲁迅:要用真正的业绩!"》,《解放日报》1941年10月21日第4版。

㉛ 艾青:《了解作家,尊重作家——为〈文艺〉百期纪念而写》,《解放日报》1942年3月11日第4版。

㉜ 主要有《文艺民族形式问题上的旧错误与新偏向》、《野百合花》、《政治家·艺术家》、《我对罗迈同志在整风检工动员大会上发言的批评》、《零感两则》和《答李宇超·梅洛两同志》。其中第一篇为文艺论文,故称得上杂感文的只有五篇。

㉝ 王实味:《政治家·艺术家》,《谷雨》1942年4月15日第1卷4期。

㉞ 参阅王实味《野百合花》,《解放日报》1942年3月13、23日第4版。

㉟ 消息《延安各界举行大会纪念鲁迅逝世五周年》,《解放日报》1941年10月21日第4版。

㊱㊴ 丁玲:《我们需要杂文》,《解放日报》1941年10月23日第4版。

㊲ 张宣:《关于反党八股》,《解放日报》1942年3月20日第3版"信箱"栏。此信刊发时,编者加了一则按语,云:"张宣同志所提的意见,极堪注意,特为刊载,以供讨论。"可见当时编者的重视程度。

㊳ 艾青:《了解作家,尊重作家——为〈文艺〉百期纪念而写》,《解放日报》1942年3月11日第4版。

㊵ 萧军:《鲁迅研究丛刊第一辑·前记》,见"汇编本"第3卷417页。

㊶ 参阅李维汉《中央研究院的研究工作和整风运动》,《回忆与研究》下册,中共党史资料出版社1986年版,第483页。

㊷㊺ 胡乔木:《关于延安文艺座谈会前后》,《胡乔木回忆毛泽东》,北京:人民出版社1994年9月版,第55—56页。

㊸ 毛泽东:《在〈解放日报〉改版座谈会上的讲话》,见《毛泽东文集》第2卷,人民出版社1993年12月版,第410页。

㊹ 参阅高华《红太阳是怎样升起来的——延安整风运动的来龙去脉》,香港中文大学出版社2000年版,第326页。

㊻㊼ 丁玲:《延安文艺座谈会的前前后后》,《新文学史料》1982年第2期。

㊽ 如陈晋就持这一观点,见其《文人毛泽东》,上海人民出版社1997年12月版,第221页。

㊾ 参阅高新民、张树军《延安整风实录》,杭州:浙江人民出版社2000年7月版,第353—354页。

㊿ 周文:《从鲁迅的杂文谈到实味》,《解放日报》1942年6月16日第4版。

51 温济泽:《斗争日记——中央研究院座谈会的日记》,《解放日报》1942年6月28—29日第4版。

52 钱理群:《独自远行——鲁迅接受史的一种描述(1936—1949)》,载陈平原主编《现代中国》第2辑,武汉:湖北教育出版社2001年12月版,第80页。

53 毛泽东:《在延安文艺座谈会上的讲话》,见《毛泽东选集》第3卷,北京:人民出版社1991年版,第873页。

54 艾思奇:《谈讽刺》,《解放日报》1942年5月24日第4版。

55 参阅金灿然《论杂文》,《解放日报》1942年7月25日第4版。

(《鲁迅研究月刊》2004年第2期)

延安时期“鲁迅传统”的形成(下)

袁盛勇

三

我在上面的论述中试图表明,无论是鲁迅小说还是杂文,延安政治—文化界最初都对它们表示了空前的阅读、研究乃至给予创造性发展的热情,但是随着时间的延展,随着延安政治—文化思潮内涵的不断变化,鲁迅小说和杂文也受到了尖锐挑战,并且呈现出日渐遭遇弱化的趋势。而这弱化,主要在于它们被认为与正在确立的新的意识形态之间存在着难以吻合的一面。倘若小说和杂文是支撑文学家鲁迅的两根重要支柱,那么延安对鲁迅小说和杂文的不断弱化,无疑表征着对作为文学家的鲁迅的不断弱化,而这弱化,正表现出新的意识形态对他及其作品的冷淡和疏离。在这种语境下,我们会不无惊讶地发现,一方面,鲁迅的创作传统及其精神风范正呈现出被不断给以弱化的趋势,另一方面,作为革命家的“鲁迅”却以此为依托,在延安政治—文化界的强力型塑下,正步履矫健地走向人间,凸现在世人面前。

在中共领导人对鲁迅的评价中,毛泽东无疑作出了继瞿秋白之后最为令人瞩目的贡献,其重要意义在于他较瞿氏更为显豁地把鲁迅纳入到党外布尔什维克的高度来加以认识,并且以其在日后不断形成的绝对权威者身份使鲁迅在中国思想文化乃至政治进程中产生了广泛而深远的影响。[①]但是,毛泽东对鲁迅的评价始终是从他正在创构的新民主主义意识形态的需求着眼的,带着很浓厚的政治色彩。因此,他对作为文学家鲁迅的理解及其功能性规定也是从这一特定的政治性视角所给出。舍此,则会对毛泽东的鲁迅观产生极大误解。

1937 年 10 月，毛泽东应邀在延安陕北公学纪念鲁迅逝世一周年大会上发表了后来题为《论鲁迅》的演讲，这是其有关鲁迅最早而又唯一的专题论述。毛泽东在此明确指出，中共之所以纪念鲁迅，不仅在于“他的文章写得好，是一个伟大的文学家，而且因为他是一个民族解放的急先锋，给革命以很大的助力”。我认为，这个断语中是有一个侧重点的，它侧重的并不是“文学家”，而是“民族解放的急先锋”。因为毛泽东是在强调“需要造就一大批为民族解放而斗争到底的先锋队”时说出这番话的。在演讲中，毛泽东号召人们学习鲁迅精神，并“把它带到全国各地的抗战队伍中去，为中华民族的解放而奋斗”。那么，什么是“鲁迅精神”？毛泽东主要从政治远见、斗争精神和牺牲精神等三个方面概括了它的特征。指出，正是这三个特点“形成了一个伟大的‘鲁迅精神’”。因此，毛泽东在阐释“鲁迅精神”时，侧重的是作为革命家的鲁迅，党外布尔什维克的鲁迅，而非作为文学家的鲁迅。毛泽东由此进一步肯定了鲁迅在中国革命史和社会生活中的重要地位与价值：“鲁迅在中国的价值，据我看要算是中国的第一等圣人。孔夫子是封建社会的圣人，鲁迅则是现代中国的圣人。”[②]我认为，到目前为止，学界显然还没有充分揭示出这段话的特定含义，而其分歧或误解均缘于对“圣人”的不同理解上。在传统文化中，“圣人”是指道德智能极高的人，是一种理想人格类型。青年毛泽东对它曾有多次赞叹备至或神往不已的论述。他说，圣人是“既得大本者”，[③]是“德业俱全者”，[④]是超越一般帝王之事功的“百代帝王”，[⑤]是“最大之思想家”，[⑥]是能感化“天下之生民”[⑦]、净化世俗风气的“传教之人”[⑧]，即为思想界的权威，精神界的导师。从这一角度说，毛泽东认为鲁迅是“现代中国的圣人”，即是说鲁迅为现代中国的思想权威或精神导师。但是，我们不能对“现代中国的圣人”中的“圣人”二字予以望文生义的本质主义理解，而应该把它置放到当时的论述语境中去加以考察。毛泽东评价鲁迅为“现代中国的圣人”，这是在论述鲁迅具有“政治的远见”时说的，因而，它构成了我们理解“圣人”二字的具体语境。为什么说鲁迅具有“政治的远见”？毛泽东认为，从大的方面看，是因为鲁迅在其人生的晚期始终“站在无产阶级与民族解放的立场,为真理与自由而斗争”;从小的方面说,是因为鲁迅“在一九三六年就大胆地指出托派匪徒的危险倾向,现在的事实完全证明了他的见解是那样的准确,那样的清楚”,而之所以能够做到这点,乃是由于“他用望远镜和显微镜观察社会”的缘故。[9]因此,考虑到这样的语境,我认为“圣人”二字是在赞叹鲁迅具有极强的政治预见性,而这正是最为值得当时的革命者学习的。如果把毛泽东早年对“圣人”的理解与《论鲁迅》这一演讲中的具体语境结合起来分析,我倾向于认同钱理群的观点。他说,毛泽东封鲁迅为现代中国的圣人,“显然是看重与强调鲁迅对中国民众(特别是青年)的思想影响力,而他自己是更愿意成为这样的‘现代中国的圣人’的”[10]。但是,又必须明确认识到,“圣人”二字虽然强调了“鲁迅对中国民众(特别是青年)的思想影响力”,但这“思想”只能是有利于民族抗战的思想,具体是指毛泽东正在着力予以构建的抗日民族统一战线思想。因此,这个“圣人”是与特定意识形态需求相关的“圣人”,是被特定政治情势所限定了的“圣人”,亦即是有助于加速毛泽东在思想文化界之影响力的“圣人”。不言而喻,它被政党领袖所赋予的政治性功能远远大于它自身具有的思想整合功能。因此,我们应该准确地理解毛泽东对于鲁迅的试图予以意识形态化的评价。在这点上,王富仁的理解和评价显然是过于偏颇了。在他看来,毛泽东是在严格区别了政治家和思想家之后才称鲁迅为现代中国的圣人的。故而毛泽东所言“圣人”,本质上是为一个民族建立了人生原则及价值观念的人,因为“孔子为中国古代社会建立了一套人生原则和价值观念,而鲁迅对于现代中国的意义也正像孔子,所以毛泽东称鲁迅是现代中国的圣人”[11]。但是毛泽东在《论鲁迅》的演讲中根本就没有说过鲁迅为现代中国建构了一套人生原则和价值观念之类的话,而且如上所述,称鲁迅为现代中国的圣人也是被毛泽东的意识形态视角所严格限制了的。这里可以举当时延安文人创作的一首歌曲为例,即《种菜圣人黄立德歌》。歌词有云,“种地有个吴满有/黄立德是种菜的大圣人”[12]。这里赞颂的黄立德与吴满有都是1943年延安的劳动英雄,歌词作者是后来颇有名气的诗人贺敬之,他由衷地赞颂黄氏这一种菜能手不仅为“圣人”,而且为“大圣人”,可见“圣人”这个称谓在延安文人那里也并不具有多么了不得的神圣含义。

1940年,毛泽东发表《新民主主义论》,在此,他对鲁迅作了更为热情洋溢的高度评价:

> 鲁迅是中国文化革命的主将,他不但是伟大的文学家,而且是伟大的思想家和伟大的革命家。鲁迅的骨头是最硬的,他没有丝毫的奴颜和媚骨,这是殖民地半殖民地人民最可宝贵的性格。鲁迅是在文化战线上代表全民族的大多数,向着敌人冲锋陷阵的最正确、最勇敢、最坚决、最忠实、最热忱的空前的民族英雄。鲁迅的方向,就是中华民族新文化的方向。[13]

这段话在鲁迅接受史上是产生了深广影响的经典性段落,因此,值得给予仔细分析。首先,必须明确,毛泽东是在谈到"五四"以来文化革命的伟大成就时说出这番话的,这是我们理解这段话的具体语境。他说,中国在"五四"以后产生了完全崭新的文化新军,二十年来,它的锋芒所向,从思想到形式,无不起了极大的革命,而鲁迅,就是这个文化新军的最伟大和最英勇的旗手。这个文化新军因为在政治上是以共产主义文化思想为指导的共产党人联合一切可能的同盟军而产生的联合战线,所以它是属于新民主主义文化而非旧民主主义文化。毛泽东说,鲁迅的方向,就是中华民族新文化的方向,那么,什么叫"中华民族新文化"呢?毛泽东对此作了明确的界定:"所谓中华民族的新文化,就是新民主主义的文化。"[14]而新民主主义文化,就是无产阶级领导的人民大众的反帝反封建的文化,既区别于此前的旧民主主义文化,也有别于将来社会主义时期的文化,因而它是一种有着特定历史与意识形态规定性的文化。由此我认为:第一,毛泽东理解的鲁迅是一个有着严格历史规定性的鲁迅,在这意义上,鲁迅的文化意义在毛泽东那里不可能是超越时空的,而是受着严格的时空限定。第二,既然毛泽东是在新民主主义框架内论述鲁迅,因此,鲁迅不可能不受到严格的意识形态制约,并且鲁迅思想中显然只有跟新民主主义话语相符合的那部分才有其合理的存在意义,换言之,鲁迅的意义在此不可能获得充分敞开,它只能在意识形态的遮蔽下获得颇有限制的呈现。因此,不论从言说的具体语境还是从逻辑上来看,毛泽东在《新民主主义论》中所要认定的鲁迅,只能是加上了“新民主主义”这一限定词的鲁迅,即:鲁迅是新民主主义文化革命的旗手、主将,是新民主主义的文学家、思想家和革命家,其价值在于反帝反封建,因而他的方向只能是新民主主义文化的方向。但正如有学者指出,长期以来,“我们在此的误解和误读在于:毛泽东讲鲁迅是新民主主义文化的方向,而我们却误以为毛泽东认为鲁迅是任何广泛意义上的新文化的代表,以为毛泽东称他为任何意义上的新文学的方向”[15]。这里提到了“新文学的方向”。其实,毛泽东在那篇具有经典意义的《在延安文艺座谈会上的讲话》中所提出的是文艺的“工农兵方向”,而非“鲁迅的方向”,并且如我在上文论述过的,他在这里不仅没有提到鲁迅的小说,而且还竟然宣告杂文时代、鲁迅笔法已经成为过去。那么,能否说毛泽东从来没有提过鲁迅是新文学的方向呢?不能。因为毛泽东曾在强调应该建立文艺上的统一战线时明确提到过这个问题。毛泽东在1938年4月10日鲁迅艺术学院成立大会上,首次明确提出文艺上的统一战线问题。在谈到延安文艺界是由来自“山顶上的人”(由老苏区来的文艺人员——引者)和“亭子间的人”(由上海来的文艺人员——引者)两部分所组成时,着重指出其革命“作风应该是统一战线。统一战线同时是艺术的指导方向”。[16]过了半个多月,毛泽东又应邀赴“鲁艺”演讲,进一步具体阐述了这个问题。他说,过去中国文艺界在对艺术的看法上,有以徐志摩为代表的艺术至上主义者,有以鲁迅为代表的马克思主义艺术论者,前者是“一种艺术上的唯心论”,是一种错误的主张,而只有后者才是为中共所坚持的正确主张。可他接着明确指出:“但现在为了共同抗日在艺术界也需要统一战线,正如鲁迅先生所说的那样,不管他是写实主义派或是浪漫主义派,是共产主义派或是其他什么派,大家都应当团结抗日。当然对我们来说,艺术上的政治独立性仍是必要的,艺术上的政治立场是不能放弃的。”[17]这就是说,他希望延安文艺界既要坚持抗日民族统一战线,又要有自己艺术上的政治立场。由此,他强调指出:

艺术上每一派都有自己的阶级立场,我们是站在无产阶级劳苦大众方面的，但在统一战线原则之下，我们并不用马克思主义来排斥别人。排斥别人，那是关门主义，不是统一战线。但在统一战线中，我们不能丧失自己的立场，这就是鲁迅先生的方向。你们鲁迅艺术学院要遵循鲁迅先生的方向。[18]

在此，毛泽东明确指出鲁迅的方向就是“鲁艺”办学的方向，而且，在他看来，能否遵循这一方向也是革命艺术家可否获得伟大成就的重要条件之一，[19]因此，上述观念其实表达了鲁迅的方向即是中国新文学或新民主主义文学之方向的看法。但是，这里所言的“方向”是指在文艺上既要坚持抗日民族统一战线，又要坚持无产阶级的立场，即要在坚持统一战线的同时，牢牢把握好自己的领导权，因而它的含义仍然指向政治，而非指向文学本身。毛泽东在《讲话》中提出了文艺的“工农兵方向”而没提“鲁迅方向”，但他在当时讲演“引言”部分里风趣地说，“我们有两支军队，一支是朱总司令的，一支是鲁总司令的”。[20]“朱总司令”是指朱德，“鲁总司令”是指鲁迅。这话在后来形诸文字正式发表时改为“手里拿枪的军队”和“文化的军队”。文艺座谈会后五天，即1942年5月28日，毛泽东在中央学习组会上所作报告中又一次强调阐释了上述看法，指出：“文艺是一支军队，它的干部是文艺工作者。它要有一个总司令，如果没有总司令，它的方向就会错的。鲁迅、高尔基就相当于总司令，他们的作品，他们说的话，就当作方向的指导。如果普通的文艺工作者没有高级的指导，他的方向就可能会错，他就会长期地停留在低级阶段不能提高。”又说，中共要使文艺工作者掌握党的文艺政策，要特别注意让那些有成就的作家了解党的文艺政策，“来推动整个文艺工作朝这个方向进行，以有利于民族，有利于工农兵”。[21]倘若与《讲话》联系起来，毛泽东在此针对鲁迅说了两层意思：其一，他在《讲话》中所言的“鲁总司令”其实就代表了中共领导的文艺方向；其二，这个“鲁总司令”在艺术上是非常“高级的”，因而必须进行“有利于工农兵”的转换。经过转换，在逻辑上可以得出如下结论：“鲁迅”的方向就是文艺的“工农兵”方向。其实，延安时期的批评家在后来也正是如此界定或阐释“鲁迅”方向的。陈涌曾经指出，“鲁迅先生留下的基本方向,就是文艺积极服务于现实政治的方向,就是积极拥护文艺大众化,拥护采取民间的旧形式,拥护木刻、连环图画和其他通俗文艺形式的方向。”他认为,能够准确领会这一文艺思想并促使它走向“大发展”的,无疑是“毛泽东同志在延安文艺座谈会的讲话”。因此,毛泽东倡导的文艺上的“工农兵的思想方向”也就是“鲁迅方向”在延安时期合乎逻辑的发展。于是,在这位学者眼里,“鲁迅方向”就自然可以转换为文艺上的“毛泽东方向”,也就是“工农兵”方向。[22]这也说明,经过意识形态转换后的“鲁迅”仍然可以存在于未来的社会主义文学创造之中。

由此观之,毛泽东在延安时期对于鲁迅的评价都是从其正在着力创构的新民主主义思想观念出发的,他十分知晓鲁迅在革命文艺乃至文化发展进程中的伟大作用,并且始终把对鲁迅进行诠释的话语权牢牢把握在自己手中。正是由于毛泽东的鲁迅论始终立足在新民主主义这一新的意识形态上,所以不论是在专题演讲《论鲁迅》中,还是于“鲁艺”刚刚成立之后发表的讲话上,也不论是在《新民主主义论》中,还是于《在延安文艺座谈会上的讲话》上,毛泽东对作为文学家鲁迅的论述都具有非常强烈的革命色彩,其间具有一以贯之的政治性特征。这种特征其实还表现在,当鲁迅的复杂性不能为新的意识形态所整合,于是就对它的某些方面予以了弱化式处理,并且在进行这种弱化处理的同时,也开始对鲁迅传统进行新的改写与重塑,而这,正是通过意识形态化的转换来完成。这个转换过程由于把政治性置放在首要地位,所以作为革命家的“鲁迅”就会自然浮现出来,并且以其不可阻遏的力量最终出现在延安文学界乃至政治—文化界的视野中。

四

其实,随着文艺整风运动的深入开展,作为文学家的鲁迅已经越来越呈现出被革命家鲁迅所遮蔽的态势。1942年10月,为纪念鲁迅逝世六周年,《解放日报》发表了一篇社论,其中谈到鲁迅的伟大,不仅在于“他是一个中国近代的最伟大的文学家,而且更重要的是,他是伟大的革命家,民族解放底战士,中国共产党底良友与战斗的同志”[23]。这个看法显然代表了当时中共领导尤其是毛泽东的观点。我们在以往的认识中,总是以为文学家鲁迅与作为革命家的鲁迅在毛泽东眼里处于同等重要的地位,其实这是颇不确切的。在毛泽东眼里,革命家鲁迅的价值无疑远远大于文学家鲁迅的价值,而且即使他重视作为文学家的鲁迅,其原因乃在于鲁迅足可担当革命的文学家的称号,而非纯粹的文学家的称号。鲁迅之所以会被认定为伟大的革命家,原因在于中共领导人认为他卓有成效地领导了“左联”工作的开展,配合共产党在军事上的“反围剿”战争而成功粉碎了国民党在文化战线上的疯狂剿杀,并且在中共领导的革命事业处于异常艰苦的阶段时,他毫无保留地献出了自己对于革命政党的真挚情怀,把拯救民族的希望全部寄托在中共领导人尤其是正在党内重新崛起的毛泽东身上。正是因为鲁迅与中共有着如此密切的关系,所以当他逝世,党的机关报《红色中华》才会在刊载中央为他发布的追悼唁电的同时,另以醒目方式选登了如下两段被标识为“鲁迅先生的话”:

> 中国目前的革命的政党向全国人民所提出的抗日统一战线的政策,我是看见的,我是拥护的,我无条件地加入这战线。那理由就因为我不但是一个作家,而且是一个中国人。
>
> 英勇的红军将领和士兵们,你们的勇敢的斗争,你们的伟大胜利,是中华民族解放史上最光荣的一页。全国民众期待你们更大的胜利,全国民众正在努力奋斗,为你们的后盾,为你们的声援!你们的每一步前进将遇到极热烈的欢迎与拥护!

前一段话出自鲁迅所写《答徐懋庸并关于抗日统一战线问题》,鲁迅在此对中共提出的抗日统一战线表示了热切的肯定。《红色中华》报的编者为了加深人们对这段话的理解,也为了凸显鲁迅和中国共产党的关系,特地在“革命的政党”之后加注了“共产党”三字。后一段话出自鲁迅和茅盾于1936年春得知工农红军取得东征胜利后致中共中央的贺信,当时编者注明“摘鲁迅来信”字样。[24]鲁迅在此跟茅盾一起对中共领导的革命战争与抗日救国行动表示了热切欢迎和拥护。

所有这些带有肯定和鼓励性质的言行,对于当时处于弱势地位的共产党来说无疑是一种强烈的精神鼓舞和道义支持,因此对于半年后即将远行于别一世界的鲁迅,中共领袖当然表示深深的感激和敬意,并把他誉为党外布尔什维克和伟大的革命家。

在延安,由于抗日战争文化的特别限定,也由于正在确立之中的新的意识形态的需求,鲁迅的民族主义情怀得到了人们的充分张扬。艾思奇认为,“为民族求解放的极热的赤诚,是鲁迅的生活和工作的原动力”。正因为有着这极热的赤诚,他才会自始至终希望中国走向民族的觉醒、进步与自由,才会成为“一切丑恶现实的激烈的反对者”,中国新文化上的“最勇猛的战士”,也才会“不能容忍一切压迫,一切妨碍民族生存的新的和旧的传统”。[25]陈伯达亦指出,“鲁迅热爱自己的祖国。然而,鲁迅最无情地鄙弃自己祖国中一切古老的、不适于民族生存的腐败渣滓。……无可争辩的,只有对于民族不讳疾忌医的人,才是真正关心于自己民族的健康的”[26]。这就是说,鲁迅对丑恶现实的极端痛恨和对传统文化的激烈批判,其实正根源于他对中华民族所具有的那种深沉的爱。周扬更是认为,“鲁迅的一生是和中华民族解放不能分开的”:他最初从事文艺的动机,正是想“以文艺来感化社会振兴民族精神”;“九·一八”事变后,他的民族思想“就发展到明确的反帝国主义的思想”,成了一个反帝的勇猛战士;当中共提出抗日民族统一战线的政策时,他表示无条件地拥护和加入,并且“赞扬了中华民族最忠实的朋友苏联”,因而最终成为“一个彻底的国际主义的民族主义者”。[27]又有人说,“鲁迅是我们的‘民族魂’,这句话是很对的”。因为他从事创作的动机“是在拯救中国人的精神”,而其创作立场是以一个中国作家的立场为基础的。正因如此,他的作品“全部都贯串了反抗民族压迫,主张民族独立解放的热忱,而成为民族解放战争的锐利的武器”。这位论者接着指出,“鲁迅的民族主义不是抽象的,而是把握着民族的实际情况和民族特点的,是和中国大多数人在一起,反对帝国主义侵略,反对民族压迫”的。因此,他认为,如果说在苏联高尔基是百分之百的民族作家,那么“毫无疑问的在中国‘鲁迅是百分之百的民族作家’”[28]。正因如此,成仿吾才会强烈呼吁每个文化人“高高地举起鲁迅的旗帜”,“发扬鲁迅牺牲一切执行统一战线的伟大精神”,“为着民族解放事业的完成与中国文学的进步,坚决前进”。[29]显然,在成仿吾等人看来,鲁迅是拥护和执行抗日民族统一战线的先驱与楷模。而在萧三看来,鲁迅不仅是站在一个中国人的民族立场来欢迎统一战线的提出,而且更是站在阶级的立场上。他说,“要特别指出的是,在统一战线中,鲁迅绝不是一味迁就,模糊自己的立场的”[30]。这个“立场”就是指无产阶级的立场。

萧三认为,鲁迅之所以是党外布尔什维克,能够代表新文化的方向,主要原因在于他有“明确的阶级立场,无产阶级和人民大众的立场”。在他看来,鲁迅的这一立场贯穿在他的每一篇文章里,而且越是到政治形势转变的关键时刻,鲁迅就越是清醒,他的无产阶级立场就越是“特别坚定、明确,毫不动摇”[31]。周文认为,这种坚定的无产阶级立场或党的立场,正是鲁迅先生党性纯洁的表现。[32]所以在“左联”后期,当鲁迅毫不犹豫赞成文艺界建立抗日民族统一战线时,也会强调无产阶级革命文学家的领导责任,并且在对“托派”言论进行严厉批判时,也会公开宣称他得引共产党员为同志。鲁迅曾说,在新的政治形势面前,“决非革命文学要放弃它的阶级的领导的责任,而是将它的责任更加重,更放大,重到和大到要使全民族,不分阶级和党派,一致去对外。这个民族的立场,才真是阶级的立场”[33]。对此,萧三认为,在文艺统一战线中不能放弃“阶级的领导的责任”,这是何等富有政治远见的看法,因为在民族文学发展中“离开了无产阶级领导的文学,就无所谓大众文学”,正如毛泽东在《讲话》中所言,真正人民大众的东西,现在一定是无产阶级领导的。而鲁迅在三十年代就认识到了这个真理,“这说明他组织上虽没有加入共产党,但思想上是早已是一个真正的布尔塞维克了!”[34]又有人指出,正因为鲁迅“始终站在大众的立场,代表大众的利益和替大众讲话”[35],所以鲁迅的方向也才会是新民主主义的方向。

在中共领袖对鲁迅的政治性评价中,瞿秋白是从“同路人”角度认可鲁迅的价值,毛泽东则直截了当地认为鲁迅是党外布尔什维克,这样,就为把鲁迅话语纳入完整的马克思主义话语指明了方向。毛泽东说,鲁迅“并不是共产党组织中的一人,然而他的思想、行动、著作,都是马克思主义的。他是党外的布尔什维克”[36]。显然,如果说鲁迅真能成为中国现代知识分子的代表,而且是“五四”知识分子的代表,那么,毛泽东无疑是想通过标举鲁迅这一“桥梁”而把知识分子话语纳入到他正在创构的新民主主义这一新的意识形态话语之中。在这个把鲁迅话语加以意识形态化的过程中,除了毛泽东本人做出的不懈努力外,延安文化界也对此做出了不可忽略的贡献,其中尤以艾思奇和周扬的成就最大。

不知是出于偶合还是别的原因,延安时期的艾思奇和周扬都对鲁迅早期思想表示了浓厚兴趣,并且在他们的研究中,都对鲁迅早期思想表示了最大程度的肯定,而且都把思维触角伸向了鲁迅早期思想中那些为他们所激赏的最为具有马克思主义思想要素的部分,因而在一定程度上揭示了鲁迅后来走向马克思主义的内在思想奥秘。在鲁迅早期思想中,进化论无疑是一个非常重要的部分,这是为鲁迅本人所反复强调,也为研究者所充分证实了的。艾思奇认为,在马克思主义“尚未传入中国的当时,进化论就成了革命战士的基本的思想武器,就成为开展民族自觉意识的思想上的源泉了。鲁迅先生和当时一般革命战士一样,接受了进化论的思想,而这思想就成为他的哲学世界观的科学基础。鲁迅先生在这一个基础之上建立了他的思想体系,从这思想基础上引申出他的哲学世界观,他的思想方法和理论观点”。具体而言,他认为,这主要表现在以下几个方面:其一,从思想方法来看,鲁迅依据进化论学说首先为中华民族提供了一种发展的、历史的观点,而这种方法,在中国思想发展史上“是有革命意义的”,因为它“对于封建社会的保守的思想方法,形而上学的守旧的意识”[37]不啻是彻底的叛逆!艾思奇认为,鲁迅也由此在不自觉的层面上接近了马克思主义一切以时间、地点、条件为转移的历史研究方法。其二,鲁迅早期写过一段话,云:“平和为物,不见于人间。其强谓之平和者,不过战事方已或未始之时,外状若宁,暗流仍伏,时劫一会,动作始矣。故观之天然……其风雨时作,特暂伏之见象,非能永劫安易,如亚当之故家也。人事亦然……故杀机之昉,与有生偕;平和之名,等于无有。”[38]对此,艾思奇和周扬都分别作了积极评价。前者认为，鲁迅在此依据进化论学说，领悟到了斗争绝对性的观点，并且，由于鲁迅依据这一观念对老子无为而治的思想进行了激烈批判，所以他已经在早期“素朴地触到了社会的阶级斗争思想了”[39]。周扬就此指出，“鲁迅的进化论在这里迫近了辩证法的观点”，他认识到了自然界和人类社会的进化都不是和平渐进的，而是要通过斗争和突变；并且认识到斗争是绝对的，平和只是暂时的、相对的现象。写到这里，周扬赞叹备至地说：“这实在是一种可惊的天才的灼见，在这个上面，他为他的主张奋斗的思想安放了一个可靠的哲学的根基。”[40]其三，艾思奇认为，“新旧对立的斗争，是事物发展的原动力，这辩证法的真理，是被鲁迅先生的天才慧眼发现了”。并且，令人惊奇的是，鲁迅“依着自己的辩证逻辑的推理”，切实领悟到了斗争双方向对立面转化的辩证规律。《文化偏至论》叙述西洋文化发展史，“就是以这一个规律作方法，把向对立的转化，把‘偏至’的发展形式，当做必然的规律来看的”[41]。既然事物的发展过程是不断向对立转化的过程，是以一极到另一极的形式为其规律，所以世界就不会以直线前进的方式呈现着，而只会构成螺旋状的发展图画，诚如鲁迅所肯定的：“所谓世界不直进，常曲折如螺旋，大波小波，起伏万状，进退久之而达水裔，盖诚言哉。”[42]艾思奇就此指出，“在这里，辩证法的否定之否定的规律，也在鲁迅先生的早期思想中有着表现了”。至此，艾思奇认为，鲁迅在进化论的科学思想基础上面，综合着他对中国和西欧的历史文化研究，天才地引申出了辩证法的思想方法，在他的思想里，辩证法不只是发展了某一点，“而是呈现了整个系统的雏形”。除此之外，他还指出，进化论在鲁迅的思想里不仅展开为辩证法的方法，“而且也提供了对于自然界的唯物论的理解”，虽然此时鲁迅在对社会历史的发展上仍然把精神的作用置放在首位，没有超出旧的唯心史观的范畴，但是它有助于鲁迅在后来接受马克思主义，成为“真正的唯物论者”[43]。

如果说艾思奇在对鲁迅早期思想的探讨中，侧重的是对其辩证法思想的梳理，那么周扬则更重视对鲁迅早期思想中的个性主义因素的发掘。周扬认为，青年鲁迅正是他自己期待中的“精神界之战士”，他预言“第二维新之声亦将再举”，这正是“旧民主主义新文化向新民主主义新文化转进的先声”,是“五四”新文化运动的天才预示,他由此发出的是真正不同凡响的先觉之声。这个声音最为基本的思想内容即是鲁迅在《文化偏至论》中所言的“掊物质而张灵明,任个人而排众数”,或者更简单些说,就是“非物质,重个人”。周扬认为,鲁迅早年思想中的核心是“反对市侩,主张个性”,它在当时是最激进的革命观点,在其整个生活和艺术创作中起了非常重要的作用,因此,那种认为鲁迅早期是“反对唯物,反对大众”的观点就不可避免地陷入了错误的泥淖。原因在于,因为鲁迅早期思想中的个性主义,虽然“从西方资产阶级反动期的哲学吸取了营养”,但是它“立脚在被压迫民族的苦难历史现实上面,和被重重剥削的农民大众又保有血肉关联”,所以这种个性主义“完全不是那种病态的萎缩的狭隘的”个人主义,而是“真正的人权主义,深广的人道主义,民族自尊心的高尚的表现”,人们正由此可以见出一个伟大民族主义、民主主义革命思想家的炽热情怀。正是因为鲁迅的个性主义与被压迫民族和底层民众有着难以分割的连接,所以他虽然接受了尼采学说的影响,但是最终不能不与“尼采主义”站在了“相反的立场”,而成了一个“拜伦主义者”。[44]鲁迅说,“尼佉欲自强,而并颂强者;此(拜伦——引者)则亦欲自强,而力抗强者,好恶至不同,特图强则一而已”[45]。周扬认为,鲁在此就尼采主义和拜伦主义的根本分歧作了原则性说明:“前者是主张强凌弱,主张压迫,是便利于法西斯主义窃取的思想源流;后者是主张锄强扶弱,主张解放人,是真正人道主义的思想,和共产主义正一脉相通。”正因如此,鲁迅后来接受马克思主义,成为一个“共产主义者,就不是一件偶然的事情”[46]。本来,周扬在“左联”时期曾被鲁迅称为“文坛元帅”、“奴隶总管”或鞭打奴隶的“工头”,基本意思是说,周扬是一个不讲自由、民主,也毫无人味的官僚之辈。但在延安,在毛泽东《新民主主义论》发表后的延安,在文艺整风之前的延安,他却大谈鲁迅的个性主义,并且对它做了从来没有过的积极评价,这是颇为耐人寻味的。它表明,在内心深处,周扬是有可能向往于取得“人”的资格并且对个性主义有着几许欣羡之情的。但是,因为他着力探讨的是鲁迅的个性主义与马克思主义相连接的内在关系,也就是说，他与艾思奇一样，是想通过对鲁迅早期思想的研究为理解鲁迅后来的人生走向找到一条可靠的思想途径，找到一种必然转化为共产主义者的内在思想基因，所以周扬对鲁迅早期思想的探讨也跟艾思奇一样体现了一种强烈的诠释性意图，这就是：想把鲁迅话语尽可能纳入到马克思主义话语，特别是毛泽东正在予以积极创构的新民主主义意识形态话语中来加以理解和定位。毕竟，毛泽东对鲁迅的高度评价原本有其难以分割的多重意图：既想表达对鲁迅精神世界的客观性认知，又想借重鲁迅这面旗帜达到团结文化人的目的，更想在鲁迅那里获取思想资源并把它转化为新的意识形态的一部分，并以之促使其意识形态权威者形象的迅速确立。于是我们可以认为，对于在延安时期跟毛泽东有着密切关系并深受其影响的周扬和艾思奇来说，他们对毛泽东诠释鲁迅的意识形态意图不可能没有深刻领会。而且，值得注意的是，这种把鲁迅话语纳入到马克思主义话语或毛泽东新民主主义话语中来的诠释性努力，在以后人们对鲁迅思想的理解和作品的阐释中得到了日益突出的表现。当然，这也并非一蹴而就，而是经历了一个不断强化的过程。

高尔基说，语言是文学的第一要素。鲁迅这位被人型塑为“东方高尔基”或“中国高尔基”的文学家也自始至终对语言问题表示了强烈关注，因此，人们通过对鲁迅语言观的研究确实可以成为理解鲁迅的一条重要门径。在延安，鲁迅的语言观引起了研究者的一定重视，而且，人们在对它进行阐述时，总会强调其中与马克思主义相通甚至完全符合马克思主义观点的部分。正因如此，研究者深信鲁迅对于中国语文问题的一切言论，定将“成为中国语文革命运动的方向”，人们理应沿着鲁迅指引的方向“把中国语文革命运动和民族的社会的解放运动联系起来配合起来，使新的民族语文的创造服从于民族的大众的革命利益，同时也要依靠着广大群众的革命力量来完成中国语文的改革工作”[47]。于是，鲁迅的语言观与民族解放运动就存在着内在的有机关联，而这，也正可使它成为延安文学及抗战民族文学的发展所急需的语言理论资源。

至此，大家或许会问：既然鲁迅的语言观具有阶级论色彩，那么，他运用语言在文学作品中出色地构造出来的审美图画是否也具有某种强烈的阶级性色彩呢？对此,有论者果真注意到了鲁迅作品中蕴含着的绘画色彩,并且从阶级性角度对其作了富有政治意味的肯定性分析。他说,鲁迅是“没有画过画的现实主义底画家”,在他的文艺作品中充分表现着绘画的才能和绘画上的丰富知识;鲁迅的作品,“猛看上去很像单色版画,但在凛冽的刀尖所刻画的景色和人物上,罩上了一层薄物,迷濛中具有色彩。不过这色彩太黯淡了……像仅从一角射进一线阳光的庙堂,光线微弱而稀薄,反射在古旧的壁画上,所显示的隐约在幽暗中的色彩”。这位论者名叫张仃,为延安鲁迅研究会拟定的第二批研究人员之一,他在当时能够如此细腻敏锐地勾画出鲁迅作品中的绘画色彩,说明他确实具有一定的审美感受和表达能力。但是,在他看来,鲁迅作品中富有东方意味的色彩的营造,并不是为了满足纯粹的审美需要,是被他的阶级性立场所规定了的。因为按照马克思主义的观点,“色彩是有阶级性的”,由于所属“阶级的不同,对于色彩的爱憎,和因色彩而唤起的感觉,是完全不同的”。鲁迅之所以在作品中对鲜明而强烈的色彩不感兴趣,这是因为他“浸透了劳苦大众的感觉与情绪”,[48]而劳苦大众在剥削阶级占统治地位的社会里,从来就没有充分享受“色彩”的权利,“色彩”都被打上了阶级的烙印,比如在衣着上,红色与黄色就都属于贵族,而平民只能穿黑的或白的。所以,正是从这种色彩的阶级学出发,鲁迅作品才会呈现出阴郁而黯淡的色调,缺乏明快而鲜艳的色彩。

在整风运动中,正在被新的意识形态予以型塑的鲁迅已经在很大程度上成了延安文化界一条不可逾越的内在精神法则。这不仅表现在他的一些文章——比如《答北斗杂志社问》、《对于左翼作家联盟的意见》等——被列入不同层次的整风文献中予以反复学习,更为重要的是,在文化界对所谓“托派分子”王实味的激烈批判中,作为“革命家”鲁迅的言行开始被当作批判者的正面资源加以普遍而出色的运用。正是在这个型塑过程中,鲁迅日益被赋予了精神法则或道德律令的意识形态化功能。而随着鲁迅意识形态化功能的加强,我们可以发现延安文化界在阐释鲁迅时发生了一个微妙变化,这就是:文化人开始自觉地把鲁迅话语纳入到整风话语的营造之中,并且在此之上,开始自觉地把鲁迅话语纳入到毛泽东正在致力于创构的新的意识形态话语中来,以期让鲁迅话语最大限度地发挥印证或支撑毛泽东话语之真理性的功能。1942年10月,为了纪念鲁迅逝世六周年,萧三发表《整风学习中读鲁迅》一文。他认为,倘说整风运动是一场思想革命,那么鲁迅“正是思想革命底先驱”;人们在整风学习中经常提到鲁迅,原因在于他“浑身充满了正义感、正气,只有正风,没有邪风、歪风”,是一个“非常正派的‘完人’”。正因如此,萧三认为,“假如鲁迅今天还在,他无疑地是我们整风运动中的一员健将”[49]。这样,鲁迅被毫无疑问地纳入到了文艺界的整风运动中来。这篇文章在论述中表现出来的一个特色是,在强调思想改造的重要性时,总是先讲毛泽东如何说,再谈鲁迅怎样讲,以期通过鲁迅话语来印证毛泽东话语的正确性,当然,这里也有想借毛泽东话语的正确性来阐述鲁迅话语极富预见性的意图。仿佛是为了有意确立这种诠释途径的合法性似的,在《解放日报》随后发表的社论《纪念鲁迅先生》中,也非常突出地运用了此种论述方式。社论指出,“鲁迅先生对待文学工作的现实主义态度,在我们今天的文学艺术界还保留着直接的指导作用和教育的意义”,他给“我们进步的作家和文化工作指示了与实际斗争密切结合的正确方向”,这一方向要求作家“去亲身深入地参加革命建设和斗争,不脱离当前每一历史时期的革命政策和路线,具体地为它服务、工作”。据此,社论着重强调,“我们革命的文艺界将坚决遵循这个方向和毛泽东同志的指示,面向工农兵大众去”[50]。这里,社论显明地把鲁迅话语跟毛泽东话语并置一起,他对鲁迅话语重要性的强调其实并非是想让人们真切地进入鲁迅话语的核心,而是为了证明毛泽东话语的真理性,尽管毛泽东一再强调只有实践才是检验真理的标准。于是,在对鲁迅作品的阐释中,这种解读模式提供了极为富有可操作性和现实性的启示,而这,也就必然会加速鲁迅作品或文本意义之意识形态化过程的完成。

徐懋庸是鲁迅生前的最后一位论敌,他在鲁迅重病期间曾经就“两个口号”论争问题给鲁迅写过一封颇含不满和质疑的信,鲁迅对此颇为恼怒地写了《答徐懋庸并关于抗日统一战线问题》的公开信,其间提到胡风等人与“四条汉子”们人格和意趣的不同,为后来左翼内部成员不断上演的“龙虎斗”作了带有宿命意味的预言。徐懋庸于1938年奔赴延安,仍是为此带了一股不平之气的,那时颇为善于结识文人的毛泽东对他作了富有历史意味的安抚,[51]他便又开始心安理得地投入到热切言说鲁迅及其作品的行列中去。对于此种争相言说鲁迅或谬托知己的现象,丁玲在当时颇为不满地讥讽了一下。她说自己实在不能了解那些在鲁迅“活着的时候,诽谤他唯恐不足,今天却又大吹着先生如何伟大的那种人的心情了”[52]。尽管如此,徐懋庸们仍然不时返回到阐释鲁迅的道路上去,并且在对鲁迅进行意识形态化的型塑中做出了别人无法替代的贡献。

1943年7月,徐懋庸在华北书店出版了他的《阿Q正传》注释本。此外,他还计划从《呐喊》里选注《孔乙己》、《明天》、《药》,从《彷徨》里选注《祝福》、《肥皂》、《伤逝》、《离婚》,从《故事新编》里选注《铸剑》、《理水》、《采薇》、《出关》等;小说外,还想选注一些鲁迅的杂文,因为在他看来,鲁迅杂文“也颇有费解之处的”。由于种种原因,徐懋庸这一计划并没有完成,除《阿Q正传》外,只是在小说中选注了《理水》,在杂文上选注了《拿来主义》等少数几篇作品。但是,他在对上述作品进行注释时已经较为清晰地体现了他的诠释特色,因此,仍然值得给予研究。据徐懋庸说,他要注释鲁迅作品的想法萌发于1941年冬,他那时还在延安“抗大”工作。正因如此,我们把他对鲁迅作品的注释纳入到本论题中来加以论述还是较为合理的。徐懋庸注释《阿Q正传》时有其关于鲁迅思想以及诠释意图方面的明确看法,这表现在:其一,他侧重于对鲁迅思想的阐发,并且认为鲁迅的思想只有一个“完整的体系”,小说中的“形象化了的思想,都在他的论文,杂感之中提出着,发挥着”,即“论文杂感中所直说的与在小说中所表现的,完全一样”,因此,他认为,“要阐明他的小说中的思想,最好就用他自己的论说”。[53]显然,这里所言的阐释方法属于文本互证的方法,它在今天的鲁迅研究中仍被得到广泛运用。其二,徐懋庸认为,除早年思想中的个别论点外,“鲁迅的思想,与马列主义是完全一致的”,因此在他的注释中,“有时就直接引用马列主义的原理”来对鲁迅作品中表现出来的思想加以阐释和论证。此外,他认为,鲁迅作品中“所描写的许多社会现象,现在也还是存在的”,因此在他的注释中,"有时常常联系到目前的现实,甚至想借鲁迅以整风"。[54]这样,可以看到,徐懋庸既想把鲁迅话语完整地纳入到马克思主义话语体系中来加以诠释,又想把鲁迅话语与当时的整风话语有机地贯通起来,并借助鲁迅的话语权威配合整风运动的有效开展。正是在这点上,通过徐懋庸等人的努力,鲁迅话语跟毛泽东正在予以积极创构的新的意识形态话语确乎达到了空前一致,而以前曾被毛泽东等人予以弱化处理的鲁迅作品——比如《阿Q正传》等——不仅可能而且在事实上已经被重新阐释并被接纳到新的意识形态话语体系中来。

徐懋庸在阐释鲁迅小说的思想意义时,往往采用阶级论观念来进行分析。从这种观念出发,阿Q进城做上小偷一事也被认为是"逼上梁山"的结果。徐懋庸解释说,"阿Q进了城,本来也不是决心做小偷的",因为"农民的道德观念,其实都比地主绅士们强得多,真正的讲良心,走正路",但是由于那位举人老爷不要他帮忙做工了,"没法再生活下去,这才不得不去做小偷"。[55]其次,他还认为鲁迅理解和描述的阿Q革命是完全"合乎事实,而且合乎马列主义的理论的",因为按照马列主义的观点,"封建社会的一般农民,由于与最落后的经济形式——小生产相联系,所以有保守性,狭隘性和其他种种缺点。但又因他们是参加劳动的,受剥削的,所以又有革命的可能性。尤其是阿Q这样的人,他是农村中的无产阶级",故而"他的革命可能性是无限的"。正因如此,在无产阶级及其先进政党领导下,农民"可以成为革命的基本力量",而且定会取得自身的解放。徐懋庸甚至合乎逻辑地设想,"阿Q假如生在今日,完全是有成为一个真正先进的革命战士之可能的"。在阶级论话语支配下,对于鲁迅的阐释或研究活动自会怀抱一种政治实用主义或功利主义态度。在徐懋庸的诠释中,这具体表现在:第一,徐懋庸往往紧密结合当时国共两党的政治斗争形势来对鲁迅作品进行阐发。比如,阿Q精神胜利法的表现之一是其对于屈辱的健忘,徐懋庸认为这是一种"不抵抗主义","存在于许多中国人的思想意识里"。他接着指出:"远的不说,只说自从'九·一八'事变以来,中国统治阶级中间的许多人,不也是用阿Q的妙法对付了日本帝国主义的侵略和打击的么!就是抗战以来,也还有许多这样的人:敌人一来就逃跑,或者挨了敌人的打马上就轻轻地忘记了痛苦,却找共产党、八路军去闹磨擦,正像阿Q的挨了'假洋鬼子'的打以后去欺侮小尼姑;而且,还时时刻刻想投降敌人。"这样注释纯系借题发挥,有点近似杂文笔法,其理念是把鲁迅作品尽量为我所用,以期让它们发挥更大的政治效用。第二,是密切把鲁迅话语跟整风话语结合起来进行阐释。《阿Q正传》中的"假洋鬼子",徐懋庸评论道:"'假洋鬼子'进过洋学堂,还到过东洋,应该算是一个知识分子。但是,他只会装腔作势,用老百姓不懂的洋话吓人。而说到'湖北',却以为是一个'小县城'。这也证明着知识分子之最无知识。"[56]末一句出自毛泽东之口,是他在整风运动中所讲的至理名言之一,原话是:人们"应该知道一个真理,就是许多所谓知识分子,其实是比较地最无知识的,工农分子的知识有时倒比他们多一点"。[57]自这次讲演后,知识分子在延安的地位渐趋低落,令人堪忧。而徐懋庸在"假洋鬼子"身上发现庸俗的知识分子气,并且以之印证毛泽东的整风话语,其用意是十分明显的。在对《理水》所做的注释中,这种诠释思路的运用可以说达到了登峰造极的地步。徐懋庸对《理水》做了27条注释,几乎每条注释中都贯穿了整风话语或新的意识形态话语。其中出现频率最高的是"主观主义"、"调查研究"、"实事求是"、"倾听群众意见"等毛泽东喜欢运用并赋予了新的意识形态含义的字眼。比如在第一条带有题解性质的注释中有这样一段话:"《理水》这一篇的意思,主要在于暴露旧社会里面统治阶级的文化界的荒唐和官场的腐败。这里的'学者'和官吏们的生活方式,治学方法和工作态度,处处表现着祸国殃民的主观主义。与'学者'和官吏们的主观主义态度相对照,鲁迅还从禹的行为上具体地写出了正确的'实事求是'的作风的典范。"[58]可以说,这段话中的每一句都体现了新的意识形态话语之精神。更加令人震惊的是,仔细读完这个注释本,你会发现字里行间无不弥漫着一种鲁迅后期创作预言了毛泽东话语的真理性,而毛泽东就是现代大禹的强烈暗示。如此阐释鲁迅小说,一方面对它们定会构成一种意识形态化的误读,因为这些作品本来不是从阶级的角度切入叙述,而是从审美和文化的角度切入,所谓改造国民性的问题在鲁迅那里是一个思想启蒙的问题,属于文化批判与重构的范畴,而非政治斗争范畴。另一方面,它会提升鲁迅作品及其思想在新的意识形态语境下的价值或意义,使得它们能够凭借其意识形态的合法性而广为传播,客观上有助于鲁迅思想的丰富性在民间阅读中得以不绝如缕的延续。但是,在总体上必须明确指出,这种阐释思路不是完全尊重鲁迅作品及其思想本身的结果,而是服从于一种政治思想意识形态的召唤,因此它是一种远离鲁迅本体的研究,在整体上不仅无助于现代中国文化的积极创造,反而会对文化的创造构成一种难以抗拒的阻碍。

综上所述,我认为,在延安政治—文化界,无论是对作为革命家之“鲁迅”还是思想家之“鲁迅”的塑造,也不论是对鲁迅语言观的理解还是对鲁迅作品的解读,其中都反映着某种同一性趋势,而且愈到后来,似乎都无以规避地指向毛泽东正在予以创构的新的意识形态话语。可以说,延安文化界对“鲁迅传统”的这种渐趋单一化的理解和重塑,在一定意义上参与并强化了新的意识形态话语的营造,而蕴含其间的同一性无疑表征着思维方式的同一,理论形态的同一,它们在经历了思想整风之后更是如此。上述“同一性”趋势的形成其实也正是新的意识形态话语执着追求之所在,因此,对于延安时期的知识分子而言,知识界对于鲁迅的理解和诠释不仅有助于他们认同正在日渐成形的新的意识形态话语,而且有助于他们自身的思想改造,毫无疑问,在他们对鲁迅人生之路的理解中也深刻蕴含了他们对自身人生之路的反省与期望。在这意义上,鲁迅的价值在于他以自身的实践为延安文人指示了一条通往革命的光明之路。对此,当时有人把鲁迅与俄国作家果戈理做了一种比较性的说明。论者认为,倘说果戈理“是写了喜剧演了悲剧的天才演员”,那么鲁迅则是“写了悲壮剧,也演了悲壮剧的伟大战士”,这是与果戈理所走的道路迥然不同的:“鲁迅先生是果戈理的艺术成果的继承者,也是果戈理的悲剧道路的否定者。”果戈理的悲剧在于,他最终停止了对于光明的“探求与挣扎”,而“潜心于宗教”,并且一意“以前此的创作业绩为罪恶”。[59]那么,鲁迅为何能够超越这种果戈理式的悲剧呢?论者认为,原因在于鲁迅终于成了一位革命知识分子,并且完整地做到了“与无产阶级的革命事业的结合”,因而,鲁迅的人生与创作之路就“像一条红线那样明显”,[60]无不指示了知识分子思想改造的必经之路。这在相当程度上预示着,延安文人在经过快乐与痛苦仿佛并存的思想改造之后,定将义无反顾地沿着意识形态化了的鲁迅所指引的道路,永远扛着共产主义的大纛前进,以期实现他们的理想性追求。

注 释

① 当然,必须指出,这里的“影响”自然也包含了负面影响,而且现在看来,在1950—1970年代其负面影响远大于正面影响。可以说,在这段时间里,鲁迅的负面影响是显在的,而正面影响是潜在的,准确地说,潜在于广阔的民间。请参阅钱理群《鲁迅:远行之后(1949—2001)》“之二”,《文艺争鸣》2002年第2期。

②⑨㊱ 毛泽东:《论鲁迅》,《毛泽东文集》第2卷,人民出版社1993年12月版,第42—44页,第43页,第43页。

③ 毛泽东:《致黎锦熙信》,《毛泽东早期文稿》,湖南出版社1990年版,第87页。

④⑤⑧ 毛泽东:《讲堂录》,《毛泽东早期文稿》第589、591、591页。

⑥ 毛泽东:《体育之研究》,《毛泽东早期文稿》第70页。

⑦ 毛泽东:《致黎锦熙信》,《毛泽东早期文稿》第85页。

⑩ 钱理群:《独自远行——鲁迅接受史的一种描述(1936—1949)》,陈平原主编:《现代中国》第2辑,湖北教育出版社2001年12月版,第76页。

⑪ 王富仁:《中国鲁迅研究的历史与现状》,浙江人民出版社1999年版,第41—42页。

⑫ 贺敬之词、张鲁曲:《种菜圣人黄立德歌》,《解放日报》1943年3月7日第4版。

⑬⑭ 毛泽东:《新民主主义论》,《毛泽东选集》第2卷,人民出版社1991年版,第698页,第665页。

⑮ 蓝棣之:《症候式分析:毛泽东的鲁迅论》,《清华大学学报》(哲社版)2001年第2期。

⑯ 语见柯仲平《是鲁迅主义之发展的鲁迅艺术学院》,《新中华报》1938年4月20日第4版。

⑰⑱ 毛泽东:《在鲁迅艺术学院的讲话》,《毛泽东文集》第2卷,人民出版社1993年12月版,第121页,第122页。

⑲ 参阅毛泽东《在鲁迅艺术学院的讲话》，《毛泽东文集》第2卷第125页。

⑳ 何其芳：《毛泽东之歌》，《何其芳全集》第7卷，河北人民出版社2000年版，第416页。

㉑ 毛泽东：《文艺工作者要同工农兵相结合》，《毛泽东文集》第2卷，第431页。

㉒ 陈涌：《三年来文艺运动的新收获》，《解放日报》1946年10月19日第4版。

㉓ 社论《纪念鲁迅先生》，《解放日报》1942年10月19日第1版。

㉔ 以上引文见《鲁迅先生的话》，《红色中华》1936年10月28日第3版。

㉕ 艾思奇：《学习鲁迅主义》，《文艺突击》1938年10月16日第1卷第1期。

㉖ 陈伯达：《鲁迅逝世二周年纪念》，《解放》周刊1938年10月31日第55期。

㉗ 周扬：《一个伟大的民主主义现实主义者的路——纪念鲁迅逝世二周年》，1938年11月7日《解放》周刊第56期。

㉘㉟ 唐乔：《鲁迅的方向就是新文化运动的方向——纪念鲁迅先生逝世四周年》，《新中华报》1940年10月17日第4版。

㉙ 成仿吾：《纪念鲁迅》，《解放》1938年10月31日周刊延安第55期。

㉚㉛㉞ 萧三：《学习七大路线——祭鲁迅六十五岁冥寿》，《解放日报》1945年8月6日第4版。

㉜ 参阅周文《鲁迅先生的党性》，《解放日报》1942年6月22日第4版。

㉝ 《且介亭杂文末编·论现在我们的文学运动》。

㊲㊴㊶㊸ 艾思奇：《鲁迅先生早期对于哲学的贡献》，中国社科院文学研究所鲁迅研究室编：《1913—1983鲁迅研究学术论著资料汇编》（以下简称“汇编本”）第3卷，中国文联出版公司1987年版，第424页，第425页，第426页，第428－432页。

㊳㊺ 《坟·摩罗诗力说》。

㊵㊹㊻ 周扬：《精神界之战士——论鲁迅初期的思想和文学观，为纪念他诞生六十周年而作》，《解放日报》1941年8月12—14日第2版。

㊷ 《坟·科学史教篇》。

㊼ 正义：《鲁迅语言理论的初步研究——杭育杭育派的语言理论》，见“汇编本”第3卷第493页。

㊽ 张仃：《鲁迅先生作品中的绘画色彩》，《解放日报》1942年10月18日第4版。

㊾ 萧三:《整风学习中读鲁迅》,《解放日报》1942 年 10 月 18 日第 4 版。

㊿ 社论《纪念鲁迅先生》,《解放日报》1942 年 10 月 19 日第 1 版。

(51) 参阅徐懋庸《我和毛主席的一些接触》,《新文学史料》1981 年第 1 期。

(52) 丁玲:《"开会"之于鲁迅》,《大众文艺》1940 年 8 月第 1 卷第 5 期。

(53)(54) 徐懋庸:《注释者的声明》,见"汇编本"第 3 卷,第 1296 页,第 1296—1297 页。

(55)(56) 徐懋庸:《阿 Q 正传》"注释本",见"汇编本"第 3 卷,第 1302—1303 页,第 1304—1305 页。

(57) 毛泽东:《整顿党的作风》,《毛泽东选集》第 3 卷,人民出版社 1991 年版,第 815 页。

(58) 徐懋庸:《理水》"注释本",华北书店 1943 年 9 月初版,此见"汇编本"第 3 卷,第 1348 页。

(59) 魏东明:《果戈理的悲剧》,《解放日报》1941 年 11 月 28 日第 4 版。

(60) 魏东明:《鲁迅创作的道路》,见"汇编本"第 3 卷,第 449 页。

(《鲁迅研究月刊》2004 年第 3 期)

中学语文教材(1950—1977)中鲁迅作品的选录与解读

董奇峰　苗　杰

鲁迅作品在中学语文教材中占有举足轻重的地位。从1950年新中国成立后由中央人民政府出版总署编审局(人民教育出版社的前身)编辑出版第一套初、高中语文教材起,至90年代后期人民教育出版社推出的"九年义务教育三年制初级中学语文教科书"和"全日制普通高级中学教科书",50年间人教版初、高中语文教科书的各个版本共收录鲁迅作品40余篇。其数量不仅为古今中外作家作品之冠,甚至超过革命领袖的文章的数量。半个世纪以来,中国人大致就是通过这些作品以及编者的解读来学习、认识、感知鲁迅的。几代人心目中的鲁迅形象,就是靠这些教材及教学参考资料塑造起来的。今天,鲁迅作品仍拥有广大读者,仍然畅销不衰,教材的奠基之功固不可没;然而,社会上偶尔传来非鲁、责鲁、倒鲁的鼓噪尤其是年轻一代中并不鲜见的对鲁迅疏离、排斥的心态,也和这些教材不无关系。本文拟以人民教育出版社中学语文教材为中心,梳理1950—1977年中学语文教材中鲁迅作品收录情况,探究这些作品的更换、保留与当时的社会政治、经济文化诸因素的关系;考索编者对鲁迅作品的解读诸如教学目标的确立、注释、提示、练习设计等,这不仅是鲁迅研究领域的一个重要内容,也可为近年来颇受世人关注的关于语文教学的讨论打开一扇近距离窥探的窗口。

一

第一阶段　1950年—1955年

1950年,中央人民政府出版总署编审局编辑出版了新中国第一套初、高中语文教材,它以陕甘宁边区的《中等国文》为样本,以《中国人民政治协商会议共同纲领》所规定的新中国教育的性质和任务作为教育的目标,即"中华人民共和国的文化教育为新民主主义的,即民族的、科学的、大众的文化教育。人民政府的文化教育工作,应以提高人民文化水平,培养国家建设人才,肃清封建的、买办的、法西斯主义的思想,发展为人民服务的思想为主要任务"。

1950—1955年的教材共收录鲁迅作品16篇,其中《一件小事》、《故乡》、《社戏》、《我们不再受骗了》、《记念刘和珍君》、《为了忘却的记念》、《药》、《〈呐喊〉自序》、《祝福》、《"友邦惊诧"论》、《藤野先生》等成为以后各个时期各种版本的基本保留篇目,基本确定了新中国语文教材收录的鲁迅作品的内容。另外,1950和1951年版教材还收录了杂文《最先和最后》,散文《鸭的喜剧》、《风筝》,历史小说《非攻》等,而这四篇文章在1952年修订时被删去了。

就入选的鲁迅作品来看,经典性的小说《药》、《故乡》、《祝福》,锥心泣血的散文《记念刘和珍君》、《为了忘却的记念》等被选入教材,自然显示了编选人的眼光;然而诚如此套教材的《编辑大意》所说:"无论哪一门功课,都有完成思想政治教育的任务。这个任务,在语文学科更显得重要、要通过语文来完成思想政治教育的任务,不能单靠几篇说理的论文。一种思想内容或一个政治道理,可以用一篇说理的论文来表达,也可以用一篇小说,一首诗歌,一个历史故事,或者一个自然科学故事来表达。"这样,鲁迅作品在教材中的地位在一定程度上成了完成思想政治教育任务的工具。

建国初期,新政权实行了亲苏联的"一边倒"的外交政策,中学语文教材也呈

“亲苏、学苏、泛苏”倾向,除收录了丁玲、戈宝权、冯至、朱子奇等名家以及许多非名家赞美苏联的作品外,收录苏联领导人斯大林、加里宁等的文章多于了毛泽东和朱德的文章;对莫斯科的赞美超过了北京;科学家中颂扬的人物只有巴甫洛夫和米丘林;作为新一代青年楷模的是卓娅、舒拉和奥斯特洛夫斯基。在这种的思想时尚和时代氛围中,鲁迅有些作品被解读成中苏友好的记录,鲁迅成了中苏友好的先行者。

以俄国盲诗人爱罗先珂为主人公的《鸭的喜剧》就是在这样的背景下选入了语文课本,编者认为它“从怀念爱罗先珂的一些琐事里,表现出在军阀统治下北京的情况,死气沉沉,使一个热情的诗人感到沙漠一样的寂寞。现在北京是人民的首都,许多苏联的友人来到北京,对蓬勃的新气象都表示赞颂和热爱。中苏两国人民已结成兄弟般的友谊,不再有什么冷漠了。把这两种不同的情况,比较比较”。这样的解读,实际上是一种政治引导。

此期为配合当时政治形势被收入教材的杂文之一,是《我们不再受骗了》。编者“提示”中强调,文中的一些论点,如“苏联愈是弄得好,它们(指帝国主义——引者注)愈急于要进攻,因为它们愈要趋于灭亡”。“我们反对进攻苏联,我们倒要打倒进攻苏联的恶鬼。无论它说着怎样甜腻的话头,装着怎样公正的面孔。这也才是我们自己的生路!”“都是正确的预言”,要求学生体会“从现在来看,有哪些已经应验了”,同时要求学生领悟:“在这一篇文章里,尽量抒写他对于帝国主义的愤恨,对帝国主义的奴才们的愤恨;反过来说,就是对于苏联的热爱。对于世界的和中国人民革命事业的热爱……”“这种敌我分明的态度,值得我们学习。”

一位中华民族土壤上所诞生的伟大的思想家,“五四”的精神启蒙者,经过这样一番阐释,竟仿佛成了保卫苏联的卫士和预言家,这显然也是当时的政治需要所致。教科书对入选的其他作品的解释,也带有鲜明的时代印记。这是《记念刘和珍君》课文的分析提示:

鲁迅先生是伟大的爱国主义者,他一直热望着旧中国的死亡和新中

> 国的诞生。他对于祖国的青年极端的爱护,所以对于摧残他们的一切恶势力——帝国主义及其走狗的中国军阀,就不能不极端痛恨。在这篇纪念文章里,他充分地表现了这种革命感情。
>
> 在诗一般的抒情中,可以看出作者是悲哀的、沉痛的,然而决不消极;他努力鼓舞青年前进。从斗争中创造中国的新生。
>
> 中国革命历史里头,青年学生在反帝反封建的斗争上是尽过极大的力量的,是有过无数次光荣牺牲的。现在,我们生活在幸福的毛泽东时代,中国人民的一切压迫者已经全被打倒,我们再也用不着在军阀的枪弹之下进行斗争了……

这样,刘和珍等“三·一八”死难者就被界定成为新中国、为现政权的建立而英勇献身的革命烈士,鲁迅早在20年代就在为新中国的建立而奋斗,而文章的意义就在于证明鲁迅和刘和珍的理想已经变成了现实。

教材这样评价《药》:

> 夏瑜的坟上发现一圈红白的花,围着那尖圆的坟顶。革命者是为拯救人民而死的,但那时的人民不能了解他。……他的颈血蘸了馒头,又变成华老栓给儿子治病的“药”。华小栓糊里糊涂地吃这“药”,又糊里糊涂地死了,这是现实,是无法抹煞的。但革命的火焰,决不会被封建统治阶级扑灭的。一个夏瑜死了,还会有许多比夏瑜更革命的人产生出来。而且一旦人民觉醒起来,会随着革命者的领导,把封建主义的毒瘤连根拔掉,这是毫无疑义的。作者在第四部分里清楚地写出穷人和囚犯相邻的埋骨之所,证明他们同是被遗弃者,中间只隔一条细路,一旦彼此互相了解,携起手来,革命一定成功。夏瑜坟上的花圈,表示革命者永远杀不尽,也表示后死者会接受先烈的教训,为革命另辟一条光明、胜利的路。

在这种解读中,鲁迅寄寓于小说之中并深深慨叹的那种先驱者与看客之间的巨大鸿沟,就被乐观主义地填平了,阴冷、凄凉的绝望被一只花环化解了。鲁迅已经不是在铁屋子里做无望呐喊的启蒙者,而真的成了“振臂一呼,应者云集”的革命先驱了。

而对《为了忘却的记念》,教材认为它印证了毛泽东《新民主主义论》中关于中共斗争历史的阐述:“国民党反动派疯狂地施行法西斯血腥统治,但是人民并没有被吓倒,被征服,被杀绝,共产党领导的革命斗争力量反而一天天壮大起来。”“他(鲁迅)是怀着庄严的心情和真挚的阶级友爱来纪念这几位战友的。纪念,意味着要继续战斗,革命先驱者的血显示出反动统治者卑鄙、无耻、凶残和必然失败,也照亮了人民革命的道路。多少年来,千千万万的人民踏着先烈的血迹继续不断地战斗,一直战斗到取得人民革命的伟大胜利的今天。今天,正是作者在本篇中预示的记起他们,再说起他们的时候。”

这些叙述,不但思想,甚至语言差不多就是引述毛泽东的原话。文学大师独特而又深邃的思索和情感抒发,成为引导学生去理解政治革命胜利的话头。尽管这二者之间的确有着不可否认的内在联系,但这样的处理仍然是显得简单化了。

新中国成立伊始,鲁迅被新政权高度推崇,和十月革命后苏联推崇高尔基很相似,也和闻一多、朱自清被中共领袖高度肯定差不多,是在政治上被新政权认可,在思想上、文学史上作为一个追求社会思想改造、民族文化复兴的文学家被肯定的,其作品被大量地选入教材,是顺理成章的事情。从另一方面说,主持出版总署编订语文课本的叶圣陶等和鲁迅同是五四新文学的开创者,在二三十年代就从文学的角度来解释鲁迅、推重鲁迅,解放前叶圣陶编订的开明版教材也收录鲁迅作品。政治家们重政治,教材的编者重文章,他们自己对鲁迅作品价值和作用是清楚的,所以他们虽然未必是此时思想政治路线的忠实追随者,但对鲁迅及其作品的认可程度,却和政治路线切合,所以在鲁迅作品的收编上出现两个交叉和两种合力:政治和文学。在它们的共同作用下,鲁迅作品在教材中占据了崇高的地位。也就是说,鲁迅作品以自身的价值,在政治路线和教材编者之间,形成了交叉,在政治家眼里,它的政治倾向性是明显的,在文学家、教育家眼里,它确为语文教育的主臬。

事情还有另一面，早在40年代初期，毛泽东在“延安文艺座谈会”上就明确宣布：在解放区，鲁迅的杂文时代已经过去。崇鲁写杂文者如王实味解放前即被处决，萧军、丁玲解放后被肃整，鲁迅文艺思想的继承者胡风等被打成“反革命集团”在这种情势下，以鲁迅为旗帜的思想文化不可能有自己独立的地位，虽然其内在意志不能改变，但必须给以符合主流话语形式的解释才能使之有合法的地位。鲁迅作品当然不可能完全等同于某一个具体的政治路线、政治意图，但教材的思想教育目标又是明确的，编者在选文时即要选出他们认为最优秀的、最适合做教材的文章，又不能按照鲁迅的本意来解释，还需贴近或紧靠思想教育的意图，所以，许多今天看来很牵强、生硬的解读就出现了。

我们还应看到，1949年后1957年前，教材鲁迅作品的收录和解读，无论现在看离鲁迅的“文本”有多大的距离，无论怎样显得方枘圆凿，都有可以原谅、可以理解的原因。新中国的教育是在全新的基础上建立起来的，一切都有拓荒的性质，一切都在摸索中前进，人们的认识水平也很难超越他听处的时代的限制，也正如鲁迅所说，人不可能拔着自己的头发离开地球，后来者是不应苛求的。

二

第二阶段　1956年—1957年

1956年4月，教育部决定从当年秋季起，语文分文学、汉语两科教学，中学使用新编的文学课本和汉语课本，这是中国语文教材的有重大意义的变革。作为新中国第一部也是唯一一部中学文学教材，编选者特别注意从文学的特质上把握入选的作品，当然也包括鲁迅作品。在教育部颁行的“高级中学文学教学大纲(草案)”中，把鲁迅同屈原、司马迁、李白、曹雪芹等作家并列，在初中教材的“作家介绍”中，还把鲁迅同屈原、杜甫、瞿秋白等四位作家的生平列为专章。这些专章按“大纲”要求是“让学生知道作家的一生有些什么重要事迹，有些什么重要作品”，“研究作家的世界观、社会思想，政治倾向和对人民、对祖国的态度”,“作家的生活和创作道路往往是曲折复杂的。教师在讲授中应该阐述这种复杂的情况,避免公式主义和评述”。鲁迅作品“就思想内容的丰富和艺术形式的优美说,都具有世界意义,成为世界人类文化宝库的一部分”。教材对于鲁迅的介绍评价,对于收录作品的分析,最大的特点是吸收了学术界的研究成果,初中《文学》课本第三册关于鲁迅先生的“作家介绍”的知识短文,为陈涌先生撰写,而教学参考书里与之相对应的内容为冯雪峰先生的《鲁迅生平及其思想发展梗概》。两篇文章都介绍了鲁迅的家世、求学经历及思想发展的历程,突出了他文学家、思想家的地位,他的创作意义。这套教材共选入鲁迅作品 14 篇,和 1950 年版教材相比,增加了《从百草园到三味书屋》、《社戏》、《孔乙己》、《论雷峰塔的倒掉》、《风波》、《聪明人傻子和奴才》,增加的篇什是在初中《文学》课本中。作为作家专题介绍的《鲁迅》一文也在初中,高中《文学》课本,因为只编了高一、高二两个年级的四本书,仅收录了小说《药》和杂文《对于左翼作家联盟的意见》。

新增的文章如《从百草园到三味书屋》、《社戏》,应该是最适合做初中教材的文章了,鲁迅跟他们一样地有点厌学,向往走近大自然,迷恋游戏和玩耍。中学生对鲁迅的亲切和认同感,常常是从这几篇文章开始的。然而,把文学的教育功能狭隘地理解为共产主义思想教育、革命理想和信念教育等带有时代特色的“左”的文学评论和鉴赏思想,书中也有较明显的反应,也不能不影响制约着教材的编纂。比如《从百草园到三味书屋》的课后练习要求学生“把现在的学校生活同作品里的书塾生活比较一下,说明我们应该怎样对待学习”。而教学参考书设定的教学目标是:“使学生认识封建教育是束缚和损害儿童身心发展的。因而感到自己生活在今天的社会里受着新教育是很幸福的,必须好好地学习。”“教师应当向学生指出,今天的学生在全面发展的学校教育下,生活内容丰富多彩,再用不着像作者当时那样偷偷地去寻找乐趣,应该珍视这种幸福生活,好好地学习。”《社戏》的思想意义和教学目标则是:“作品里写的都是农村日常生活里极平凡的事情,这些事情充分表现了作者对农村孩子优良品质的赞扬,对劳动人民的热爱和对封建教育的不满。讲授这一课,目的在使学生认识农民孩子的优秀品质,体会作者热爱劳动人民反对封建教育的思想感情。”

这套教材中,鲁迅自己最满意的小说《孔乙己》第一次被收录。由于小说选择了一个初谙世事的小伙计的眼睛来观察人物,体验环境,中学生读起来自然有亲切感而容易接受。因此《孔乙己》成为各个时期教材鲁迅作品的必选篇目,直到今天,这一时期的“教参”对于艺术形象的分析是准确的,但却把主人公悲剧命运的原因归结为他的“迂腐”、“好喝懒做”、“逃避现实”的性格,并进一步分析说:“这种性格同他的出身和他所受的封建教育是有关系的。作者刻画这个人物,一面寄予深切的同情,一面加以严肃的批判。作者通过这个人物,揭露了造成人们不幸命运的万恶的封建社会及其文化的罪恶。”“讲授这一课,目的在于使学生认识封建文化毒害知识分子的罪恶,加深学生对封建制度的憎恨。”

在这里,丁举人的凶残不见了,酒店掌柜的冷酷不见了,小伙计的势利和酒客们的冷漠消失了,社会上人与人之间的凉薄被抽象成了封建文化的罪恶。因而,社会需要改造——已经改造了,旧社会被推翻了,新中国建立了;而在旧文化教育下受其毒害的知识分子即大大小小的孔乙己们,当然就更需要改造了。

随着新生政权的巩固,鲁迅在教材中的形象,已经不仅仅只是一个新胜利的预言者、新政权新政策的诠释者和拥护者。世易时移,因其作品描写过阶级压迫的内容,可以引申出“哪里有压迫,哪里就有反抗”的阶级斗争思想,他被教材解读成了革命家。如果把《文学》课本对《呐喊》中小说的分析同1950年版课本比较一下,鲁迅形象的转变是很清晰的。

1950年版教材对《故乡》意义的阐释仅限于作者与“闰土”隔膜的悲哀,由这种悲哀引发他自己所属阶级的悲哀,这种悲哀也就是对不合理的社会制度的不满和反抗。在这里,鲁迅还只是一个启蒙者,是一个试图变革现实的知识分子。

而1956年版的教参是这样分析作品意义的,“从闰土几句很不连贯的话里,我们可以看出,官绅的压榨,兵匪的骚扰和自然灾害,正是造成闰土生活日趋恶化的根本原因。所有这些,也正是造成当时我国农村破产和农民生活痛苦的根本原因”。

教材对闰土形象分析:“闰土在沉重生活的压迫下,变得形容枯槁,精神麻木,但他仍然是善良、淳朴和坚定的。他十分珍重友谊……他坚忍地承受着沉重生活重担,虽然脸上刻满皱纹,却全然不动,仿佛木刻一般。”“他从自己的生活体验中,认识了造成他生活痛苦的原因。他沉默寡言,用‘摇头’表示对现实生活的不满。可以预料,像闰土这样的农民,内心里蕴藏着的愤恨和反抗的火焰,终有一天会爆发的。”闰土的形象有了“质”的飞跃式的变化,鲁迅“哀其不幸怒其不争”的深广忧愤变成殷切的期待,“铁屋子”里“无望的呐喊”变成进攻冲锋的“金鼓”,江南水乡的闰土变成燕赵悲歌之士朱老忠,《故乡》似乎变成了微型的《红旗谱》。

教材编选者的自觉文化选择在此时和主流话语对鲁迅的评价殊途同归了。像《从百草园到三味书屋》、《社戏》、《孔乙己》等确是好文章;而由于毛泽东给鲁迅的三个“家”的崇高评价,鲁迅会因此被当做“自己人”而获得特殊的地位,这样从理论上说,其作品应该是思想教育的最好材料,作为一流的文学作品,选入教材应该能完成思想、文学教育的双重任务。但是,鲁迅作品毕竟都是写成于1936年10月以前的,它们不可能如老舍的《龙须沟》、贺敬之的《白毛女》。在教学中和“憎恨旧社会,热爱新社会”,“歌颂人民的英雄和人民的事业,打击人民的敌人,暴露敌人的罪恶”等思想教育目标有明显的距离,矛盾就出现了,教材的编者们一方面从审美特质上认同作品的文学价值,另一方面又勉为其难地把解读朝现实政治路线上靠,他们的做法虽然我们今天看来有些自相矛盾,但在当时却应该很真诚、很认真的。他们对新政权、新政策的拥护是由衷的,鲁迅作品必须而且完全应该选入教材,但其文本内涵和现行政策、流行话语形式不吻合甚至有矛盾时,他们当然只能让鲁迅顺从、拥护新政权、新政策而不是相反。

《文学》课本吸收了鲁迅研究界的最新学术成果,但由于距离太近,有些成果的真理性和科学性还没来得及接受时间的检验,其片面和局限性也不可能被当时的人们认识,仓猝收进教材,随着时间的推移,一些观点就不免显得粗疏和偏颇甚至错误了。如陈涌先生撰写的《鲁迅》一文,在谈到鲁迅后期同中国共产党的关系时,就指斥“胡风那样隐藏的反革命分子极力挑拨鲁迅和党的关系”,教参所选录的冯雪峰的《鲁迅生平及其思想发展梗概》强调:鲁迅“最后十年,运用马克思列宁主义的思想武器,自任了工农群众一个小兵的职务,替工农群众和革命思想和文化扫除障碍,开辟道路,其英勇的姿态和思想的威力更加倍地超过了他的前期”。这里的局限性是明显的,尽管如此,我们仍然认为,这套《文学》教材对学术界鲁迅研究最新成果的吸收,它至少能证明当时的中学语文教育和时代发展的同步、和学术研究息息相关的开放性和包容性。因而教材选择和阐释的局限也是鲁迅研究的时代局限。这种局限和以后的语文教育界的封闭保守,大大疏离时代,远远落后现实的弊端不能同日而语。虽然今天从整体上看,1950—1957 年的教材对鲁迅作品的收录和解读有简单化、庸俗化的倾向,有为迎合形势、政策而远远偏离了作品的文本等问题,但在当时,这些总是和 1957 年后屈从于外界压力下的违心误读不可相提并论,它应该是编纂者自觉、真诚、主动的选择和认同。新政权的建立得到了大陆上绝大多数知识分子的认可,除了对国民党政权专制独裁和腐败的深深失望外,知识分子的左翼本来就是共产党的同盟军,如主持人民教育出版社工作、审订语文教材的叶圣陶先生等,他们会把新中国的成立当做自己追求的实现而由衷地欢呼。就是欧美派自由主义知识分子,也会对抗美援朝战争等建国初期的重大国事衷心拥护。中国人第一次依靠自己的力量,战胜帝国主义和西方列强,它使中国人民当然包括具有强烈爱国情结的知识分子扬眉吐气,因为这的确是几代中国知识分子梦寐以求的目标。共产党的威信也因之空前提高,其政治、文化等政策被广泛认可是顺理成章的事。在这样的政治和文化背景下考察此期鲁迅作品被教材收录和解读的情况,虽然我们对鲁迅被塑造为现行政策的预言家和诠释者难以认同,它却应该是当时知识界的真实感受。教材的阐释有一个经典的预设前提,即毛泽东在《新民主主义论》里所宣称的“鲁迅的方向,就是中华民族新文化的方向”。1949 年以后,随着预言变成现实,这个“方向”当然应该和现实是一致的。因此,用鲁迅作品来诠释、证实现实的政治形势和现行政策,也是时代的需要。

尽管如此，由于编选者审定者皆一时人望，他们确实把鲁迅作品中最适合做教材的大部分篇章选了出来，并形成了相对稳固的体系，虽经50年风风雨雨甚至翻天覆地时代变迁历史的检验，大部分篇章仍给新世纪的中学生提供源源不断的珍贵的现代化思想养分。

三

第三阶段　1958年—1965年

由于至今也说不清楚的原因，《汉语》、《文学》分科未及完全推行就夭折了。初中《文学》六册课本虽编完，但只使用了四册；高中《文学》课本只编了四册，成为“半截子”工程。一次极有创新意义的探索随着1957年的反右斗争的结束，随着“培养有社会主义觉悟、有文化的劳动者”教育目标的确立而糊里糊涂地突然结束了。反右斗争及随后在全国掀起的“大跃进”狂潮，对语文教育产生了灾难性的、深远的影响。1959年、1960年教育部颁行的几份关于语文教学问题的讨论纪要明确指出，“思想政治教育是中学各科教学的共同任务，而各学科都有自身的特点，语文学科必须通过语言和文学的因素来进行思想政治教育，离开这些因素，就不成其为语文课，进行思想政治教育是语文教学的首要任务”[①]。“语文教学和其他一切工作一样，应该政治挂帅，以毛泽东思想为指针。语文是思想性政治性很强的一门课程，必须……极大地提高学生的共产主义思想觉悟和道德品质，这是极其重要的政治任务，必须很好地完成。语文课应该培养学生的马克思列宁主义的文风和正确运用祖国语言文字的能力。语文课还应该给学生一定的阶级斗争和生产斗争知识，同时培养学生正确的思想方法。这些同样是无产阶级的政治所需要的，也必须很好地完成。”[②]在这样的背景下，鲁迅作品被当做“思想政治教育”的工具。从1958年“急就”的几乎成为领导人讲话、报纸杂志社论、通讯集锦的准政治教育读物的初、高中语文课本，到1963年教育部依据“语文是学好各门知识和从事各种工作的基本工具”的“工具论”而全面修订的语文教材,版本屡次变更,课文内容大增大删,鲁迅作品的收录和解读的指导思想却基本没有变化,就是为愈演愈烈的阶级斗争服务。

1958年版高中语文第一册,第一次收录鲁迅的杂文《论“费厄泼赖”应该缓行》,并和高尔基的《如果敌人不投降——那就消灭它》以及《人民日报》的反右派斗争社论《且看他们怎样动作》编为一个单元,编选意图在课后练习里讲得非常清楚,就是要学生学习“鲁迅先生的立场和精神”、“痛打”、“消灭”、“落水狗”——“资产阶级右派分子”。

知识分子在“反右”斗争后,成为“团结、利用、改造”的对象,向工农群众学习,走与工农相结合的道路,改造世界观,彻底摒弃知识优越感带来的“精神贵族”气息,让青年学生永远保持劳动人民的本色是当时思想教育的主要任务之一。鲁迅的杂文,《对左翼作家联盟的意见》被选入高中教材,鲁迅讲话的特定环境被有意虚化了,课后设计的练习题要求学生“理解革命作家接触实际社会斗争的重要意义”,思考并讨论为什么“认为诗人或文学家高于一切人,他底工作比一切工作都高贵这个观念是不正确的?”

中共八届十中全会(1962年)提出阶级斗争要“年年讲、月月讲、天天讲”,思想文化领域、意识形态领域内的所谓的“路线斗争”愈趋白热化,“文革”的风暴正在酝酿,文学领域里“灭资兴无”大批特批各种所谓“资产阶级文艺思想”,毛泽东《在延安文艺座谈会上的讲话》成了指导文艺创作、文艺批评的唯一纲领和标准,一切与之相悖的文艺理论、思潮都在批判之列。于是教材选入了鲁迅杂文《文学和出汗》以批判所谓“资产阶级人性论”;选入了《“丧家的”资本家的乏走狗》来证明文艺只有阶级的属性。

60年代初期,“大跃进”穷折腾带来的空前劫难使人民蒙受空前的苦难,而中苏交恶,中美关系紧张又使得国家外患重重。难关要渡过,民心要振作。“自力更生,发愤图强”成为时代的又一精神需求。鲁迅的杂文《中国人失掉自信力了吗?》和历史小说《铸剑》在1962年同时被列入高中语文课本。前者鼓舞人们学习“中国的脊梁”,后者启示人们树立“不屈不挠的反抗精神”。耐人寻味的是,《铸剑》在1962年版教材中和《聊斋志异》中的《促织》、《席方平》编为一个单元。编者在课后练习中唯恐这些作品的内容不合“唯物主义思想”,不厌其烦地提醒学生注意“小儿化蟋蟀、审鬼阴曹等等神话,都是现实中不存在的,都是人们幻想出来的;另一方面,这些幻想以现实生活为基础,并以幻想构成的情节反映现实,显示作者的思想观点。这三篇作品,实质上反映了当时封建统治者压迫人民的无比残酷和黑暗,同时歌颂了人民反抗封建统治者的无畏精神”。即便如此,到了批“有鬼无害论”的1963年,随着《谢瑶环》、《李慧娘》等描写鬼神题材作品被判为毒草,《铸剑》也昙花一现地连同《促织》和《席方平》从课本中消失了。

此期教材鲁迅作品的收录除了随政治形势的变化而频繁地增删外,对一些传统的保留篇目,从分析解读到教学要求以及练习设计等,都因趋时而随意多变,不但越来越远离鲁迅的文本,而且自相矛盾,扞格难通,具有思想锋芒和艺术魅力的文学精品,被解读为蹩脚的“宣传材料”。如1958年版教学参考书对《祝福》的解说。它设定的讲授重点是:1. 祥林嫂勤劳、善良、坚毅、朴实的性格;2. 地主鲁四老爷的虚伪自私和冷酷;3. 作者对被压迫劳动人民的同情和对封建势力的憎恨。

这个重点确实和当时的政治教育的目标一致,但教材的编写者有自己的艺术直觉,有对鲁迅的作品的阅读感受。他们对作品的分析与所谓的“讲授重点”存在着明显的矛盾。教参分析说祥林嫂的婆婆是“恶毒”的,不但“虐待”祥林嫂,把她逼走,后又用暴力捉回,当成囚犯捆起来,堵住嘴。剥夺了祥林嫂几个月来辛辛苦苦积起的全部工资,又把她当做一种有利可图的商品卖到深山里去。阿毛死后,大伯又虐待她,欺负她死了孩子,强占了她的房子,她无家可归,只得再回鲁镇。鲁镇的人们不但不同情她的遭遇,反而从她的经历中获得欣赏的满足,她最终得到的是讨厌和讽刺。就连同在鲁家做帮工的柳妈也轻视她、讥笑她,从精神上威胁、折磨她。仅仅根据这样分析,学生怕很难得出“以鲁四老爷为代表的封建地主阶级是害死祥林嫂的凶手”的结论,也很难认同作品的主旨是对“地主阶级憎恶”的结论。因为,无论如何婆婆、大伯、柳妈之类的人物,是难以划到地主阶级阵营里去的,正是他们,才是小说所着力描绘的造成祥林嫂悲剧的最直接、最重要的原因。至于鲁四老爷,教参也认为:祥林嫂在鲁家做工虽辛苦,却比在自家受虐待要好些,因此,她反而满足,口角边渐渐有了笑影,脸也白胖了。

“横眉冷对千夫指,俯首甘为孺子牛”此时成了钦定的鲁迅形象。仅仅隔了两年,教参对鲁迅其人的评价,就不再是陈涌、冯雪峰所认定“伟大文学家、思想启蒙者”,而成为在“党的领导下”“在文艺战线上冲锋陷阵,一往无前的战士”了,这同样影响了此时中学语文教学中对鲁迅的解读。

仍以1958年的教学参考书为例。阐述鲁迅生平时,对其在新文化运动中的地位和作用,仅以“用创作进行革命斗争和推动新文学运动”一句话而轻轻带过,而大肆突出其“斗争”经历:“给以林纾为首的封建文学家们以致命的打击”;“同‘学衡’派和‘甲寅’派进行战斗”;“同以胡适、徐志摩、陈源等为首的‘现代评论派’进行了坚决的斗争”;“同‘创造社’和‘太阳社’展开关于革命文学的论争”;对“‘新月派’等买办资产阶级的文艺理论以毁灭性的痛击”;“狠批以胡秋原为代表的‘自由人’和以苏汶为代表的‘第三种人’”;“展开了对帮闲文人林语堂的闲适小品文的斗争”等等。

这种把鲁迅简单塑造为“党领导下”的“斗士”的解说模式,对语文教材的影响太深远了,不仅在“文革”中达到登峰造极的地步,就是在新时期开始后,甚至在20世纪90年代末期中国社会政治、经济、文化都发生翻天覆地的变化后,高中教材基本还是这样解读鲁迅作品。

此期的教材,不但内容变化大,解读变化快,就是练习设计,也变得让人瞠目结舌。

如《为了忘却的记念》,1962年、1963年版教材设计了四道练习题:一、课文里怎样赞颂白莽、柔石的高贵品质和崇高理想?怎样指斥国民党反动派的血腥统治?分析作者在这篇文章里所表现的革命感情。二、这篇课文的题目、含义很深,结合你所了解的当时的历史情况和全篇课文中反映出的作者的革命感情,加以分析,说一说你的认识。三、课文里有一些意味深长的句子,例如:"夜正长,路也正长,我不如忘却不说的好罢。但我知道,即使不是我,将来总会有人记起他们,再说他们的时候的……"再找出几句来,一并说说你的体会。四、背诵"惯于长夜过春时"这首诗。而到了1964年、1965年版的教材中,文中的课后练习的四题的前两题被删去,第三题的"一并说说你的体会"也被删去,只要求学生"再找出几个句子"和背诵。这样的处理,当然也可能是考虑到中学生的接受能力和学习负担,但毕竟把一些可能具有较大启发内涵的接受角度删去了,当思考和联想的路子被堵住以后,伟大的文学作品在一定意义上只成了语言训练的"工具"。

《论"费厄泼赖"应该缓行》一文,在1962年、1963年版的教材中,课后练习也是四个题目:一、鲁迅为什么主张"费厄泼赖"应该缓行?说说他的立论的根据。二、鲁迅为什么反对不打落水狗,还说"叭儿狗应该先行打它落水,又从而打之"?从这里可以看出鲁迅怎样的立场和精神?三、老实人误将纵恶当做宽容,会产生怎样的后果?本文里曾经提到哪些值得令人警惕的事实?四、这篇课文里使用了尖锐有力的讽刺。试举出一些例子来,具体说说这些讽刺是针对哪些对象的,运用了哪些表达方法,表示了作者怎样的态度。

在1964年、1965年版的教材中,练习变得更简单了:这篇课文关于假设的话所用的连词,有"如果"、"倘"、"即使"、"要是"等。试找出原句来,并用这些连词各造一个句子。

在1958年以后各个版本教材的练习中,政治教育已经成了最主要的学习任务,理解所谓的"思想意义"成了语文学习的最重要目标。只是因为有了"工具性"一说,才辅以无足轻重的语言训练,至于文学特质的把握,则被摒弃了。即便如此,到了"文革"前山雨欲来的1964年、1965年,连这少得可怜的语言训练也被砍去,语文课也差不多等同于政治课了。在教材这样的学习目标、练习内容的束缚下,学生虽然面对鲁迅这座精神文化的富矿,究竟能采集到什么?

考察此期鲁迅作品在教材中的命运,我们应注意这么一个事实,虽然"反右”斗争对中国教育的影响之大使教育方针、教学目标、教学内容、教学方法等都发生了巨大变化,然而鲁迅作品却是一个例外,数量非但没有减少,反而由于其他作家作品被大肆删斫,相对却增加了。这不可能是因为鲁迅作品更符合当时的政治路线,也不意味着编者更注重鲁迅,只能再一次说明它是“特例”。

革命领袖对它的高度评价,在那个时代很自然地使其高度政治化了,它也就有了一般文学作品所无法具有的神圣性和崇高地位,鲁迅的论敌们在此时差不多都成了千夫可指的敌人。在这种情况下,编者对一些影响较大作品的增删要有应对来自各方面追问的信心和勇气,对这样高度敏感和极容易招致风险的行为,他们的顾忌是显而易见的,与其另辟蹊径地冒险,不如萧规曹随地因袭,这种心态,即使到了新时期,也不可能完全消除。当然也不能不注意到,鲁迅作品毕竟蕴含着中国人心灵史、精神史中最丰富的密码,编者在那种“舆论一律”政治背景下要说出自己的话,通过杨朔、刘白羽或其他作家的作品,怕是很难,而借助鲁迅作品,则完全可能了,这样他们也会乐于编选鲁迅作品。但解读却不能“回到鲁迅”,此期解读和1957年以前的明显区别在于,1957年前的误读相当一部分是由于时代局限所致,是编者的实际感受,而此期差不多是曲解,其中更多的是在政治高压下的违心之论和曲意逢迎。

四

第四阶段　1967年—1977年

此为十年“文革”时期,一般论及“文革”十年,是指1966年“文革”爆发至1976年“四人帮”覆灭,但教材变革稍有不同,在1966年暑假前人教版统编教材仍在全国使用,而直至1978年秋季,“文革”后的人教版《语文》“试用本”才发行。十余年间人民教育出版社没有出版统编教材,由各省市分别编自己的教材,此段历史本可以不在本文探讨范围之内。但此期各地教材内容虽千差万别,但大致由三类题材构成:毛泽东及其他革命导师如马克思、恩格斯、列宁等人的文章,所谓的革命大批判文章,鲁迅作品。因此笔者不同意时下一些论者认为鲁迅作品教学在“文革”十年“全面崩溃”的说法。又因为各地课本的选文除了增加一些与“文革”中纷纭复杂的政治斗争有联系的文章外,“文革”前即1958—1963年版的大部分鲁迅作品仍被选入地方教材,解读也没有本质的差异,可以看做是前一阶段的延续。

就笔者目前所见到的当时各地教材选编意图和解读材料看,鲁迅成了伟大领袖的虔诚谦恭的学生,其作品被改造成为“革命大批判”武器:《一件小事》用来证明知识分子应该向工农学习,进行严格的思想改造,“狠斗私字一闪念”;《对于左翼作家联盟的意见》,用来证明知识分子走与工农相结合道路的必要性;《论“费厄泼赖”应该缓行》是斗争形形色色“阶级敌人”的最有力的武器;《“丧家的”“资本家的乏走狗”》和《文学和出汗》是批判“十七年”“资产阶级文艺黑线”的“投枪和匕首”;《孔乙己》是批判“十七年”“资产阶级教育路线”的活教材;《风波》诠释的是“文革”中最响亮的口号——“反复辟、反倒退”;《故乡》和《祝福》因揭露了旧中国的黑暗则逻辑地证明“今天”即“文化大革命”就是好;《“友邦惊诧”论》是声讨美帝国主义的檄文,那时的外交政策是“抗美援越”……

除上述在“文革”政治背景下肆意被曲解的文章外,随着“文革”进程云谲波诡的演进,鲁迅及其作品不断地被利用,沦落为“无产阶级专政的工具”在“批孔”时,《现代中国的孔夫子》被选入教材;评《水浒》批宋江时,《流氓的变迁》被选入教材;为了证明“毛主席革命路线”的伟大,《答托洛茨基派的信》为必读篇目;1976年10月以后,因批判张春桥的需要,《三月的租界》也被选入教材,成为“大批判”浪潮的最后一脉余波。

上述现象说明不能将此期称为鲁迅作品教学“全面崩溃”,因为此时的鲁迅毕竟被视为和马列、毛泽东三足鼎立的被主流意识认可的思想体系,更为贴切的说法应该是语文教育对鲁迅作品的“全面曲解”,是极为功利和狭隘地歪曲、糟蹋了鲁迅及其作品。一边拉着鲁迅的大旗作虎皮,批判封建文化,一边在制造着最愚昧的现代迷信;一边高喊着鲁迅的“推翻人肉筵宴”的口号,一边在最神圣的口号下“安排着人肉筵案的厨房”;一边以最革命的名义批判“九斤老太”们“一代不如一代”的谬论,一边是封建专制的僵尸披着马克思主义的画皮而还魂……如果我们借助一句“文革”语言“打着红旗反红旗”来描述此期的鲁迅作品教学,那就是“学着鲁迅反鲁迅”。

但是,有一点非常重要,而且常为论者所忽视,那就是:鲁迅及其作品毕竟是客观存在,对其思想有意无意的曲解阉割和篡改充其量只能给广大读者带来一定程度上的阅读干扰,不会也不可能取代他们的阅读感受。虽然当时的主流话语可以把“文化革命的旗手”、“主将”等桂冠一顶顶地戴在鲁迅头上,其作品可以被糟蹋成“大批判”材料,但它的思想特质是无法改变的,它在教材中的“特例”的意义又一次凸现出来了:话语霸权者可以把鲁迅装扮成“教主”和“棍子”使之成为“批判的武器”,弱势的群体却能从中汲取反抗专制强权的精神力量。应该说,在那个古今中外人类优秀文化遗产都被贴上“封、资、修”的标签对成长中的青年一代全面禁锢的特定时代,许多人正是在“读点鲁迅”的间隙中,借助鲁迅作品找到了和主流意识颇为不同或者是“擦肩而过”的更富有意味和启发性的思想资源。年轻一代对“文革”的怀疑、对专制主义的抗拒、对独立思考的追求,在很大程度上是靠阅读鲁迅作品实现的。

注 释

① 教育部办公厅《关于语文教学问题的讨论》,《中国现代语文教育史》,四川教育出版社 1997 年版。

② 教育部《语文、历史、地理、常识四科教学研究会纪要》,《中国现代语文教育史》,四川教育出版社 1997 年版。

(《中国现代文学研究丛刊》2002 年第 1 期)

1955:胡风案中的鲁迅

李新宇

众所周知,胡风对鲁迅的继承早已大打折扣,但无论如何,他毕竟不赞同为政治需要而改写“五四”传统,不赞同文学为获得大众喜闻乐见而在价值和形式上全面迎合大众,也不赞同以民族风格和民间形式复活“五四”所竭力抨击的旧传统。他的文艺思想不同于左翼文艺主流之处,说到底就是要保留一点儿鲁迅所代表的“五四”传统,保留一点儿启蒙精神。所以,胡风与鲁迅是连在一起的,从某种意义上说,胡风的命运也就是鲁迅精神的命运。但是,如果从时代的文化表层考察,情况却完全不同:胡风被反复批判,最后作为“反革命集团”的首犯而被扫进了“历史的垃圾堆”;鲁迅却依然大写在新时代的文化旗帜上,作为偶像被顶礼膜拜。这一现象显然包含了许多复杂的历史内容。考察胡风案中的鲁迅,不仅可以看到鲁迅在当时的真实处境,也可以发现时代文化整合过程中的一些奥秘。

一、一个缺席的被批判者

考察当年对胡风的批判,很容易发现这样一个事实:鲁迅是一个缺席的被批判者。

根据批判中的指控,胡风的罪名是:反党、反人民、反社会主义、反马克思主义。当然,罪名有一个发展演变过程:开始时只是“小资产阶级个人主义”、“唯心论”、“轻视人民群众”和“宗派主义”,而在批判的过程中,问题却日益严重起来,先是“反马克思主义”,后是“反党”、“反人民”、“反社会主义”,而且有“反民族”、“反爱国主义”之说;最后是最高领导人大笔一挥,成了“反革命”——“胡风反革命集团”。

这是当年权威人物的判词:“多年来,胡风在文艺领域内系统地宣传资产阶级唯心主义,反对马克思主义,并形成了他自己的一个小集团。解放前,在他的全部文艺活动中,他的主要锋芒总是针对着那时候共产党的或党外的进步文艺家。解放后,他和他的小集团的大部仍坚持他们一贯的错误的观点立场,顽强地和党所领导的文艺事业对抗。……胡风以肉搏的姿态向当前的文艺政策进行猛打猛攻并端出了他自己的反党、反人民的文艺纲领。这个纲领共有六条:反对作家掌握共产主义世界观;反对作家和工农兵相结合;反对作家进行思想改造;反对在文艺中运用民族形式;反对文艺为当前的政治任务服务……”[①]1955 年 1 月 26 日,中共中央宣传部在《关于开展批判胡风思想的报告》中说:“胡风的文艺思想,是彻头彻尾资产阶级唯心论的,是反党反人民的文艺思想。他的活动是宗派主义小集团的活动,其目的就是要为他的资产阶级文艺思想争取领导地位,反对和抵制党的文艺思想和党所领导的文艺运动,企图按照他自己的面貌来改造社会和我们的国家,反对社会主义建设和社会主义改造。他的这种思想是代表反动的资产阶级的思想,他对党领导的文艺运动所进行的攻击,是反映目前社会上激烈的阶级斗争。”[②]

这些罪名非常抽象,像大多数权威论断一样,并不能显示具体的问题。要弄清问题之所在,还需要把抽象罪名与具体罪状结合起来。胡风反党、反社会主义的证据是什么?反人民的证据是什么?反马克思主义的证据又是什么?只有进入证据的考察,才能看到实际的问题。

所谓反党反社会主义,是那个年代非常严重却又常见的罪名。对于胡风来说,赢得这样的帽子可谓顺理成章、不足为怪。他坚持人格的独立,顽固地运用自己的大脑,无论对文艺界领导的要求,还是对最高领袖的方针,都没有及时地表示顺从。在反复“帮助”和施加压力之后,他的检讨仍然似乎很不情愿。根据这样的表现,当然可以认定为反党。至于反社会主义,则是难以讨论的罪名,因为它似乎随时随地都可以安在任何人的头上,证据确凿,铁板钉钉;不过,又随时随地都可以推翻,平反的结论也有理有据。那么多人曾被认定反党、反社会主义,后来都得以平反昭雪，这本身就证明了事情的荒诞。然而，胡风“反人民”、“仇恨中国人民”等罪状却引起了我的兴趣。当我注意到胡风罪状时，却猛然意识到，一些集团内部的是非并不是全无意义，比如胡风，之所以为集团所不容，就因为他虽然一脚深陷，而另一脚却经由鲁迅而连接着现代知识分子的许多大问题。也正因为这样，对胡风的批判才牵连到鲁迅，而且有了更复杂的内涵。

胡风的罪状之一是拒绝承认人民的伟大，看不到人民的革命精神，眼睛盯着“精神奴役的创伤”，竭力诬蔑人民群众。这是几乎所有文章都曾指控的罪行，开始的说法比较温和，只是“轻视人民群众”，“夸大人民群众的落后性”，后来则不再那么温和，成了“诬蔑人民群众”、“仇视中国人”，于是，“反人民”的罪名就成立了。胡风被打倒之前两年，林默涵指控胡风反对马克思主义，证据之一是：“他在农民身上所看到的，几乎只是一些封建的落后的东西，用他的术语来说，就是一种‘精神奴役创伤’的东西。”[③]“精神奴役的创伤”之所以成为问题，重要的原因在于它抹杀了阶级性，没有站在阶级的立场上看问题。在胡风被打倒之后，周扬对胡风进行了这样的批判：“他把人民看成历史惰性的力量或者看成盲目破坏的力量。他特别地仇视中国人民。他认为中国人民身上尽是‘精神奴役创伤’。在胡风眼中，人民群众就是一片‘创伤’的海洋。正当我们党号召一切进步作家应该认识和表现人民的劳动和斗争的伟大，作家应当和劳动人民在思想感情上打成一片的时候，胡风却要作家‘一鞭一血痕’地去鞭打人民身上的‘创伤’，并且警告作家不要被人民的‘汪洋’所淹没。因此，不是偶然的，胡风派的作家，特别是他们的代表作家路翎总是把人民表现为不是麻木到连人的感觉都失去的蠢猪，就是充满了‘原始野性’，充满了神经质的疯狂性、痉挛性的怪物……胡风集团的人们对民族文化遗产的虚无主义态度和对西方资本主义文化的盲目崇拜，正是同他们的轻视和仇视中国人民，不相信中国人民有任何创造力这种反动的立场观点相联系的。”[④]众所周知，胡风的“精神奴役创伤”之说源自鲁迅的“国民性”思想，而胡风揭示精神奴役创伤的倡导，也正是鲁迅批判国民性的继续。阶级立场模糊不清，满眼都是群众的落后性，也正是鲁迅存在的“问题”。阿Q

是贫雇农，而且有强烈的革命愿望，鲁迅却对他冷嘲热讽，这是什么立场观点？对胡风的这种批判，就是这样指向了鲁迅。

在对胡风的批判中，民族虚无主义、主张西化、否定民族传统也是被反复声讨的罪状。在《我们必须战斗》中，周扬指控说："胡风对于民族文化遗产历来也是采取虚无主义的态度的。他把'五四'以前的中国文学一律看成'封建文学'，而且在'封建文学'和'民间文学'两者之间画下等号。因此他认为，在过去中国文艺作品中'得不到民主主义观点的反映，甚至略略带有民主主义观点底要素反映也很难被我们发现'。就是在《水浒传》里面，他也认为决没有'发自二心的叛逆之音'，这就是说，它也仍然是一部拥护封建的书罢了。"[⑤]在《反社会主义的胡风纲领》中，郭沫若也说："胡风历来否定民族遗产，主张把西方资产阶级文艺形式不加区别不加改变地'移入'中国来，其结果难道不是必然地要把自己民族的独立的文艺变成西方资产阶级文艺的附庸吗？"他列举了胡风的一系列罪证："他认为'五四'以前，全部中国文学，包括民间文学在内，都是'封建文学'；他说：'"五四"以前的一部中国文学史没有写人，没有写人的心理和性格'。他认为，我们重视民间文艺是'拜物情绪'，探求群众喜闻乐见的民族形式是使文艺'降低'。"郭沫若由此认定："胡风所以要反对文艺的民族形式，盲目鼓吹外国形式，正是企图削弱和毁灭民族自尊心和自信心，以便拉着人们和他一道滚进世界主义的泥坑里去！"[⑥]事实上，胡风对民族文化遗产的态度、对"五四"以前文学的认识、对"封建文学"与"民间文学"关系的看法、对《水浒传》等小说的评价，全都来自鲁迅的见解。至于所谓"世界主义的泥坑"，鲁迅更是早已理直气壮地跳了进去。这一点，郭沫若、周扬等人应该早就清楚，所以，这种批判的炮弹落到哪里，其实是在他们的预料和设计之中的。

在大量的批判文章中，有代表性的首先是林默涵的《胡风的反马克思主义的文艺思想》。它指控胡风"在实质上是反马克思主义的，是和毛泽东同志所指示的文艺方针背道而驰的"，而错误的根源"在于他一贯采取了非阶级的观点来对待文艺问题"。胡风强调和捍卫现实主义；林默涵指出，在胡风的理论中旧现实主义与社会主义的现实主义是界限不清的。胡风认为现实主义的根本问题是作家的“主观战斗精神”与客观现实的结合;林默涵指出:“胡风所说的主观战斗精神是没有阶级内容的抽象的东西。”胡风强调继承世界现代文艺和五四新文艺的现实主义传统;林默涵认为,旧的批判现实主义虽然由于揭露了资产阶级的丑恶而有进步作用,“但它的反映现实和批判现实,却不能不受它所依据的阶级立场和世界观所限制,因此不可能充分反映工人阶级和劳动人民的斗争”。众所周知,作为“五四”新文学的代表,鲁迅的现实主义正是所谓旧现实主义。这是林默涵等非常清楚的,因为胡风试图为鲁迅“五四”时期的作品贴上社会主义现实主义的标签,以避免被抛弃的命运,这“阴谋”正是由林默涵等人识破并给予猛烈批判的。就是在这篇文章中,林默涵也指出:“胡风始终不承认鲁迅在思想上经历过一个飞跃的变化,其实际用意,无非企图证明小资产阶级知识分子作家本来就在人民中,用不着经过什么思想改造,用不着站到工人阶级的立场上去。”在林默涵那里,胡风的重要问题就是拒绝用阶级的观点看问题。正因为缺少阶级的观点,胡风不仅错误地强调“主观战斗精神”,而且错误地强调人民“精神奴役的创伤”,还对“五四”新文艺产生了错误认识,把它看作完全正确的,而看不到它所具有的“严重缺点”。在他看来,胡风赞美“五四”新文艺,但他所赞美的新文艺却存在盲目否定民族传统的倾向。“这个缺点,发展起来,就是‘五四’以后新文艺中的有些作品脱离了民族的形式,缺乏‘新鲜活泼的、为中国老百姓所喜闻乐见的中国作风和中国气派。’”因为胡风说过中国的民间文艺也是封建文艺,说过在《水浒传》中也找不到民主性,林默涵写道:“这是完全违反马克思列宁主义对于民族文化的观点的。列宁说过:‘在每一个民族文化里面,都有着即使是没有发展出来的民主主义和社会主义的文化成分;因为在每一个民族里面,都有劳动和被剥削的群众,这些群众的生活条件,不可避免地会滋生出民主主义和社会主义的意识形态来。’毛泽东同志也说过:‘中国的长期封建社会中,创造了灿烂的古代文化。……必须将古代封建统治阶级的一切腐朽的东西和古代优秀的人民文化即多少带有民主性和革命性的东西区别开来。’胡风的错误,就是不了解在阶级社会中存在着两种不同的文化。”[⑦]只要读过一点鲁迅著作的人们都知道,违反马克思列宁主义对于民族文化的观点的大概不仅是胡风,同时也包括鲁迅;不了解在阶级社会中存在着两种不同的文化的大概也不仅是胡风,同时也包括鲁迅。

在当时的批判文章中,邵荃麟的《胡风的唯心主义世界观》也是有代表性的。该文认为:“胡风的唯心主义世界观的主要特征,就是片面地强调人的主观精神的作用,抹煞它对于客观世界的依赖关系;而在他对于历史的看法上,就是片面地强调个人的作用,抹煞阶级和阶级斗争的作用,把人民群众看作消极力量,抹煞人民群众作为历史创造者的作用;强调人民斗争中的自发性,抹煞革命理论的作用。这些都是和马克思主义绝不相容的。”在论述胡风“否认唯物主义”时,邵荃麟指出:“照胡风看来,封建奴役剥削之所以可能,似乎并不是因为封建阶级掌握了土地和其他生产资料,掌握了政治和经济的权力,而只是因为人民自己身上有这种‘安命精神’,甘心做牛做马;人民的解放要求之所以不能实现,也并不是因为统治阶级的残酷压迫以及新的生产力还没有产生,而只是因为这种要求被人民自己的‘安命精神’所闷死。这样一来,就把一切历史责任都推在人民身上,把封建统治阶级压迫人民剥削人民的罪恶轻轻地一笔勾销了。”在批判者那里,胡风之所以是唯心主义的,就因为他看重的是人民的精神状态,要解决的是人民的精神问题,而不是解决人民的物质问题,不是帮助人民夺得生产和生活资料。而胡风这样做的结果,又必然导致人们对阶级斗争及其结果持怀疑态度。邵荃麟对“精神奴役创伤”分析道:“什么是‘精神奴役的创伤’呢?据他自己解释说,‘在科学的分析上,可以用缺点去指明’,那末就是指人民中间的缺点了。说得明白一点,就是长期以来封建统治阶级遗留给人民的愚昧、无知、麻木、庸俗等等,和‘安命精神’实际上是同一类的东西。胡风认为要解放人民,首先必须‘一层一层的’去剥掉人民身上的那些‘创伤’,必须‘一鞭一血痕’的去批判那些‘创伤’,然后才能从密密层层的‘创伤’下面去寻找出‘支配历史命运的潜在力量’。而这也就是胡风所认识的‘五四’运动的基本内容。”通过这样的分析,在胡风的学说中的确看不到阶级斗争的影子,而且看不到阶级立场。然而,众所周知,胡风对“五四”新文化内容的把握是通过鲁迅而完成的。所以,邵荃麟对胡风的批判就在事实上成了对鲁迅的批判:“胡风实际上完全看不到阶级压迫的力量,看不见人民的英勇和智慧,只看到人民满身都是所谓‘精神奴役的创伤’。……他把人民群众看成了什么,把人民的缺点夸张到了什么程度?……历史唯物主义者认为历史是人民创造的,而人民是有无限前途的。新的东西是一天天在生长,旧的东西是一天天在衰老;新的东西即使微小,但终究不可克服地要成长起来。所以我们必须向前看,善于辨别出生活中新的东西、革命的东西,才能使我们具有生气勃勃的乐观主义的战斗精神,看到革命的光明前途。只有那些脱离群众的反动的个人主义者,才把人民群众看作是愚昧、无知、庸俗、自私的芸芸众生,仿佛只有他自己才是背着十字架的救世主。这正是没落时期资产阶级的唯心主义世界观的特点之一。”⑧读着这样的文章,所有对鲁迅有所了解的人们都会明显感觉到,如果把胡风的名字换成鲁迅,这种批判才更为贴切。

客观地说,在事实取证层面,批判者并未冤枉胡风。根据当时的逻辑,他们的推论也是不错的。但是,只要读一读鲁迅著作,任何人都会发现,这些批判已经把矛头指向了鲁迅。因为在这些问题上,胡风与鲁迅相比,不过是小巫见大巫,他继承了鲁迅基本的文化立场,却早已没有鲁迅的激烈,从鲁迅的立场上后退了许多。作为一种立场和观点,作为一种文化倾向,真正的代表人物应该是鲁迅。众所周知,是鲁迅宣告了中国几千年历史是“吃人”的历史,是鲁迅把中国历史划分为“暂时做稳了奴隶”和“想做奴隶而不得”这样两个时代,是鲁迅作出了这样的宣判:“所谓中国的文明者,其实不过是安排给阔人享用的人肉的筵宴。所谓中国者,其实不过是安排这人肉的筵宴的厨房。”⑨也正是鲁迅,开创了批判国民性——即“精神奴役创伤”的启蒙之路。所以,对胡风的这种批判,投枪也罢,猛烈炮火也罢,事实上都落到了鲁迅身上。也就是说,对胡风的批判已经是对鲁迅的批判,对胡风文艺思想整肃也成了对鲁迅思想和文学方向的整肃。

二、一个问题的解决方式

在没有充分的证据之前,我们无法断定究竟是胡风连累了鲁迅,还是鲁迅连累了胡风,也无法断定凭空搞出一个"胡风反革命集团",到底是为了解决胡风的问题,还是为了解决鲁迅的问题。但这并不重要,因为着眼于现实政治需要,胡风的问题与鲁迅的问题其实是同一个问题。对于新时代的文化掌控者而言,这是不能不面对的问题,也是必须解决的问题。至于问题的解决将涉及哪些人,对他们将如何处置,那是第二步才需要考虑的。第一步的问题是方向性的,因而不可更改;第二步的问题是技术性的,所以需要智慧和策略。

胡风与鲁迅在精神上紧密相连,只要批判胡风,就必然要牵连到鲁迅。一般情况下,遇到这种相互牵连的案子,最简单的处理方式有两种:一是为了鲁迅而放弃对胡风的惩处。这是胡风和他的朋友们所希望的。胡风言必称鲁迅,除了他的精神资源大多来自鲁迅之外,未尝不是因为有这样的梦想:与鲁迅紧贴在一起,或许能逃避清剿自己的炮火。因为对方如果真的珍惜鲁迅,就有可能爱屋及乌。二是连同鲁迅一起批判,从根本上解决问题。客观地说,这是最简单、最省事、也最能适应时代文化建设需要的方式,也是一些人所盼望的。当年创造社、太阳社的一些人,1930 年代左联的一些领导者,还有一些因为种种原因而对鲁迅耿耿于怀的人,他们并不愿意忍气吞声地匍匐在鲁迅这面文化旗帜脚下,而更愿意掀翻压在自己头上的这座大山。历史的夙怨使他们更愿意看到后一种结果。

考察当时思想文化整合的需要,问题本来很简单:既然鲁迅在"五四"时期是进化论而不是阶级论,是个人主义而不是集体主义;既然他走的道路是思想启蒙而不是武装革命;当然应该否定,什么《呐喊》、《彷徨》,什么《坟》和《热风》,都应该在查禁之列。要肃清鲁迅的影响并不难,充其量像对胡适那样,开展一场大规模的批判运动,让鲁迅的弟子和那些尊崇鲁迅、追随鲁迅的人再来一次"洗澡",再割一次"尾巴",登报声明与鲁迅划清界限……这一切在当时进行并不困难。

然而,由于毛泽东对鲁迅的态度,问题复杂化了。鲁迅顶了伟大的“文学家、思想家、革命家”的桂冠,被毛泽东紧紧拉在身边,对他的批判无法正面施以猛烈的炮火。这给文化界带来了一系列难题,也增加了矛盾的复杂性。一方面,它使那些在鲁迅生前反对鲁迅的人也被迫在口头上赞美鲁迅,但由于内心深处压抑的不平,却又要不时挖一挖这尊偶像的基座,或者拆一拆这座神庙的墙角。另一方面,它使一些人能够继续抱有幻想,试图通过鲁迅而保存五四新文化,梦想在鲁迅的旗帜下张扬一些自己不愿放弃的东西,比如个人自由、人格独立、启蒙立场等等。在很多问题上,当时的批判者并没有说错,胡风的确试图在鲁迅的旗帜下保卫启蒙主义,并抵抗以知识分子向工农认同为主要特征的改造运动。然而,胡风似乎没有意识到自己思想的危险之处,也不清楚自己的对立面究竟何在。他没有意识到鲁迅之所以仍然伟大的真正原因,也没有意识到他作为鲁迅嫡系传人所必然面临的险境。鲁迅已经死去,扔掉牌位有害无益,而且大可不必,因为死人的牌位无论多么高大,色彩都可以根据需要而随时涂抹;活着的人却必须严肃对待,尤其是那些“嫡系传人”,无论是鲁迅的还是马克思的,都注定了没有存在的空间。

因此,时代没有作出一般的简单选择,既没有满足胡风和他的朋友们的梦想,也没有满足鲁迅夙敌的愿望。时代作出的是更富于智慧、更讲策略、也更合于中国传统的选择:鲁迅的旗帜不能扔,而胡风必须彻底打倒,把鲁迅与胡风区别开来,高举鲁迅的旗帜批判胡风。也就是说,对胡风的批判只能到胡风为止,任何人都不能把对胡风的批判直接引向对鲁迅的批判。至于射向胡风的枪弹如何在鲁迅头上开花,那效果或许正在设计之中。

三、“不许胡风歪曲鲁迅”

这就给当时的理论界和学术界提出了一个任务:划清胡风与鲁迅的界线。用今天的话说,这是那个年代“文化建设”中的重大课题。

面对这个课题,一些人显然不感兴趣。比如鲁迅生前的一些论敌,他们更愿意把鲁迅与胡风绑在一起同时扫荡。因为有领袖的态度,他们知道这是不可能的,但由于感情的作用,仍然乐于看到射向胡风的炮弹落到鲁迅的头上。所以,他们不但不会为此而卖力,而且更愿意用巧妙的方式把二者拉得更近。只要看一看郭沫若、周扬等人的文章和讲话,就不难发现这种态度。

对这一课题更有积极性的是另一些人。他们是鲁迅的崇拜者、追随者或亲朋故旧。他们并非不清楚鲁迅与胡风的关系,也并非不明白胡风与鲁迅在精神上的联系,但是,既然胡风已经落水,为了爱护鲁迅,就要斩断他与胡风的牵连。他们是爱鲁迅的,但主要是爱这个名字,而对鲁迅精神和他所显示的文化方向却并不特别珍惜。所以,他们愿意根据时代的需要而把胡风与鲁迅区别开来,哪怕是为保护鲁迅的名字而必须舍弃鲁迅的精神,也在所不惜。应该说,正是这些人的工作进一步适应了政治的需要。因为种种复杂的心理,这种工作无需特别号召和安排,就进行得相当顺利。在举国声讨胡风的浪潮中,人们自觉地开始这么做了:巴金在上海主持批判胡风的会议,有人提出鲁迅信任胡风。巴金马上反驳道:那是先生受了胡风的骗!在北京的批判会上,许广平说:鲁迅爱党爱人民,胡风反党反人民,胡风是鲁迅的叛徒。

在这项工作中,唐弢的《不许胡风歪曲鲁迅》可谓代表。该文开头就说:“鲁迅是我们大家尊敬的思想界的巨人。胡风曾经接近过鲁迅,并且以鲁迅精神的继承者自命,从这一点渊源出发,他就常常以鲁迅为武器,让鲁迅出来替他打仗,引用了马克思主义者鲁迅的言论,暗暗地寄生着他自己的资产阶级唯心主义的思想。正如寄生虫会妨碍人体的健康一样,胡风为了要维护自己,就不惜歪曲鲁迅,割裂鲁迅……”因此,“批判胡风,必须在马克思列宁主义和资产阶级唯心主义之间划清界限,必须在鲁迅与胡风之间划清界限,不这样做,将会引起对胡风思想批判的混乱,也将会引起对鲁迅思想研究的混乱”[10]。这段话透露了一个问题,就是在批判胡风的时候,鲁迅已经面临威胁,鲁迅研究已经不能不受到影响。

按照唐弢的说法,胡风歪曲鲁迅,首先表现在他“对鲁迅思想发展和跃进过程的反马克思主义的理解”。唐弢指出，胡风的意见很混乱，曾经在著作中接受瞿秋白的观点，承认鲁迅走过一个从进化论到阶级论的阶段，也就是承认前后期之分，承认鲁迅思想有发展和跃进的过程，但到了《关于文艺问题的意见》中，却不再承认鲁迅思想的发展和飞跃。唐弢指出的是一个事实，胡风的确有一种幻想，以为既然毛泽东已经指出社会主义现实主义是从五四开始的，就可以名正言顺地肯定前期鲁迅了。尽管时势的发展使他很难再有抵抗思想改造的幻想，却仍然幻想用毛泽东的言论使鲁迅前期思想逃避时代的淘汰。但是，时代没有让胡风抓住这根稻草。唐弢认为，胡风不承认鲁迅思想发展和飞跃的过程，把前期作品《狂人日记》看作社会主义现实主义的作品，“表面上似乎是抬高鲁迅，实质上却是歪曲鲁迅，抹杀了鲁迅对世界观的重视，抹煞了鲁迅艰苦的自我改造过程，也抹煞了鲁迅一生战斗不息的现实主义文学的阶级性”[11]。这里提出的三点是非常重要的：世界观、思想改造、文学的阶级性。这是时代所强调的，所以必须加到鲁迅的身上。由此，我们可以看到唐弢等人的努力：在知识分子改造的背景上，要努力把鲁迅打扮成一个通过艰苦的自我改造而最终成为马克思主义者的鲁迅。时代不能容许鲁迅成为作家无需改造的范例，更不能容许胡风等人通过对鲁迅前期思想的捍卫而使个人主义、人道主义、启蒙精神大行其道。因此，就要努力强化鲁迅自我改造的过程。唐弢为此找了种种证据，比如，鲁迅说过：“我的确时时解剖别人，然而更多的是更无情地解剖我自己。”比如，鲁迅进行自我批评：“我时时说些自己的事情，怎样地在碰壁，怎样地在做蜗牛，好像全世界的苦恼，萃于一身，在替大众受罪似的，也正是中产的知识阶级分子的坏脾气。”这些例子用于说明鲁迅赞同知识分子改造，说明鲁迅自觉地进行改造，实在有点勉强；由此得出的“鲁迅向‘主观’作斗争，胡风却是为‘主观’而斗争”[12]的结论，更有点勉强；但无论多么勉强，都必须把鲁迅与胡风区别开来，把鲁迅打扮成知识分子改造运动的支持者和实践者。

为了让鲁迅成为知识分子思想改造运动的支持者，鲁迅小说中那些知识分子形象受到了特别的重视。因为他们不是随着新文化而站立起来的现代知识分子，鲁迅表现的也不是他们的历史风采和人格光辉,而是他们自身的弱点。鲁迅对知识分子弱点的揭示,因为能够适应知识分子改造运动的需要,而成了伟大的成就,受到特别的关注。因为这种揭示可以告诉人们:小资产阶级知识分子是多么软弱!如果没有党的领导,不仅无力改造社会,就连自己的出路也找不到!研究者说:“五四许多作家的作品中,都描写了这种具有民主倾向的新式的男女知识分子形象,他们就代替了中国历来封建旧文学中公子小姐、才子佳人的地位而成为时代的主人。这些知识分子很多是有思想、有才能、有自己的抱负和理想的,并且也常常是有良心的、正直的人。但是在旧中国,他们的命运如何呢?他们对旧社会极端不满和仇视;他们具有强烈的反抗精神;但当他们没有和群众结合而只是孤军奋斗的时候,他们的反抗总是失败的。鲁迅在《在酒楼上》、《孤独者》、《伤逝》等作品中就深刻地描写了这类知识分子的遭遇和命运。知识分子,不管他们具有多么热忱的民主主义的理想,也不管他们的性格是多么坚强、优美,在他们没有与广大群众结合的时候,他们是不能有所作为的,他们的命运只能落到悲惨的结果。个性解放,如果没有民族解放和社会解放作前提,个人如果不与群众相结合,那末,所谓个性解放,往往不过是造成个人悲剧而已。知识分子的唯一正确出路,就是和广大群众结合,把个人的奋斗和人民的斗争、人民的事业相结合。”[13]于是,鲁迅的这些作品,就成了否定个性解放、肯定知识分子改造的依据。

按照唐弢的说法,“胡风歪曲鲁迅,更表现在他截取鲁迅在向封建文化、庙堂文学、国粹主义等作斗争时所写下的片言只字,来辩护他自己对全部民族遗产的虚无主义的观点,否定民族传统、民族形式、民间文艺的反人民的立场上”[14]。胡风的重要的罪名之一,就是否定民族传统、民间形式,对历史持虚无主义态度。应该说,这罪名不是凭空罗织的,而是胡风的确对传统有更多的否定。但众所周知,这种对传统的态度是从鲁迅那里继承来的。如果依据这些事实可以认定胡风“反人民”,那么鲁迅同样“反人民”。把鲁迅与胡风区别开来,就要证明鲁迅并不反传统,并不否定文化遗产,努力把鲁迅打扮成民族文化的继承者。于是,人们反复使用鲁迅的那个比方:如果一个穷青年得了一所大宅子,不能不敢进去,也不能放火烧掉,更不能一住进去就大吸剩下的鸦片烟。鲁迅的一句话特别讨人喜欢:“主人是新主人,宅子也就会成为新宅子。”历史留给人们的事实是:因为主人是新的了,不但旧宅子变得无比可爱,旧主人剩下的鸦片烟、迷魂药等也成了宝贝。但这一切都必须说:鲁迅的本意就是如此。要做得圆满,还必须对鲁迅的一些话重新解释,比如,鲁迅“吃人”的判断被限定在统治阶级和“封建礼教”,而不是像小说中所描写的那样是对几千年历史作出的;提出少读或不读中国书的主张,也成了对胡适诱导青年“整理国故”的行为进行斗争,而不表现鲁迅对传统的态度。研究者们要努力说明鲁迅如何继承了民族的遗产,如何在拿来的同时与中国的具体实践相结合,这成了一个公式,一个套子,鲁迅的一切都要被套进去解释,因而无不合于时代的要求,甚至“完全符合于毛主席‘推陈出新’的精神,也正是我们今天正在推行的对待民族遗产、民间艺术的政策”[15]。

总之,鲁迅的言行无不符合时代的政治要求;胡风对鲁迅的言说无一不是对鲁迅的歪曲。通过这样的努力,在把胡风打入地狱的时候,鲁迅似乎被解脱了出来。但结果是可悲的:鲁迅思想和创作中那些不符合时代要求的东西都被判给了胡风,那个真实而完整的鲁迅在遭到粗暴的阉割之后不再进入传播。这一后果非常严重,它使鲁迅的许多遗产在此后相当长的一段时间里与胡风一起被监禁。

四、关于鲁迅命运的一点感想

关于胡风案涉及的问题,各方当事人都有自己的认识,见解很难一致。但是,有一点可以形成共识:无论周扬等人如何公报私仇,胡风的悲剧都不取决于个人的恩怨。究其实质,胡风的悲剧源自历史发展过程中不同努力之间的碰撞,因为双方力量悬殊,因为缺少现代社会的竞争规则和制度保障,最后以不公平的结局告终。它意味着一代知识分子的失败,意味着一个现代梦想的破灭。胡风为什么失败?历史已经证明:批判胡风是毛泽东亲自布置和领导的,他多次听取汇报,作出指示,亲自修改批判文章,最后又亲自撰写关于胡风集团材料的序言和按语,直到胡风如何处置,是杀还是不杀,都由他亲自说了算。进一步说,鲁迅的命运最终也取决于最高领袖。

冯雪峰在“文革”时期曾经郑重地告诉牛汉:鲁迅的文艺思想与毛泽东的文艺思想是对立的。其实,这实在算不了什么发现,因为读过双方文字的人都可以看到二者背道而驰之处。胡风的文艺思想更多地来自鲁迅,他与毛泽东文艺思想之间的冲突事实上也是鲁迅文艺思想与毛泽东文艺思想的冲突。如果从时代的思想文化整合方案考察,鲁迅遗产大多不适应时代的要求。在这种情况下,否定鲁迅是必然的,也是正常的。新时代本应把鲁迅扫进历史的垃圾堆,却没有这样做,而是把他作为偶像供了起来。这一切都源自毛泽东“法外施恩”。然而,鲁迅的“嫡系传人”被打翻在地,却是必然的命运。

鲁迅之所以被保留下来,除了最高领袖的赏识之外,还有更多的原因。其中重要的原因是革命者对自身文化资源的留恋。革命拥有一些资源,无论人力资源还是精神资源,都常常要被带入革命之后的时代。那些资源在革命的年代也许是有力的武器,但对于建立新的秩序,对于新秩序之下的新统治,却常常有害而无益。由于革命伦理、现实需要和感情的作用,胜利者对一些革命资源常常非常矛盾:一方面是珍惜,一方面是警惕。根据历史的规律,新秩序建立之际常常要论功行赏,这是必然的,因为这是革命的道义;同时也常常要刀枪入库、马放南山,这也是必然的,因为保留一些利器常常是给自己添乱。在历史上,起义领袖在革命胜利之后常有“炮打庆功楼”之类的举动,原因并非只是争权夺利,而是在于新秩序的建立要求消灭革命遗产中那些不利于稳定的因素。在从乱到治的过程中,革命哲学与执政逻辑存在着不可调和的矛盾。对于新秩序来说,一些革命时期非常珍贵的资源往往不仅要放弃,而且要对它百倍警惕。鲁迅留下的遗产,不幸属于这样的资源。从破坏旧秩序到建立新秩序,必然要伴随着资源的更新;但与此同时,话语的一致性和道义资源又必须顾及。这是一个很难处理的矛盾,正是这个矛盾,决定了鲁迅与胡风的不同命运。

注 释

① 郭沫若:《反社会主义的胡风纲领》,1955年4月1日《人民日报》。

② 中共中央文献研究室编:《建国以来重要文献选编》第6册,北京:中央文献出版社,1993年。

③ 邵荃麟:《胡风的唯心主义世界观》,1955年3月20日《人民日报》。

④ 周扬:《建设社会主义文学的任务》,《文艺报》1956年第5—6期。

⑤ 周扬:《我们必须战斗》,1954年12月10日《人民日报》。

⑥ 郭沫若:《反社会主义的胡风纲领》,1955年4月1日《人民日报》。

⑦ 林默涵:《胡风的反马克思主义的文艺思想》,1953年1月31日《人民日报》。

⑧ 林默涵:《胡风的反马克思主义的文艺思想》,1953年1月31日《人民日报》。

⑨ 鲁迅:《灯下漫笔》,见《鲁迅全集》第1卷,北京:人民文学出版社,1981年,第213—216页。

⑩ 《鲁迅思想研究资料》下册,北京:国家出版事业管理局版本图书馆研究室编印,1977年,第1页。

⑪⑫ 《鲁迅思想研究资料》下册,第5页。

⑬ 《鲁迅思想研究资料》下册,第13页。

⑭ 《鲁迅思想研究资料》下册,第14页。

⑮ 《鲁迅思想研究资料》下册,第17页。

(《文史哲》2009年第1期)

陈映真对鲁迅的接受与偏离

王晴飞

陈映真是和鲁迅有着较深承继关系的为数不多的台湾作家之一，甚至被称为“台湾鲁迅”。他本人也承认，“鲁迅对我的影响，是命运性的”。不过鲁迅思想只是陈映真的思想资源之一，而且受到他的强烈的民族主义和“左”倾社会主义思想的制约，在这方面，陈映真与鲁迅又有着极大的不同。

一、左翼立场与国家认同的形成

陈映真的左翼立场，和他童年的记忆有着很大的关系。少年时期岛内“反共”的“白色、荒茫”的气氛在陈映真的心灵上造就了很深刻的印记。这不仅仅是在初中每天上学的路上可以看见宪兵张贴的告示，更包括活生生的身边亲近的人莫名其妙的失踪、被捕杀。其间对陈映真影响最大、也为他后来不断提及的当是“温婉从容”的陆家姐姐和那个“从南洋而中国战场复员、因肺结核而老是青苍着脸、在五年级时为了班上一个佃农的儿子摔过他一记耳光的吴老师”[①]。陈映真对陆家姐姐亲人一般的依赖感，她那种视死如归的温婉与从容，以及吴老师在半夜里被军用吉普车带走后“留下做陶瓷工的白发母亲，一个人幽幽地在阴暗的土屋中哭泣”的情景，都对陈映真的内心产生了极大的影响，他后来在国民党高压之下偷读左翼读物，组织阅读小组甚至是左翼政治组织乃至因此入狱显然都是和对陆家姐姐等人的记忆有关。在陈映真创作于20世纪80年代的反思肃反题材的小说《赵南栋》中，面对死亡而依然保持着高贵的平静的宋蓉萱身上就有着很明显的陆家姐姐的影子，而《铃珰花》中的高东茂老师则正是以吴老师为原型的。

陈映真在文化上坚定的“中国”印象与“中国认同”则是从偷读鲁迅作品开始的。在初中的一个假期，一次他到莺镇临站的桃镇生父家作客，“在书房中找到了他的生父不忍为避祸烧毁的、鲁迅的小说集《呐喊》。他不告而取，从此，这本有暗红色封皮的小说集，便伴随着他度过青少年时代的日月”[②]。陈映真在接受韦名访谈时便曾声称鲁迅的影响“是我对中国的认同”[③]。

鲁迅的作品代表了新文学的最高成就，成为中华文化的一种新传统，某种程度上已成为代表中国的一个文化符号，它作为陈映真想象中国的一个文本，增强也感性化了他的民族认同。鲁迅笔下破败的乡村和遭到批判审视的愚昧麻木的国民，对于少年陈映真来说也都充满了兴味，不仅没有使他对中国失望，反而更激发了他的浪漫主义的爱国主义情结，加强了他的民族认同和为中国献身的道义感与责任感：

> 随着年岁的增长，这本破旧的小说集，终于成了我最亲切、最深刻的教师。我于是才知道了中国的贫穷、愚昧、落后，而这中国就是我的；我于是也知道：应该全心去爱这样的中国——苦难的母亲，而当每一个中国的儿女都能起而为中国的自由和新生献上自己，中国就充满了无限的希望和光明的前途。[④]

苦难的丑陋的东西经过文字的过滤，成为了审美观照的对象，而远离大陆，也使得陈映真并不曾切实地体味这块土地上的病痛。所以陈映真的民族认同带有强烈的想象性质与浪漫主义气质。这种想象性常常限制了陈映真对祖国的传统与现实进行反思与深入的批判，在这一点上，与他所敬仰的立足本民族现实坚持国民性批判的鲁迅是有所不同的。

陈映真接触到更多的禁书是在1958年读了淡江英专以后。他“把省吃俭用的钱拿到台北市牯岭街这条旧书店街，去换取鲁迅、巴金、老舍、茅盾的书，耽读竟日终夜”。在可得的20世纪30年代文学作品“有时而穷”以后，他又开始把求知的目光移向社会科学。“艾思奇的《大众哲学》在这文学青年的生命深处点燃了激动的火炬”，甚至“《联共党史》、《政治经济学教程》、斯诺《中国的红星》(日译本)、莫斯科外语出版社《马列选集》第一册(英语)、出版于抗日战争时期、纸质粗砺的毛泽东写的小册子……”[⑤]

这些左翼社会科学著作或是宣传小册子,对陈映真思想理念形成的影响程度之深其实并不下于鲁迅的《呐喊》。在意识层面,鲁迅更多的是被陈映真作为一种面目较为模糊的中国新文化的象征或者是左翼文坛的领袖,而非独立的“自啮其身”的“精神界战士”来接受的(当然,鲁迅孤绝的气质对陈映真影响也很大,无论是主题还是文中那种颓败氛围的塑造,都有着很深的鲁迅的印迹)。左翼革命的激情和解放社会的理想正契合陈映真当时内心的苦闷,成为他透过白色恐怖的烟雾禁锢看到的一丝光亮。但是这种带有强烈“犯禁”色彩的精神蜕变由于其“罪恶性质”而不可言说,却又转而更增加了这个敏感青年的郁悒与苦闷。

二、早期作品中的鲁迅印记和昙花一现的国民性批判

1968年陈映真入狱以前,鲁迅对他创作的影响主要表现在两个方面:一是在人物形象、情节模式等方面都有着明显的鲁迅的烙印,一是接续了鲁迅用力最深的国民性批判的主题。如前文所述,鲁迅对陈映真的影响,在更深远意义上的一面是形成其对于中国的国族认同,为其后来坚定的民族主义思想提供了基础。不过尽管国民性批判也是出于“哀其不幸,怒其不争”的关怀,是源于“中国人要从‘世界人’中挤出”的“大恐惧”[⑥],但对于民族主义者而言,深刻的国民性批判必然影响民众凝聚力与自信心的形成。国民性批判的内容也只是在陈映真早期作品中昙花一现,是其思想尚未定型的产物。

陈映真的小说《文书》形式上几乎完全照搬《狂人日记》:通篇采用“疯人”独白的形式,前面加有“正常人”的按语,从而形成一种具有审美张力的结构。另一篇小说《乡村的教师》中吴锦翔吃人肉的情节,显然也是受了《狂人日记》的影响,只不过《狂人日记》中的“吃人肉”侧重象征意义,而《乡村的教师》中则将其落实。

鲁迅的国民性批判的作品中，经常出现的“天才”与“庸众”这两种形象的对立在陈映真早期作品中也多有体现。《乡村的教师》中吴锦翔的身上便有着独异之士的影子：他是读过书的人，是山村中的觉悟者，曾秘密地参加过抗日活动，对于劳力者有着深厚的阶级感情，对于战争对人类文明的摧残有着深刻的体察。他还曾到过外面的世界，在战后他仍然抱着希望去试图通过教育改革社会，尤其是他对于自己为了生存吃过人肉有着非常痛苦的忏悔。这一切都明显地与普通民众不同。可是他改革的愿望很快就被现实所淹没：孩童死板局促毫无生气，国人懒惰却又倨傲。当吴锦翔感觉到将再次面临战争对人类文明的破坏终于愤而说出自己吃过人心的事实时，不仅没有得到任何同情的理解，反而迅速地被村民孤立了。他们通过他们那并不害怕的恐惧和有意夸张的惊奇，实质上满足着对其悲惨离奇遭遇的鉴赏。吴锦翔割腕自杀后，其母根福嫂的失神和嚎啕对于无关的看客们，同样只是扰人清静，“年轻的人有些愠怒于这样一个阴气的死和哭声；而老年人则泰半都沉默着。他们似乎想说些什么，而终于都只是懒懒地嚼嚼嘴巴罢了”[⑦]。

《故乡》中的“哥哥”曾经几乎是一个完美的形象。他俊美如太阳神，有着海一般宽而深的额。他从日本学医归国，也带回了基督教的信仰和仁爱精神。他放弃了开业医师这高尚而赚钱的职业，到焦炭厂做保健医师。白天像工人一样工作着，晚上洗掉煤烟又在教堂做事。但就是这样有着高贵心灵的“哥哥”却终于在父亲死后家道中落的悲哀与失望中堕落成为放纵邪淫的恶魔。不过，相较于吴锦翔的堕落成为一个平庸的好人式的消极，“哥哥”则走向反面：虽然堕落了，“但是他也由是变成了一个由理性、宗教和社会主义所合成的悲壮地失败了的普罗米修斯神”[⑧]。他的不同凡俗的堕落，正是以一种黑暗的力量显示着他与现实和庸众的不同、对现存秩序的藐视和挑战。

在陈映真的所有作品中，发表于1961年11月的《苹果树》是讽刺意味和国民性批判色彩最浓的一篇。而且这批判讽刺的锋芒并不仅仅指向作为愚众的长巷居民，也指向长巷中唯一外来的小知识分子林武治。

长巷中的居民处于一种僵化凝滞毫无生机的状态之中,为一种盲目的生存本能驱使,像动物一样生老病死。他们的可悲之处不仅仅在于生活的悲惨无聊,更在于他们对自身生存境地的无力自省。他们对别人的生活中可能出现的任何变动都充满了窥探的欲望。这里其实出现了鲁迅作品中常见的"看/被看"模式。当林武治的三轮车进到长巷来时,"在屋檐底下曝日的嶙峋的大老头,伸着瘦瘦的颈子望着它;脏兮兮的小子们停下游耍,把冻得红通通的手掩在身后盯着它;让婴儿吮着枯干的奶的病黄黄的小母亲,张着一个幽洞似的虚空的嘴瞧着它;正在修理着一只摊车的黑小伙儿也停下锤钉,用一对隐藏着许多危险的眼睛瞅着他"。他们渴望在别人身上出现任何能够将他们从死寂的生活中暂时拔除出来的刺激——尤其是灾难性的刺激更能激发他们的兴趣。当他们看出林武治的到来不过是"另外一个穷人加进他们的生活里"[9]时不免失望了。这个长街的生活,某种程度上也可以看作老大中国的乡土社会的一个缩影。

小说对作为小知识分子的有着乌托邦空想的艺术青年林武治也给予了较深的质疑。他表面上逃离了腐败罪恶的家庭,实际上他的懒散写意的生活很大程度上正是依赖于来自这个罪恶家庭的不义的钱财才得以实现。一旦真正脱离这些,他的生活恐怕也将沦落得和长巷居民类似。而且,他的趣味庸常,有着许多可笑的感伤,他的以苹果树为象征的理想也是非常不切实际的空想。《乡村的教师》中的吴锦翔和《故乡》中的哥哥在自杀或堕落前毕竟都还曾经做过变革的努力,他却只能怀着不切实际的空想在一个疯妇人的怀中喃喃地诉说着他的不幸和忧伤。而最具讽刺效果的,则是小说在结尾点明作为他理想的象征的"苹果树",不过是一株不高的青青的茄冬罢了。[10]

三、跨国公司中的民族、阶级与人的生存

1968年陈映真因组织左派的"民主台湾联盟"活动被捕并判十年徒刑。[11]监禁体验对于他的影响主要有两点:一是坐实了他的左派立场,使他从早期的忧悒徘

徊走向明晰坚定，直接地将他推向当局的对立面和批判者的位置；二是使他见到真正的“政治犯”，更直观地接触到那个被国民党掩盖抹煞的潜在的历史，[12]从而接续了那个在台湾一直处于被压抑、被遮蔽状态的左翼革命传统。

狱外的社会也起了很大的变化。首先是台湾民族主义的重新发生，“钓鱼岛事件”和“退出国联”激发了台湾民众的民族主义情绪，打击了他们的政治信心。在海外留学生的影响下，“保钓运动”如火如荼地展开，青年学生开始关注社会问题，上山下海，发起社会调查运动。作家与评论家们更注重从本民族传统中吸取养料，以“纵的移植”来取代“横的移植”，反思之前岛内文学的“现代主义”倾向，强调文学的民族归属，出现了一批反映描写台湾现实的乡土作家。[13]这一切，都让身陷囹圄的陈映真感奋不已，他从报纸杂志上“惊讶地闻到一股全新的、前进的气息在围墙外的文学圈中，带着难以自抑的激越，强力地扩散着”，“他像是听到了人们竟然咏唱起他会唱又因某种极大威胁而不敢唱的歌那样地激动”[14]。当他 1975 年因蒋介石之死而获特赦提前出狱后，便也迅速投入到这一场洪流中来了。

坚定的民族与阶级认同和明晰的思想框架使得陈映真同时也拥有了解释、改造世界的勇气和信心。这种自信表现在他的文风上，便是逐步摆脱了早期那些“不健康的感伤”和“市镇小知识分子的那种脆弱的、过分夸大的自我之苍白和非现实的性质”[15]，而开始显得自信、明朗，带有了更多的理智和理念化色彩。强烈的理念化倾向在展示着一部分生活真相的同时，也遮蔽了其他方面丰富的可能性，尤其是以民族和阶级为本位思考，一方面会忽略了对本民族和本阶级弱点的批判，另一面有可能以宏大主题替代了对个人命运和尊严更深入的关怀。

对人的命运的关注是陈映真创作一以贯之的主题，只不过在不同的时期有着不同的表现形式。在二十世纪七八十年代的台湾，当跨国公司已经广泛地影响着人们的生活时，陈映真开始思考“企业下人的异化”，考察个人在跨国企业这一体系中的生存和命运，并创作了以跨国企业为考察对象的“华盛顿大楼”系列小说。在这里，民族主义和“左”倾社会主义思想找到了共同点，那就是站在第三世界的立场反对西方世界尤其是跨国公司所带来的资本主义的经济入侵和消费主义文化的腐蚀。

相较于早期作品中人物理想的失落、改革失败后的堕落与背叛，这一阶段陈映真更多地关注人在商品的“甜美”统治下精神的失落和物质主义所导致的虚无。如果说前者的失败还能使人产生绝望的反抗，而后者则更多地是让人在这种软性的生活中逐渐丧失追求，迷失理想，在虚假的幸福感中失去了对世界最真实的感悟。《上班族的一日》中的黄静雄曾经是一个充满着道德理想的艺术青年，却在物质主义的世界中堕落为一个精神卑微的跨国公司的上班族，整日生活在贪欲、腐败和阴谋之中。这一主题显然是具有非常深刻的内涵的。但是，我们也不得不看到，跨国资本主义企业与贪欲、腐败和阴谋之间也并没有必然的因果关系。由于文学创作自身的逻辑和陈映真真诚的创作态度及其曾经的跨国公司的工作经历，往往使得作品在表达作者理念的同时，又具有着另外一种不同的声音。这样，对同一文本也就产生了不同的解释向度。对此，陈映真自己很不满意，他声称“华盛顿大楼”系列中有些故事“没有跨国公司的必然性格”[16]，认为是自身才力不足的缘故。在我看来，这其实是作为思想者的陈映真和作为文学家的陈映真之间的冲突在文本中的表现，也是文学叙述在一定程度上游离于作者理念之外的结果。典型的文本是《云》。

《云》显在的主题，也是陈映真意识层面的创作目的，是要揭示跨国资本主义所宣称的“一切人的幸福！一切人的自由！一切人的正义！”[17]的虚假性和欺骗性。这主要通过台湾麦迪逊公司的美方经理艾森斯坦表现出来。艾森斯坦初到台湾，雄心勃勃地要创造充满自由、创意和理想的麦迪逊普适帝国，要建立在世界和人类的自由之上的跨国企业。他鼓动张维杰去组织女工们成立真正的为工人说话的工会，可是在工人与厂方发生冲突时，他却选择了明哲保身，称“企业的安全和利益，重于人权上的考虑”[18]。

而张维杰进跨国公司工作以及和美国老板一起组织工会则在一定意义上被认为是一种堕落，并与他早年教书的经历形成对比。他在还没有上师大时，曾自愿接下荒陬之中的一个"放牛班",为那些贫穷的学生们垫钱买珠算练习本子。师大刚毕业,他到一个矿区教国中,"在一个学生的作文中,发现这学生有一个善于绘画的哑巴妹妹。第二天,他陪着这学生走了一段长长的山路,去看那年幼的哑女的画。然后他费尽了唇舌,说服那尴尬的父母,由他把女孩子带到台北上聋哑学校"[19]。在陈映真看来,这样直接地为底层民众服务奉献才是最崇高的,是"为了别人的苦乐、别人的轻重而生活的",而在麦迪逊公司的工作则是"变成了只顾着自己的,生活的奴隶"的开始。

可是由于陈映真具有在跨国公司工作的经验,同时也以一种较为真诚的态度进行小说创作,这就使得小说有可能具有不同于上面所分析的内涵。在这一层面上,《云》可以看作《故乡》、《乡村的教师》等作品主题的延续:一个具有更先进思想的外来者闯入一个沉闷落后的环境中,试图进行改革,终遭失败。小说中的艾森斯坦和张维杰都可算是这样的改革者——张维杰其实是被艾森斯坦启蒙的。艾森斯坦根据他普适的人类自由的理念以及在韩国、土耳其、菲律宾、泰国等地的经验,决定把他美好的理想也搬到台湾。从这个意义上来说,艾森斯坦对东方的理解便远远不及他的顶头上司麦伯里。麦伯里并不在意能否在东方实现人类自由的理想,而只关心能否从这里得到利润。他无意于改革东方,而只打算利用东方。东方人在他眼中并不具有和他们一样的价值,而只能是永远作为西方的他者存在。在他看来,"东方像是个深情而又保守的寡妇。……只要你懂得讨她的欢心,她会献出她的一切——但即使在最轻狂的时刻,也要顾到她的面子,以及一切东方人的禁忌"[20]。

不过真正阻碍改革的力量并不是麦伯里这样的美国总裁,而是中国人自己,这样小说就具有了一定的国民性批判的内涵。在小说中,陈映真成功地塑造了一个代表本土阻碍力量同时也代表了中国文化某一方面精粹的宋老板的形象:"虽然是地地道道的上海人,却因从中学时代,一直生活在北平,所以说得一口漂亮极了的北平话,沾着一身北平人的味道:待人客气、有礼,笑脸迎人,即使心中怀着深仇大恨,也不轻易形于颜色。"与艾森斯坦和麦伯里这样的外来者相比,显然宋老板们才是这块土地上的真正的主宰。收发的老赵便曾告诫张维杰,“我看过几个洋老板儿来了,去了”,“可不管人家是方的、圆的、刚的、柔的、直的、弯的,一碰到宋老板儿,全像喝了酒似的,耳也不聪,目也不明了”[21]。艾森斯坦之所以难以扳倒宋老板,宋老板之所以能够在这个环境中如鱼得水,显然绝不仅仅因为他和董事长的私人关系,更因为他代表了东方尤其是中国根深蒂固的行事准则。

普通工人的愚昧与短视,也是改革难以实行的一个重要原因。当老工会的萧振坤等人以小利收买人心时,“李贵、张清海带着大家鼓掌,全场的人也高兴地鼓掌”[22]。而由于男工在厂里的地位比女工高,当女工在张维杰的领导下要求重建工会保护自身权益时,男工不仅不给予支持和理解,反而站在领导层一面,报以嘲笑。所以厂方指使工人中的流氓破坏投票时,他们几乎不做任何争取的努力便向厂方妥协了。

值得注意的是陈映真对工人尤其是男工的处理,当改革失败,女工小文哭着请求他们给予一点支持时,随着阿钦、阿祥脱下自己的帽子,“忽然间,几百只蓝色、白色、黄色,分别标志着不同劳动部门的帽子,纷纷、静静地举起,在厂房、在宿舍二楼、在装配部楼顶、在电脑部的骑楼上纷纷地举起,并且,在不知不觉间,轻轻地摇动着,仿佛一阵急雨之后,在荒芜不遇的沙漠上,突然怒开了起来的瑰丽的花朵,在风中摇曳”[23]。陈映真就这样用象征性的笔法制造了工人之间虚幻的阶级情谊,以虚假的“花朵”掩盖了他们的自私与怯懦,回避了对于工人身上的劣根性的批判,进而将工会的失败都归咎于美国经理和工厂高层。这样对工人的曲意维护,也正是和陈映真民族主义与“左”倾社会主义的理念相关的。

鲁迅在其《半夏小集》中曾说过这样的话:“用笔和舌,将沦为异族的奴隶之苦告诉大家,自然是不错的,但要十分小心,不可使大家得着这样的结论:‘那么,到底还不如我们似的做自己人的奴隶好。’”[24]陈映真反对一切形式的压迫,但他对西方殖民主义的反对和愤恨,却抑制了他对宋老板这种改革、进步力量的真正阻碍者作进一步的批判,尤其是没有更深入地开掘宋老板身上的那种流氓与礼教相结合的气质中所包含的传统文化内涵,以及这种文化在中国能够畅通无阻的土壤——一帮同样认同这种文化的普通工人。民族主义和“左”倾社会主义理念在这时对陈映真的认识其实已经形成了一种遮蔽。

注 释

① 陈映真:《后街——陈映真的创作历程》,载《陈映真自选集》,生活·读书·新知三联书店2003年版,第437页。

② 此说出自陈映真《后街——陈映真的创作历程》,载《陈映真自选集》,生活·读书·新知三联书店2003年版,第437页。陈映真在作于1976年9月的《鞭子和提灯》(载《陈映真代表作》,河南文艺出版社1997年版,第523—529页)一文中的说法是“大约是快升上六年级的那一年罢,记不清从哪里弄了一本小说集”。

③ 韦名:《陈映真的自白》,载《陈映真文集·文论卷》,中国友谊出版公司1998年版,第27页。

④ 陈映真:《鞭子和提灯》,载《陈映真代表作》,河南文艺出版社1997年版,第527页。

⑤ 陈映真:《后街——陈映真的创作历程》,载《陈映真自选集》,生活·读书·新知三联书店2003年版,第439—440页。

⑥ 鲁迅:《随感录·三十六》,载《鲁迅全集》第一卷,人民文学出版社2005年版,第323页。

⑦⑧ 陈映真:《乡村的教师》,载《陈映真代表作》,河南文艺出版社1997年版,第27—28页。

⑨ 陈映真:《苹果树》,载《归乡》,昆仑出版社2001年版,第59页。

⑩ 陈映真:《苹果树》,载《归乡》,昆仑出版社2001年版,第69页。

⑪⑫ 陈映真:《后街——陈映真的创作历程》,载《陈映真自选集》,生活·读书·新知三联书店2003年版,第443页。

⑬ 陈映真:《文学来自社会反映社会》,载《陈映真文集·文论卷》,中国友谊出版公司1998年版,第407页。

⑭ 陈映真:《后街——陈映真的创作历程》,载《陈映真自选集》,生活·读书·新知三联书店2003年版,第444页。

⑮ 陈映真:《试论陈映真》,载《陈映真代表作》,河南文艺出版社 1997 年版,第 515 页。

⑯ 李瀛:《写作是一个思想批判和自我检讨的过程》,载《陈映真文集·文论卷》,中国友谊出版公司 1998 年版,第 9 页。

⑰⑱⑲⑳㉑㉒㉓ 陈映真:《云》,载《陈映真代表作》,河南文艺出版社 1997 年版,第 210、259、203、231、231、245、256 页。

㉔ 鲁迅:《半夏小集》,载《鲁迅全集》第六卷,人民文学出版社 2005 年版,第 617 页。

(《社会科学》2011 年第 2 期)

摆脱陈源的阴影

——也谈鲁迅与“绍兴师爷”

陈　越

一

在中国现代作家中，为籍贯所累，鲁迅怕是唯一的一位了。自1926年“女师大”事件中，陈源恨恨地说鲁迅“有他们贵乡绍兴的刑名师爷的脾气”，是“刀笔吏”之后，时断时续数十年，总不时有人捡起“绍兴师爷”这顶名声不佳的帽子，往鲁迅头上按，尽管他们的立场不尽相同。在“革命文学”口号论争中，创造社、太阳社的一些人，就袭用此说。成仿吾署名“石厚生”说鲁迅的“词锋诚然刁滑得很，因为这是他们师爷派的最后的武器”。[①]而当鲁迅对此不以为然，说“我自信对于创造社，还不至于用了他们的籍贯，家庭，年纪，来作奚落的资料”后，居然引出“杜荃”的一番斥责：“像这样尊重籍贯、尊重家庭、尊重年纪、甚至于尊重自己的身体发肤，这完全是封建时代的观念!”由此很滑稽地给鲁迅按上一顶高帽子：“封建余孽。”[②]此后又有苏雪林，咒骂鲁迅“是一位刀笔吏，而且是一位酷吏”，“其文笔尖酸刻毒，无与伦比”。[③]一些持中间立场的人，也不乏相似的说法，典型的如曹聚仁，“周氏兄弟的性格与文章风格，都是属于绍兴的，有点儿刑名师爷的调门的”，“鲁迅的骂人，有着他们祖父风格，也可以说有着绍兴师爷的学风，这是不必为讳的”。而且还特别强调，陈源的说法“着实抓到了痒处”。[④]在这个问题上，当年“左”、中、右各色人等的看法达到了惊人的一致。也因此，我们不必惊奇于鲁研史上的一种微妙的沉默：与鲁迅同一营垒的，似乎始终未见有人站出来，对陈源、苏雪林的这种人身攻击加以驳斥；或从学术的角度，就此说法是否妥当作切实的探讨。沉默似乎意味着默认,意味着令人尴尬的“为讳”。

至20世纪80年代,钱理群先生在他的《心灵的探寻》中首先打破了鲁迅与绍兴师爷这一话题的多年的沉默。“在著名的女师大风潮论战中,陈西滢曾经称鲁迅为‘做了十几年官的刑名师爷’,这显然含有大不敬之意。但我们如果排除论战中所特有的感情成分,作客观的考察,那么,应该承认,在思维方式与相应的文字表现上,鲁迅与绍兴师爷传统,确实存在着某种继承关系。”⑤钱理群先生实际上为新时期关于鲁迅与绍兴师爷关系这一话题定了一个基调,此后一些人提出的看法,基本上不出其左右。1995年,彭晓丰、舒建华合著的《“S会馆”与五四新文学的起源》一书,不仅肯定“‘师爷气’给鲁迅的性格、文风留下深刻的烙印”,而且更语出惊人:“更重要的是,在拗硬尖刻之外,‘绍兴师爷’留下了一笔巨大的精神财富,那就是:在中国漫长封建社会最后二百年内,以一种特殊的身份,‘绍兴师爷’在文山牍海中,精读了整个封建社会结构,因为他们以他人无法企及的深度和广度介入了那架古老机器的运作。在‘S会馆’里沉默的鲁迅,完成了这种精读的思想升华。在这种意义上,那位当年不愿做‘师爷’的绍兴青年,成为最后一位‘师爷’,也是最伟大的一位‘师爷’。”⑥时至新世纪,李乔先生在《鲁迅研究》月刊2000年第9期上,刊发了《烈日秋霜——鲁迅与绍兴师爷》一文。李乔先生对师爷是下过一番研究功夫的。他比较注意鲁迅与中国传统文化之联系,而把师爷看做是一种“中介”:“鲁迅曾生活在遍布绍兴师爷的环境中,‘师爷气’(即师爷文化)弥漫的氛围中,受到过绍兴师爷和‘师爷气’的潜移默化的影响。鲁迅反感并拒绝了‘师爷气’中的恶劣成分,接受了‘师爷气’中的精华,鲁迅所受的某些中国传统文化因素的影响,是通过了绍兴师爷这个中介的,或是以绍兴师爷为中介之一。鲁迅的思想、性格和文风即‘鲁迅风’中,留下了深深的‘师爷气’的烙印。‘师爷气’对于鲁迅的深邃、深刻的思想体系和鲁迅的精神风貌、人格风貌、文章风貌的形成,起过相当重要的作用。”至此,历经80年,跨越了两个世纪,鲁迅研究史在这儿呈现了一个怪圈:关于鲁迅与绍兴师爷的话题，我们最终还是回到了陈源那里！

二

为什么摆脱不了陈源的阴影？

诚然，我们谁也不会认同陈源如此卑劣之人身攻击，但人们又似乎觉得陈源的话也不无道理，鲁迅那一针见血、入骨三分的文风与印象中的绍兴师爷确有某种相似之处，这诚如曹聚仁所言，抓着了人们的“痒处”。二者如何调和？有些论者因此把关注点放在鲁迅的《不是信》上，并且从中“发现”了“鲁迅自己似乎也不否认这种联系”，“鲁迅并没有回避‘刑名师爷’这个恶谥”，鲁迅“从容接下‘刑名师爷’之谓”。我以为这中间有个误解，由此误解而进入了逻辑起点上的误区。

鲁迅在《不是信》中有一段文字：“这几天，我的‘捏……言’罪案，仿佛只等于昙花一现了，《一束通信》的主要部分中，似乎也承情没有将我‘流’进去，不过在后屁股的《西滢致志摩》是附带的对我的专论，虽然并非一案，却因为亲属关系而灭族，或文字狱的株连一般。灭族呀，株连呀，又有点‘刑名师爷’口吻了，其实这是事实，法家不过给他起了一个名，所谓‘正人君子’是不肯说的，虽然不妨这样做。此外如甲对乙先用流言，后来却说乙制造流言这一类事，‘刑名师爷’的笔下就简括到只有两个字：‘反噬’。呜乎，这实在形容得痛快淋漓。然而古语说，‘察见渊鱼者不祥’，所以，‘刑名师爷’总没有好结果，这是我早经知道的。”鲁迅的论战法中，有个很特别的方法是，有时当论敌将什么恶名泼向他时，他不躲避，不辩称，而是正面接招：即使就是这样，你又拿我怎么样呢？笔者是绍兴人，绍兴普通市民间辩驳或争吵，常可见到此等论争法。甲骂乙是什么，不料乙爽捷地说：我就是什么，你又奈我何？甲语塞，只能悻悻而去。当然还有更走向极端的，如阿Q的“你还不配！”那另当别论。此种论战法的好处在于变被动为主动，在“正人君子”看来或许有点无赖味。可以举个具体例子：鲁迅的母亲就用过此法。当年鲁瑞放了足后,新台门内有个绰号叫“金鱼”的本家到处宣扬:某人放了脚,要去嫁给外国鬼子了!鲁迅的母亲听到后,也不去找这位本家评理,只冷冷地说道:“可不是么,这倒真是很难说的呀!”[⑦]孙伏园曾经说过,听鲁老太说话和读鲁迅先生的文章,会觉得“内容的哲理和外形的笔法都是相像的”。[⑧]鲁迅一生受人攻击甚多,但他有时居然把他人的攻击之词拿来作笔名、集名,如“丰之余”、“隋洛文”,如“《三闲集》”、“《花边文学》”。鲁迅对陈源在《一束通信》中“有他们贵乡绍兴的刑名师爷的脾气”的嘲讽的反应,正是用了此法。但这绝不是“不仅不想洗刷自己,反倒像是对刑名笔法的赞许了”。对陈源称他为刑名师爷,鲁迅事实上是不以为然的,他反击说:“绍兴有‘刑名师爷’,绍兴人便都是‘刑名师爷’的例,是只适用于绍兴的人们的”,而且顺手一拨,把刑名师爷“出重出轻”的手法与陈源挂上了钩:“我对人是‘骂人’,人对我是‘侵犯了一言半语’,这真使我记起我的同乡‘刑名师爷’来,而且还是弄着不正经的‘出重出轻’的玩意儿的时候。”[⑨]

鲁迅对绍兴师爷并无好感,这应该是历史的事实。众所周知的是“我总不肯做幕友或商人——这是我乡衰落了的读书人家子弟所常走的两条路”,“总不肯”三字清楚地表明了鲁迅不愿学做师爷的决绝的态度。周作人在谈《彷徨》时也透露了鲁迅对幕业的反感:“鲁迅对他的故乡一向没有表示过深的怀念,这不但在小说上,就是在《朝花夕拾》上也是如此。大抵对于乡下的人士最有反感。除了一般封建的士大夫之外,特殊的是师爷和钱店伙计(乡下人叫做‘钱店官’),气味都有点恶劣。”[⑩]

年轻时的鲁迅对师爷就无好感应该是事出有因的,想来至少有以下几方面的原因,一是师爷的名声其时已实在不佳,即使是在师爷之乡的绍兴,以前绍兴坊间就流传着很多嘲讽师爷的“民间故事”。二是周氏家族中就有不少做师爷的,其中也没有什么人可以让鲁迅佩服的。特别是其祖父“科举案”中的一个关键人物,时在苏州府做刑名师爷的陈秋舫,“为了过去周介孚说他住在岳家无出息的事,就在这案子上施行了个人的报复”。三是鲁迅的老师寿镜吾在其《持身之要》中说："景况清贫，不论何业，都可改就。唯幕友、衙门人、讼师不可做。"鲁迅一生对寿先生都甚为尊敬，乃师的教诲他不会不当一回事的。

还可一提的是，师爷这一群体是鱼龙混杂，其中颇有帮忙又帮闲的清客在内。明代特例，内阁大学士有"入幕之宾"，这些游于相门的幕客，有些就属于山人清客。据载，刑科给事中钱梦皋，为沈一贯"入幕宾"，一日，与山人汪元洪共饮。钱戏曰："昔之山人，山中野人。今之山人，山外游人。"汪即起应云："昔之给事，给黄门事。今之给事，给相门事。"[11]在女师大事件中，陈源正担当了此等角色，鲁迅对帮忙帮闲文人一向深恶痛疾，又岂能在此背景中真的"从容接下"师爷之谓。

如果说，鲁迅只是在思维方式和文字表达上，"继承"了绍兴师爷的传统，那么，首先得确认，确实存在一种师爷的思维方式和文字表达的传统。我对此表示怀疑。

诚有"幕学"一说。各行各业都有自己的专业知识和技能，幕业亦然。学幕是学习刑钱的通称，即学习刑、钱的专业知识，即汪辉祖所言"幕之为学，读律而自已"。明清之际，地方官多是科甲出身，终身所习，无非八股，一旦外放为地方官，催粮征税，审人判案，送往迎来，做报告递文呈，一样也做不来，在事务堆里，脑袋一盆浆糊，所以非得具有专业知识的师爷帮衬乃至替他们当家不可。但学幕要学得好，也非易事，关键是素质基础要好，它首先要有经书文史之根底，故师爷业中有云："多读一年书，少读十年律。"这种根底，绝非靠"学幕"所能解决。故名幕张廷骧就告诫欲习幕者："文理太陋，资质太纯，似亦不必误入此途，不如早寻他计。故凡有心习幕者，当先自量其材力而后从事于此，庶不至自误生平。"与一般读书人比较，师爷辈无非是因长期操办具体事物而养成周密的思维习惯和干练的办事作风。试看被奉为"师爷经"的汪辉祖的《佐治药言》、《续佐治药言》，谈的主要是如何为人处世："尽心"、"尽言"、"虚心"、"立品"、"俭用"、"范家"、"勤事"、"慎交"等，此外则是工作中的若干具体经验："检点书吏"、"词讼速结"、"严治地棍"、"访案宜慎"、"勿轻出告示"、"差禀拒捕宜察”等。细辨此类“幕学”之书,实看不出有何独特的师爷的“思维方式”或“文字表达”方式。这可能是因民间若干传说而引起的误解,如“屡战屡北”与“屡北屡战”,移动一字,其义大相径庭。由此去戏说师爷,倒也无妨;若把鲁迅文风的犀利、简洁,看做是因对师爷传统的有所继承,则似乎有点出格了。

再者说,鲁迅并不是主观上想继承绍兴师爷的传统,而是他“生活在遍布绍兴师爷的环境中,‘师爷气’弥漫的氛围中”,因此“受了绍兴师爷和‘师爷气’的潜移默化的影响”,这其实是有点想当然了。如鲁迅所言,“我的故乡,在汉末虽曾经虞仲翔先生揄扬过,但是那究竟太早了,后来到底免不了产生所谓‘绍兴师爷’,不过也并非男女老小全是‘绍兴师爷’,别的‘下等人’也不少”[12]。绍兴出师爷,但师爷多是在外地谋生,一生浪迹天涯,甚至客死异乡。当然也有告老还乡的,但绍兴师爷不是绍兴人的唯一职业,区区几个在绍兴的绍兴师爷,实在构不成“遍布绍兴”的态势。“‘师爷气’弥漫的氛围”也属夸张,“师爷气”应该主要在衙门中,绝不至于弥漫于整个城乡之中。试读鲁迅《呐喊》、《彷徨》,其中的“S城”、“鲁镇”、“未庄”等处,读者可曾能察觉出“‘师爷气’弥漫的氛围”?去南京求学之前鲁迅在绍兴的生活情态,《朝花夕拾》中多有记述,从中也难以挖掘出“潜移默化的影响”的证据。

三

师爷这一行业,肇始于明,盛行于清,没落于辛亥革命前后,在我国封建社会机构中活跃了三四百年,与封建官僚政治紧密相连,甚至有“清代与吏胥共天下”之说。师爷中确有不少劣幕,或助纣为虐,鱼肉百姓;或欺上瞒下,营私舞弊;或朋比为奸,包揽诉讼。清廷亦曾屡禁屡治,然幕吏却与清祚相伴始终,甚至延续到民国时期,时人称之谓“卷阀”。当然,不必把封建社会的吏治腐败之责全推给师爷,但师爷名声不佳终是历史事实。正因为此,当年陈源技穷,才出此卑劣之策,借籍贯对鲁迅做人身攻击。

鲁迅与师爷二者，有着质的不同，这本不言而喻，不能因思维方式和文字表达上有某种相似而加以混淆。首先，在人生道路的选择上，青年时期的鲁迅与别的选择学幕的同乡比较，完全显示了两种截然不同的追求。“幕中流品最为错杂”，究其从业动机，一为生计。师爷收入较丰，如汪辉祖所言：“为童子师，岁脩不过数十金。幕脩收入或数倍焉。”[13]二是功名无就暂栖幕道。一则是自我心理慰藉，虽不为官，但仍身在官场，佐官而治。二则届时仍可再走仕途。而某些“具有文才及有杰出的管理才能的人们常常先以充当封疆大吏的幕僚，来作为其事业的开端”[14]，著名者如非绍兴籍的林则徐、左宗棠、丁日昌。而鲁迅因家庭变故而看清世人真面目，他开始憎恶他所熟悉的本阶级，他决心走一条与他父辈及家乡读书人不同的道路，“走异路，逃异地，去寻求别样的人们”，为此而“总不肯学做幕友或商人——这是我乡衰落了的读书人家子弟所常走的两条路”。很明显，鲁迅对一种新的人生道路的选择，恰恰就以这“总不肯学做幕友”作为分水岭的。“师爷”在鲁迅的意识中，实际上是一种旧“S城”的否定性的象征之一。“总不肯”三字，不仅透露了封建传统习惯势力的牵制，表明了鲁迅与之决裂的决绝态度，而且还显示了在变化着的历史背景之下一种读书人新的人生价值取向的萌生。正是在这样的意义上看问题，鲁迅是不可能从为他摒弃的“师爷”那儿去继承什么“传统”的。

其次，重要的还表现在人格上的区别。在我看来，鲁迅作为新的历史时期的文化巨人，他身上最宝贵最本质的东西是他的最具现代意义的独立自由的人格精神。五四时期，独立自由的现代人格为众多的文化先驱所呼吁，五四新文化运动实际上正是揭开了争取独立人格的斗争序幕。诚如陈独秀在《一九一六年》中疾呼：“君为臣纲，则臣于君为附属品而无独立自主人格矣；父为子纲，则子于父为附属品而无独立自主人格矣；夫为妻纲，则妻于夫为附属品而无独立自主人格矣。率天下之男女，为臣、为子、为妻而不见有一独立自主之人者，三纲之说为之也。”在《敬告青年》里陈独秀向青年提出六大希望，第一条就是“自立的而非奴隶的”：“解放之者，脱离乎奴隶羁绊，以定其自主自由之人格之谓也。”鲁迅的一生正是身体力行坚持独立人格的一生。他这种独立自主人格的最初显现，也正是他不循常规，不顾家乡习俗，不顾家人反对，选择了一条“走异路，逃异地”迥异于常人的去南京求学的人生道路，表现了他卓然独立的性格特征。综观此后鲁迅一生，他始终表现出对于经济、权力依附的拒斥，这在中国现代知识分子中是不多见的。而师爷，作为一种特殊的职业，尽管地位有些特殊，非官非吏，亦宾亦友，可以合则留，不合则去，但毕竟受雇于东家，必须成官之美，尽心尽言，忠于幕主。著名的“绍兴师爷”汪辉祖的《佐治药言》第一条就是“尽心”：“士人不得以身出治，而佐人为治，势非得已。然岁所入，实分官俸，亦在官之禄也。食人之食而谋之不忠，天岂有以福之。”另一个著名的“绍兴师爷”许霞村在其《秋水轩尺牍·与周刺史辨办命案》中，更有“士为知己者用”的颇真切的表白：“第自辛酉之冬，承阁下延至宾馆，殷勤款洽，礼遇有加，私心窃幸。自喜以为阁下知我，然犹不敢必其为真知也。迨相处日久，相与日深，觉神情意气之间，诚有异乎庸众之相持者。于是唧焉兴感，以为阁下真能知我，转笑前此之将信将疑，乃浅之乎测阁下也。是以三载以来，竭其愚诚，效其绵力，屏书峻擢，如愿而偿。自问一副热肠，一腔热血，不肯稍负所知者；良以阁下知之如此其真，而弟不以知己报之，是马逢伯乐而不鸣，剑遇张华而自晦矣。”[15]鲁迅与师爷在人格上有此种截然不一的区别，不能设想所谓的思维方式可以与之毫无关系而有所承传；而语言又是思维的物质外壳，事实上我们在鲁迅所有的书信、日记及其他文字中也看不到此类知恩图报的表述。

四

应该承认，鲁迅与绍兴师爷确有某些相似处。李乔先生在他的《中国的师爷》一书中，专列出“师爷的性格”一节，概括了以下几种师爷的性格：1. 倔强，有骨气；2. 傲岸、自矜、易怒；3. 苛刻、睚眦必报；4. 精细、谨慎、机警、刁钻；5. 圆滑、庸碌、有媚骨。毋庸讳言，其中的某些性格表征，在鲁迅身上同样存在，有些还表现得非常明显。问题的关键是，这种相似绝非是鲁迅“继承”了绍兴师爷的传统或者说是绍兴师爷影响了鲁迅的结果，而是因为他们都植根于同一地域文化的土壤之中，越文化的某些“基因”，决定了他们身上会有某些共通的文化表征。鲁迅和绍兴师爷之间不存在着因果关系，他们二者和越文化之间才存在着“源”和“流”的关系，因为他们都是越文化这棵“历史之树”[16]所结出的果实，不过因不同的历史及其他主客观条件而有同有异。

首先，绍兴历来出人才，毛泽东赞之为“名士乡”，这是越文化最引人注意的一个特点。师爷也是人才，其中也不乏名士。他们聪慧过人，或曰“精细、谨慎、机警、刁钻”。作为群体大批量地出之于绍兴，这显然与地域文化有关。越文化源远流长，迄今可以追溯的源头是河姆渡文化，7000年前的越先民所显示的高度先进、发达的文明，仍令今人惊叹不已。北临钱塘湾，南依会稽山，得天独厚的自然条件孕育了越先民的聪明天赋。“人类的生态和自然环境为文化的形成提供物质基础，文化正是这一过程的历史凝聚。”[17]鲁迅在《〈会稽郡故书杂集〉序》和《〈越铎〉出世辞》中就颇自豪地几次引用了三国虞翻所言“海岳精液，善生俊异”一语。绍兴人之聪明能干，大约也属历史无意识的积淀。此种禀性，因越地历来重视教育而得到发扬，越勾践“十年生聚”同时强调“十年教训”，实在是一个了不起的创举，为其时其他诸侯君王所不及。此传统绵延不绝，耕读之风，代代相传。宋嘉泰《会稽志》载：“今之风俗好学……弦诵之声，比屋相闻”，好学之风俗为绍兴人才层出不穷奠定了坚实而久远的基础。历史上越人偏居中国东南，然越文化终不为地域所囿，能与时俱进，不断汲取其他文化精华，发扬光大。一是得益于东晋、南宋两次北方文化南移，永嘉乱后中原士族南迁，北方文化和南方文化交融，至宋益盛，绍兴一度成为南宋的临时首都，文化极为发达。“南方的江南东、西，两浙，福建四路是当时全国文化最发达的地区”，“浙江出宰辅仅次于南直，理学之盛仅次于江西，而绍兴一府种名儒学之盛，又甲于浙江。然为顾亭林詈为‘天下之大害’，‘百万虎狼’，‘窟居’于京师各部至各级地方衙门的胥吏（《群县论》），正是浙江的绍兴人”[18]。二是进入近代，西风东渐,浙江得风气之先,去外国的留学生也确实特别多。时间和空间所造成的机遇,使越文化这一地域文化多次有机会与异域文化发生重大碰撞、交融,促使它既久远而又常新。历史事实表明,也正是在这种不同文化发生重大碰撞之际,绍兴出现的名人或人才就特别多。是积淀深厚的越文化,滋润了生长于这块土壤上的越人的聪明才智,持续不断地产生包括师爷在内的各色人才,从而形成了“名士乡”这一独特的文化现象。

其次,李乔先生所言师爷性格中的“倔强、有骨气”、“傲岸、自矜、易怒”、“苛刻、睚眦必报”,如果不太计较情感色彩,正也可以看做是越人的一种普遍的性格特征,或借用斯大林对“民族”这一概念所下的定义中的说法:是一种“表现于共同文化上的共同心理素质”。杨义曾指出“剑文化是古越文化一大特色,堪与东晋衣冠南渡后的书文化并列为于越文化的千古二绝”。[19]鲁迅的“硬骨头”精神,正是基于越文化中这种“剑文化”的精神底蕴。鲁迅曾赞赏柔石有浙东“台州式的硬气”,“有时会令我忽而想到方孝孺”,其实,在越文化的中心地绍兴,历史上方孝孺式的名士比比皆是:嵇康、王思任、刘宗周、祁彪佳、徐锡麟、秋瑾、马寅初……“倔强、有骨气”是越文化的一种传统,而且似乎已是越人的一种集体无意识了。因倔强、有骨气,而傲岸,而有仇必报。杨义先生说:“所谓剑文化,蕴涵着复仇、尚武、砺志自强的精神素质”,鲁迅多次引用明末王思任“会稽乃报仇雪耻之乡,非藏垢纳污之地”,一再表示:“身为越人,未忘斯义”。鲁迅的“一个都不宽恕”,显示的正是越文化的传统。

再次,越人的思维方式,确也有出之于自身地域文化之鲜明特色,主要的就是“崇实”和强烈的批判意识。6000年前,第三次海侵使得大部分越先民从河姆渡逐步后退到南部会稽山区,如《吴越春秋》所记,“随陵陆而耕种,或逐禽鹿以给食”,他们在非常困难的刀耕火种状态下求生存,求发展,这决定了他们实事求是的思维特征。诚如丹纳在谈到古代的日耳曼族来到自然条件恶劣的尼德兰时说:“为了要生存,要有得住,有得吃,有得穿,要防冷,防潮气,要积聚,要致富,他们没有时间想到旁的事情,只顾着实际和实用的问题。住在这种地方,不可能像德国人那样耽于幻想，谈哲理，到想入非非的梦境和形而上学中去漫游，非立刻回到地上来不可；行动的号召太普遍了，太急迫了，而且连续不断；一个人只能为了行动而思想。几百年的压力造成了民族性，习惯成为本能，父亲后天学来的一套，在孩子身上变做遗传。”[20]“崇实”必反对虚妄迷信，所以强烈的批判意识与“崇实”同时成为越文化的思维特征。东汉的王充，以“实事疾妄”为指导思想，严厉地批判了当时流行的“天人感应”等虚妄迷信，提出了“事有证验，以效实然”和“以心原物，留精澄意”等命题。南宋永康学派的陈亮、永嘉学派的叶适，在“义利”关系上就很反对董仲舒的“正其谊不谋其利，明其道不计其功”的虚伪说教。金华学派的吕祖谦则明确提出“讲实理、育实材而求实用”。黄宗羲明言著书目的“大者以治天下，小者以为民用，盖未有空言无事实也”[21]。特别是浙东重史学，史学切于人事，章学诚说：“史学所以经世固非空言著述。”浙东学派中的诸多人物都是中国思想文化史上一批杰出的批判家，陈亮、叶适对苟安求和的批判，王阳明对程朱理学教条的批判，黄宗羲对君主专制制度的批判，章学诚对各种伪史学的批判，都有着振聋发聩和开风气之先的意义。这种批判意识，也很深刻地影响着越地的文风，一个比较典型的例子是周作人所说的文章的“反做法”，即所谓的“师爷笔法”。鲁迅文风和所谓“师爷笔法”似相通，其根源正在越文化之中。诚如鲁迅所言，“籍贯之都鄙，固不能定本人之功罪，居处的文陋，却也影响于作家的神情，孟子曰：‘居移气，养移体’，此之谓也”[22]。

鲁迅与绍兴师爷，同出之越文化，因而可以有其相似之处，但鲁迅是鲁迅，绍兴师爷是绍兴师爷，二者不容混淆。把鲁迅的思维方法和文字表达看做是对绍兴师爷传统的继承，则我们就永远摆脱不了陈源的阴影了。

注　释

① 石厚生（成仿吾）：《毕竟是“醉眼陶然”罢了》，见《鲁迅研究学术论著资料汇编》（卷一），中国文联出版公司，1985年。

② 杜荃（郭沫若）：《文艺战线上的封建余孽》，见《鲁迅研究学术论著资料汇编》（卷一），

中国文联出版公司,1985 年。

③ 苏雪林:《论鲁迅的杂感文——四年前的一篇残稿》,见《鲁迅研究学术论著资料汇编》(卷二),中国文联出版公司,1985 年。

④ 曹聚仁:《鲁迅评传》,东方出版中心,1999 年。

⑤ 钱理群:《心灵的探寻》,北京大学出版社,1999 年。

⑥ 彭晓丰、舒建华:《“S 会馆”与五四新文学的起源》,湖南教育出版社,1995 年。

⑦ 周作人:《关于鲁迅 · 鲁迅的故乡》,新疆人民出版社,1997 年。

⑧ 孙伏园:《哭鲁迅先生》,见《鲁迅研究学术论著资料汇编》(卷二),中国文联出版公司,1985 年。

⑨ 鲁迅:《不是信》,《鲁迅全集》(卷三),人民文学出版社,1981 年。

⑩ 周作人:《关于鲁迅 · 故乡风物》,新疆人民出版社,1997 年。

⑪ 转引自陈宝良:《明代幕宾制度初探》,《中国史研究》2001 年 2 期。

⑫ 鲁迅:《朝花夕拾 · 无常》,《鲁迅全集》(卷二),1981 年。

⑬ 汪辉祖:《佐治药言 · 自处宜洁》,九州图书出版社,1998 年。

⑭ 张仲礼:《中国绅士的收入》,上海社会科学学院出版社,2001 年。

⑮ 许霞村:《秋水轩尺牍》,九州图书出版社,1998 年。

⑯ [英]阿诺德 · 汤因比著:《历史研究》,上海人民出版社,2000 年。

⑰ [美]克莱德 · 克鲁克洪:《文化的研究》,见《文化与个人》,浙江人民出版社,1986 年。

⑱ 谭其骧:《中国文化的时代差异和地区差异》,《复旦学报》1986 年第 2 期。

⑲ 杨义:《杨义文存》(卷五),人民文学出版社,1998 年。

⑳ 丹纳:《艺术哲学》,人民文学出版社,1963 年。

㉑ 参见吴光:《试论“浙学”的基本精神》,《浙江月刊》1994 年第 1 期。

㉒ 鲁迅:《花边文学 · “京派”与“海派”》,《鲁迅全集》(卷五),人民文学出版社,1987 年。

(《鲁迅研究月刊》2004 年第 10 期)

《域外小说集》[1]与周氏兄弟的新文学理念

杨联芬

较林纾翻译小说的历史局限性，周氏兄弟的《域外小说集》，以系统、直译的风格和明确的思潮意识，宣告了中国文学翻译“林纾时代”的结束，标志着文学翻译规范化、学术化的来临。

《域外小说集》所选择的基本是十九世纪中后期至二十世纪初的欧洲小说，旨在体现欧洲“近世文潮”[2]，即西方浪漫主义之后的现代文学思潮。《域外小说集》选译的作品，均为短篇，而西方现代短篇小说，在审美形态和叙述方式上与中国传统小说差异最大。选择短篇，固然有资金、规模等方面的考虑[3]，但从文学上说，西方短篇小说形式的引入，实为中国小说的现代化提供了极其重要的借鉴。林纾的翻译，千方百计在西方小说中寻求与中国文学和文化相同的地方，以此消除中西暌隔，使一向自大的中国士大夫“勿遽贬西书，谓其文境不如中国也”[4]；周氏兄弟的翻译，则旨在将“中国小说中所未有”的异域情调介绍进来，为中国小说现代化提供一种可资借鉴的新形式。林译为中国封闭的文学打开了通往“世界”的窗口，周氏兄弟的《域外小说集》则试图使中国文学与世界文学融合。林译小说良莠并存，失之芜杂，而《域外小说集》“收录至审慎”，既照顾“各国作家”，又体现“外国新文学”和西方“近世文潮”。所以，1909 年《域外小说集》出版时，鲁迅执笔的序文颇有一点自负的意味——“异域文术新宗，自此始入华土。使有士卓特，不为常俗所囿，必将犁然有当于心，按邦国时期，籀读其心声，以相度神思之所在。则此虽大涛之微沤与，而性解思惟，实寓于此。中国译界，亦由是无迟莫之感矣。”[5]

然而，这部译著由于读者寥寥，它的文学价值几近没有实现。

关于《域外小说集》的印行，周氏兄弟在 1921 年群益书社重印版的序言中，

有过详细介绍:

> 当初的计划,是筹办了连印两册的资本,待到卖回本钱,在引第三第四,以至第×册的。如此继续下去,积少成多,也可以约略绍介了各国名家的著作了。于是准备清楚,在一九〇九年的二月,印出第一册,到六月间,又印出了第二册。寄售的地方,是上海和东京。
>
> 半年过去了,先在就近的东京寄售处结了账。计第一册卖去了二十一本,第二册是二十本,以后可再也没有人买了。那第一册何以多卖一本呢?就因为有一位极熟的友人,怕寄售处不遵定价,额外需索,所以亲去试验一回,果然划一不二,就放了心,第二本不再试验了。——由此看来,足见那二十位作者,是有出必看,没有一人中止的,我们至今很感谢。
>
> 至于上海,是至今没有详细知道。听说也不过卖出了二十册上下,以后再没有人买了。于是第三册只好停版,已成的书,便都堆在上海寄售处堆货的屋子里。过了四五年,我们这过去的梦幻似的无用的劳力,在中国也就完全消灭了。[6]

文学作为审美活动,其审美价值的实现,须以文本的传播、读者的接受为前提。《域外小说集》,由于读者的缺席,它的审美价值可以说是没有实现的。然而作为一种“潜文本”,《域外小说集》消失于晚清读者视阈的审美特质,却在五四时期周氏兄弟的文学活动中重获发扬。所以,考察《域外小说集》,不但为我们认识晚清文学状况提供了参照,而且是研究周氏兄弟美学思想脉络的重要环节。

二

比较林译小说大获全胜的情形,《域外小说集》的被冷落,在令人遗憾之余,不得不引起我们的思考。简单地说,《域外小说集》传播上的失败,缘于它审美与道德欲求上的超前。

检视周氏兄弟五四时期在新文学理论与小说创作上的建树,我们不能不考虑翻译《域外小说集》的全过程(这决不仅仅是语言的转换过程)在周氏兄弟文学观念、审美思想形成中的作用。"人道主义"的价值观念与"诗化叙事"的小说审美追求,是《域外小说集》最引人注目的两个特征,也是兄弟二人对五四新文学的最大贡献。周氏兄弟后来强调的《域外小说集》的"本质"[7],大抵是指它们。《域外小说集》在晚清"早产",而它作为"潜文本"的价值,则孕育了十年后震动文坛的《人的文学》与《狂人日记》。

"人的文学",是周作人为中国现代文学贡献的重要思想范畴与思想母题,它的基本含义是以人道主义为本,对人生现象进行思考和审美表现。"人的文学"作为一个精辟的思想母题,从根本上阐明了中国现代文学的核心价值,奠定了中国现代文学"现代性"的重要范畴。"人"成为衡量一切道德理念的尺度,人道主义与个性主义,成为五四文学的伦理目标,"人"的尺度所带来的生命关怀与人性解放话语,带来中国文学空前的活跃,也使晚清开始酝酿的新文学,找到了超越政治启蒙的"现代"平台。

不止一人说过,五四新文化的最大功绩,是发现了"人"。五四在中国历史上的地位,它对人本主义的力倡与传播,其作用类似于文艺复兴对欧洲近代历史的意义。而这场"中国的文艺复兴",周氏兄弟扮演的却是举足轻重的角色。

周氏兄弟对人道主义的提倡,构成五四新文学最崇高的基调。而他们身上人道主义思想的形成,却在晚清。自《域外小说集》开始,周氏兄弟对西方小说的系统翻译与研究,就始终在人道主义的基本准则下进行。1920年,周作人用白话文翻译的短篇小说集《点滴》出版时,他在序言中再三强调其作品的"两件特别的地方——一,直译的文体,二,人道主义的精神",并声明书中所选的作家尽管有的"人生观绝不相同"、小说"也并非同派","却仍有一种共通的精神——这便是人道主义的思想"[8]。这部书的末尾,附印着《人的文学》。可见,人道主义是周氏兄弟新文学观中最重要的思想。

《域外小说集》选择作品的一个显著标准,就是人道主义。英国作家王尔德本是主张为艺术而艺术的,他的作品也大都体现唯美主义倾向,但他的童话《安乐王子》(今译《快乐王子》),因“特有人道主义倾向”[9]而被周氏兄弟选入——高高矗立在城市上空的那英俊美丽的王子塑像,接受着人们的赞赏,眼睛却满含泪水注视着生病的穷人、街头的弃儿、饥饿的艺术家、因火柴打翻在水沟而不敢回家的卖火柴的小女孩……他请燕子卸下自己剑柄上的红宝石,摘下蓝宝石做的眼睛,剥掉贴满全身的金叶,把这些财物统统送给那些绝望的穷人;最后,他那颗铅做的心脏因对人间惨状深感痛苦而碎裂。《安乐王子》最动人的,就是这深挚的人道主义情感。周氏兄弟古奥的译文,使这篇童话没有能够成为孩子们的读物,但它的“本质”,却在后来巴金的白话译文中得到完美表达,并至今仍在中国读者中传播。

波兰作家显克微支,是周氏兄弟偏爱的对象。《域外小说集》已出的两册中,显克微支的作品占了三篇。[10]

《乐人扬珂》写一个羸弱而有智障的小男孩扬珂,生于贫困,因为饥饿而时常啼哭。但他对音乐有一种天才的敏感,他总在倾听:森林里有音乐在奏,田野里有音乐在奏,风在奏,村子在奏,一切自然都在奏着音乐。他的奇异的幻觉,太不招人爱,连说给母亲听,也总是招致呵斥。酒吧里的琴声,令他陶醉,他用薄板自制了一把提琴,而这把琴几乎发不出声音。但琴和萝卜,却成为瘦弱的孩子饥荒中支撑生命的力量。扬珂梦寐以求的,就是能够有一把真正的琴。一个有月光的夜晚,扬珂在幻觉的引领下,摘下了别人墙上的琴。于是他成了人人不齿的小偷,被毒打一顿。羸弱的孩子,经历这场致命打击,再也没有起来。扬珂临死的场面,催人泪下:

> 小窗之外,有黄雀啁哳鸣嘤树间。斜阳入窗,色作黄金,照儿枕上,乱发蓬飞,面惨白无血色。此落日余光,盖犹大道,垂死之魂,即乘此去。当永谢此世,得趁光明,善也。彼生时,仅行荆棘道耳。儿余息未绝,色若有思。时则村中有诸响度窗而入,暮色既下,女郎自田野束刍归,各歌绿野之曲,而川畔亦有箫声断续,扬珂今末次闻此矣。其手制胡琴,则横卧于

席上。

儿忽若喜,微语曰:"阿奶!"母咽泪对曰:"吾儿,何也?"扬珂曰:"阿奶,至天国,帝肯与我一真胡琴耶?"母应之曰:"然。吾儿,彼当与汝。"……

可惜的是,这悲凉而抒情的叙述,没有赢得中国士大夫青睐。

显克微支这篇作品,在叙述方式上,已经脱离了十九世纪现实主义小说通常的写实和再现方式,更多运用主观表现手法,具有浓郁的抒情色彩。它的叙事是属于二十世纪现代文学的,而它所饱含的人道主义情怀,则又是典型的十九世纪的。显克微支在欧洲享有崇高声誉,勃兰兑斯评价他"系出高门,天才美富,文情悱恻,而深藏讽刺"[11]。但是,对于一般中国读者来说,至今仍然是陌生的。显克微支既不是英、法、俄等"大国"作家,他的小说又不属于故事好看、情节精彩而很有市场卖点的那一类,所以与中国一般读者的趣味是有距离的。显克微支的著名中篇小说《炭画》,被勃兰兑斯称为"文字至此,已成绝技,盖写实小说之神品也"[12],然而1909年周作人的中文译本投稿时,却屡遭拒绝,直到1914年由鲁迅出面联系,才在北京文明书局出版。[13]

一方面是人道主义与民族关怀,另一方面是真挚、动人、优美的诗意,这两者大约是周氏兄弟私淑显克微支的原因。显克微支的作品,不但深切地关注着弱小的生命,而且也深深地爱着他的多难的祖国,这导致他写出杰出的《灯台守》(今译《灯塔看守人》)。《灯台守》叙述一位浪迹美洲的波兰籍老兵的一段经历,语言"极佳胜,写景至美,而感情强烈,至足动人"[14],宛如一首至醇至美的诗。这位波兰老兵自荐担任巴拿马附近一个面积不过一亩[15]的孤岛的灯塔看守员。这里除了每天有一只小船运送淡水及食品外,再无别的居民。灯塔位于又高又陡的四百多级台阶之上,灯塔看守员的生活犹如囚犯,一般人是不愿干的。但一生辗转流徙、需要休息的老人无家可归,把这个工作当做美差。面对苍茫的海天,聆听大海的怒涛,老人孤独而疲惫的心灵在这旷渺的空间暂得安宁,对大海"虽每日见此而亦不厌"。

老人与天空、大海、海鸥为伴,非常尽职地守护着灯塔,把小岛当成了他生命的最后一站。一天,送水船给他带来一个包裹,是波兰侨民协会为答谢他捐款而寄赠的几本书籍。老人在多年的流浪颠沛生活中,很少遇到波兰人,波兰文的书籍就更不用说了。今天拿到这几部书,他激动不已。打开书,波兰伟大诗人显克微支的诗句,令老人强烈感动以至于呜咽流涕了——“是时心事波起,不能自制,遂啜泣自投于地,白发皓然,与黄沙相杂。心念离别故园,凡四十祀,且不闻方言者,亦不知几何年矣。今乃自来相就,超大海而得诸天涯独处之中,美哉可念哉故国之言文也!然老人虽泣失声,而不因于痛苦,惟旧爱重生,重逾万有,因至是耳。时则呜咽陈情,乞宥于所爱。”这一天,老人一直这样读着,感动着,直到“暮色陡下”。老人枕着石头,闭上眼睛,“天半犹有彩云,色作朱绛或如金黄,老人之心,乃正乘此云而归故国”。梦幻中,老人回到了久别的故乡——“耳际闻松林摇动有声,流水淙淙,如人私语,旧乡风物,一一如前”,“茅舍栉比,窗隙皆漏灯光。有小阜水磨及二池塘,左右相对。池中蛙蛤和鸣,彻夜不歇……”这一梦如此令人陶醉,以至当老人被人唤醒,已是第二天早上。由于昨夜没有点灯,一条船撞上了海滩。不用说,老人被免了职,重新踏上流浪的路。这颇富幽默感的情节,却不是人生的调味品,它饱含着一位令人尊敬的老人孤独与悲凉的苦涩。

显克微支的这篇小说,既有出人意表的情节,又是非常优美的抒情文;情节隐藏于情绪的波澜中,情绪推动着情节发展;人与自然融为一体,心灵的感觉都投射到优美而富于变幻的自然景象中,如诗,如画,又像流动的音乐。

显克微支的作品,体现着《域外小说集》作品的整体特征——充满人道主义精神的、诗意的、主观化的叙事。由此可见周氏兄弟审美旨趣之一斑。

二

《域外小说集》出版之前,周作人曾经翻译过几种欧洲小说。其中有英国哈葛德的《红星佚史》,俄国阿·托尔斯泰的《可怕的伊凡》(鲁迅修改誊正后易名

《劲草》),匈牙利育凯摩耳的《匈奴骑士录》、《黄蔷薇》,波兰显克微支的《炭画》等。然而有意思的是,只有哈葛德的《红星佚史》和育凯摩耳的《匈奴骑士录》顺利出版,而其他几种,或者若干年后才得出版(如《黄蔷薇》、《炭画》),或者最终没有问世(如托尔斯泰的《劲草》)。顺利出版的哈葛德小说《红星佚史》,1907年2月译出,11月便被商务印书馆作为“说部丛书”初集之第七十八种出版,并获稿费二百元。[16]这部小说在叙事方式上最接近中国传统小说,即具有情节的完整性与传奇性;而选择哈葛德,大半也是由于当时周氏兄弟对林译小说的兴趣——周作人后来回忆说,林纾翻译的哈葛德小说,如《鬼山狼侠传》、《埃及金塔剖尸记》,“内容古怪”、“很有趣味”,“引导我们去译哈葛德”。[17]由于林译小说的巨大影响,“哈葛德”的名字自然地与“传奇性”相联系,仿佛成了一种标志,能够轻而易举地赢得出版社的青睐。但是,一个不容忽略的细节是,商务印书馆在编辑这部小说时,将周氏兄弟“苦心搜集的索引式附注,却完全删去了”[18]——出版社的行为反映了当时读书界的趣味,他们只需要故事,并不需要有关的背景知识,也不注重译本的学术规范。周氏兄弟译本最具特点、最有价值的大概就是书中关于古希腊、埃及神话人物之间关系的考索性说明(尽管这些注解有错讹),“但似乎中国读者向来就怕‘烦琐’的注解的,所以编辑部就把它一股脑儿的拉杂摧烧了”[19]。模仿林译而又比林译更加规范,这是初试翻译的周氏兄弟译书的特点;清末文坛只选择他们“像”林译的地方,拒绝了他们超越林译的规范化与学术化追求。周氏兄弟翻译的规范化,其实就是一种现代文学翻译的学术精神。这种精神在当时似是一种不需要的奢侈品,故被读书界拒绝了。

《域外小说集》出版于1909年,那时国内正是小说盛极一时的时代,翻译小说相当风行,而且翻译小说的数量往往多于创作小说。[20]周氏兄弟的翻译,无论从“小说”的体裁,还是从“翻译”的角度看,都是正逢其时的。但是,它的文学趣味与审美倾向,显然超越了当时读者的审美习惯与能力,它实际是一次早产。

从语言看这部译本,林译小说的影响显然仍然存在。它选择的是林纾式的中国士大夫的“雅言”,追求简古、朴纳——鲁迅、周作人的好些文章都明确提到过林译小说对他们的影响。[21]但是《域外小说集》所选作品,在小说的审美旨趣上,不但已超越了林译,而且与中国一般的小说旨趣也完全不同。问题就在这里。

《域外小说集》所选的作品,都是短篇小说,而这些短篇,大多属于侧重主观表现的抒情化小说——作品往往不依靠情节去叙事,没有清晰完整的情节,甚至没有故事,只有不连贯的碎片式的生活场景,人物主观的感觉与想象,某种情景交融的景致,等等。[22]这种既缺乏情节因素,又缺乏故事的小说,是二十世纪小说叙事的新模式,周氏兄弟率先将这些在西方亦属先锋的短篇小说样式用"直译"介绍到中国,确实超越了中国读者的审美限度。

周氏兄弟回忆说,"《域外小说集》初出的时候,见过的人,往往摇头说,'以为他才开头,却已完了!'那时短篇小说还很少,读书人看惯了一二百回的章回体,所以短篇便等于无物"[23]。晚清士大夫,在情节叙事的小说之外,能够接受的,只有梁启超那种论辩散文式的政治小说。周氏兄弟的《域外小说集》,是小说,却又超越了一般小说以情节讲述故事的特征;非小说,却又不同于中国的诸子散文。《域外小说集》提供的作品,在古文形式下,表现的却是完全陌生的现代人的经验与感受;一般士大夫,无论是怀着"读小说",还是怀着"听道理"的审美期待的,都不会在《域外小说集》中得到满足,相反是失落。

即使在今天看,《域外小说集》所选的作品,并没有被时间淘洗掉,仍然是世界文学的精品。周氏兄弟的选择,虽然常常着眼于苦难的或弱小的民族的文学,它自然没有囊括世界所有杰出作家,但它所选择的作家作品却代表了十九世纪中期至二十世纪初欧洲一流的短篇小说。这些小说,除了在内容、情调上符合周氏兄弟极端推崇的人道主义外,还有一个共同特征,就是大都具有强烈的主观性和抒情性,常常在诗的意境与话语中,表达满含人道主义情怀的个体生命体验。因此,这些作品在形态上大都"不像"小说,而更接近诗。

莫泊桑(周译"摩波商")的小说,他们没有选取他那些故事性、戏剧性强,因而更"像"小说的作品,却首先选取了一篇抒情化的小说《月夜》。这篇小说没有故事,通篇展示的是一位教堂"长老"(神甫)的内心体验与情感波动:神甫自视神的代言者,总在思考上帝造物的旨意,对现实充满忧虑。女性那充满情感与爱欲的存在,在他看来是对人的蛊惑,他认为是上帝造物的一个失败,也许是专门为考验男子而设的。他本能上无法抵御对女性柔情的感觉,理智上就加倍憎恨她们。他竭力要做的一件事,就是说服桀骜不驯的外甥女皈依天主。在一个月夜,神甫站在静谧温柔的月光下,面对蛙鸣莺啼的原野,百思不得其解:上帝造出黑夜,仅仅是为了休息,为什么让夜晚如此迷人?这充满诗情画意的美景究竟是为什么人安排的呢?

……长老神思幽立,有如诗人古德。故今见月夜之美,庄严而清静,心遂为之大动。小园洁月,果树成行,小枝无叶,疏影横路。有忍冬一树,攀附墙上,时发清香,似有华魂,——飞舞温和夜气中也。长老吸颢气咽之,如醉人之饮酒。徐徐而行,心自惊异,几忘其侄(指神甫的外甥女——引者注)矣。未几至野外,长老立止,瞻望四野,皎然一白,碧空无云,夜气柔媚。蛙蛤乱鸣,声声相续,如击金石。月光冶美,足移人情。益以杜鹃歌声宛转,如催入梦,是靡靡之音,适助人温存也。长老前行,而意甚颓唐,亦不自知其故。唯觉力尽,欲席地少休,赏物色之美,更进,则有小溪曲流,水次列白杨数树。薄霭朦胧,承月光转为银色,上下弥漫,遍罩水曲,若被冰绡。长老止立,万感交集,心不自宁,觉复有疑问起胸中矣!

仿佛是上帝在捉弄他,正当神甫自问“天造设物,玄妙至是,设之大地,将为谁氏之娱耶?”他猛然发现,在这皎洁美妙的月光下,与无比温馨的大自然融为一体的,是一对年轻的恋人——“野中有树,穹然而高,上蒙轻霭。时见人影冉冉出树下,二人同行,男子颀身,以腕挽女颈,时唼其额,尔时四野景物,忽有生意,天成图画,用相位置……”而这对恋人中的女主角不是别人,正是他努力要用天主的神力去征服的外甥女。神甫在“惊且愧”中逃遁。

小说叙述的视角是神甫,以他的眼光展示极不具故事性的零碎的事件、场景,而大量的内心活动与景物描写相交融,揭示了主人公内在的矛盾与困惑。大自然的优雅,就像人性与人生一样丰富、美好,它们使主人公俨然上帝使者的神圣与焦虑,显得荒唐和可怜,作者的讽刺也就具有了一种超越的优容,作品的情调像月光一样温柔旷远。这篇小说,没有故事,也没有情节,主观化的场景伴随着人物的思绪与情绪飘飞。莫泊桑此篇小说,与他通常追求“冷静”、“客观”的写实风格不太一样,算得上“心理写实主义”。

迦尔洵的小说《邂逅》,写一位叫“那及什陀”(今译“娜结兹达”)的妓女与一位叫“伊凡”的青年男子的一段悲剧纠葛。伊凡爱上了那及什陀,努力想以自己的真诚感化她,使她脱离卑贱的生活;但那及什陀早已对人世失去信任,她以堕落麻痹和保护自己,不愿回归常人的生活。伊凡的痴情,一度使她感动和痛苦,但她最终还是选择了拒绝。最后,伊凡绝望自杀。小说分别由男、女主人公的日记和少量第三人称客观叙述交叠构成,使作品形成一种复调式结构。男女主角各自的独白,使作品的情调具有复调音乐式的跌宕、缠绵,深入地揭示着男女主人公内心最隐秘最真实的情感,可谓“尽其委曲”,感人至深。译者每在段末附注“(以上那什及陀记)”、“(以上伊凡记)”、“(以上记事)”的字样,帮助读者及时调整阅读角度,理解叙述话语的变换。但是,正如周氏兄弟在《域外小说集》的《著者事略》中所说,迦尔洵《邂逅》的文体,实属“中国小说中所未有也”。这样的文体,对于读惯第三人称连贯叙事的中国读者来说,很难适应,读不懂是自然的。

但比较起来,莫泊桑的主观表现尚在“写实”的范围,叙述视角的相对固定(内视角),叙述语言的单纯、清晰,意境的情景交融,虽然从“小说”的角度看,完全陌生,但是从“抒情”的角度看,还是可与中国古典诗文的抒情方式沟通。但《域外小说集》中还有一些小说,不但叙述视角内倾,而且叙述结构与话语已经脱离了十九世纪“写实”的经典模式,体现出二十世纪文学的“现代主义”特色。

安特来夫是鲁迅喜欢的作家。他的小说,由于象征手法的娴熟运用,具有浓厚的现代主义色彩。其小说叙述的主观视点与意识流手法,增强了小说的朦胧和神秘意味。安特来夫的长篇小说《红笑》(周氏兄弟译为《赤记》,列于《域外小说集》的书目预告中),写主人公在战争的残酷场景中对生命的痛苦体验,紊乱的思绪，充满幻觉的视觉与想象，都表现着主人公面对生命在血腥中丧失的痛苦与悲哀，曾经被视为二十世纪象征主义小说的代表作。《域外小说集》选译的两个短篇（《默》、《谩》），也基本上体现了安特来夫小说的一般特征：善用象征，描写幻觉，善于营造幽暗的意境，对人物心灵的感受和痛苦挖掘极深。《域外小说集》中的作品大多是周作人译，而安特来夫的两篇《谩》、《默》均为鲁迅所译。《谩》（今译《谎言》）写男主人公在极度焦虑与嫉妒中杀死恋人的过程：他发现她对自己爱的承诺是虚假的，便陷入痛苦中不能自拔，经常想到死。在一次幽会时，他在黑暗中窥见了死亡的狰狞面容。于是，他杀死了她。她把谎言与真理一同带走，然而留下的依然是谎言——“嗟夫，惟是亦谩，其地独幽暗耳。劫波与无穷之空虚，欠申于斯，而诚不在此，诚无所在也。顾谩乃永存，谩实不死……”真理实在是不存在的，世间只有永恒的空虚与黑暗。主人公由此自嘲，做人而想寻找真理，“抑何愚矣！”小说以一个精神病态者的视点，用第一人称叙述，主人公内心的焦虑，幻化成一系列独特的主观感觉，爱与恨，占有与复仇，热烈与冷酷，这些充满强烈对比的情绪，在作品中是通过主人公深刻而变态的内在感受与谵语式独白表现的。真理与谎言，无边的黑暗与空虚，这些概念，通过作品的象征意境得到表现。这篇小说独特的叙述方式与阴冷的意象，以及小说结尾的“援我！咄，援我来！”（“救救我吧！呵，救救我呀！”）我们不难发现安特来夫对鲁迅后来创作《狂人日记》的影响是多么大。

《默》（今译《沉默》）的主人公是一位叫伊革那支的牧师。他既是冷酷的父亲，又是傲慢的神父，女儿内心痛苦，神父却在急躁的劝说失败之后，便用沉默对待她。在父子俩沉默的对峙中，女儿终于在孤独无助中自杀。在牧师自私而傲慢的内心，女儿的死提供了众人耻笑他的话柄，因而在女儿的葬礼上，他不露半点悲哀——“顾众目聚瞩，而伊革那支之立屹然，时盖绝不为殇女悲，特力护神甫威棱，使勿失坠已耳。”然而，惩罚终于来临，女儿去世后，“阖宅默然”，妻子瘫痪在床，睁着眼睛，没有悲哀，没有怨恨，甚至没有感觉，只有沉默。每天晨祷之后，牧师“辄入客室”，环顾空空的鸟笼和熟悉的家具，便坐在安乐椅上“谛听默然”。他听到了空鸟笼的沉默,那是“微而柔”的,这沉默“满以苦痛,中复有久绝之笑寓之”。他也听到妻子的沉默,这沉默“冰重如铅,且绝幽怪,虽在长夏,入耳亦栗然如中寒”。而那“悠久如坟,閟密如死”的沉默,则是“其女之默也”。渐渐的,死亡般的沉默终于令牧师难以承受,他来到女儿坟前呼唤,来到妻子床前乞怜,然而,回答他的依然只有死一般的沉默。作者将笔触深入到人物幽深的感觉世界,在象征的意境中将一种难以描述的情绪揭示出来。安特来夫通常被“称为神秘派或颓废派的作家”,而周氏兄弟选择他的原因是他的作品“带着浓厚的人道主义的色彩”[24]。

《域外小说集》所选作品,俄国作家明显居多,除了迦尔洵、安特来夫,还有契诃夫、斯蒂普虐克,共7篇,几近半数。十一年后周作人编译《点滴》时,俄国作家的作品仍然占近40%,这个偏好来自被他们称为“俄国的特性,与别国不同的”人道主义。[25]

晚清时期周氏兄弟的文学思考,是基于“立人”理想的艺术探索;他们所崇尚的人道主义、心灵的表现和诗化叙事,在当时都是超越性的,那个时代消受不了它。《域外小说集》采用雅训的古文翻译,而这种文体的读者对象——士大夫阶层,在那时还只能够以欣赏史、汉的心态接受林纾的翻译小说,至多,还有充满宏议论辩色彩的新小说。而当迎来理解的时代——五四时,古文形式又使它们不再适宜,“不但句子生硬,‘诘屈聱牙’,而且也有极不行的地方”[26]。但是,作为周氏兄弟早期文学活动的重要事件,《域外小说集》的潜在审美价值以及它所蕴蓄的周氏兄弟的超前文学观,却在约十年以后发挥了极其重大的作用。周氏兄弟对中国现代文学的影响,未能通过读者对《域外小说集》的阅读实现,却以“潜文本”的方式蓄积并整理了周氏兄弟的新文学理念,使他们刚刚介入五四,便双双成为五四新文学的重镇,贡献出精湛的思想与艺术,极大地推动了中国文学现代性的实现。[27]《域外小说集》作为文本的流产,也从另一个角度证明,当时中国读者对现代精神的体验与表达,尚有相当距离;而林译小说恰好充当了这一历史转换的中介。

注　释

① 《域外小说集》1909 年印于日本东京的第一、第二册初版本，现已不易看到。一般能查阅到的，是民国九年(1921 年)上海群益书社的重印本。另有岳麓书社 1986 年据 1909 年初版本和 1921 年群益版辑印的“旧译重刊”《域外小说集》。《域外小说集》1909 年初版本署“会稽周氏兄弟纂译”，1921 年重印本则署“周作人编译”。重印本对初版译文某些生僻字作了修改，并在篇目上有所增加，如显克微支《酋长》、安兑尔然(安徒生)《皇帝之新衣》等。其所增加者，都是周氏兄弟 1909 年计划在《域外小说集》各分册中陆续刊出的。本文所据版本，是 1921 年上海群益书社版《域外小说集》；引文摘录，凡未特别注明，均为此版。

② 《域外小说集·略例》(此为初版本附文)，引自岳麓书社版《域外小说集·略例》，第 6 页。

③ 1921 年群益版《域外小说集序》：“但要做这事业，一要学问，二要同志，三要工夫，四要资本，五要读者。第五样逆料不得，上四样在我们几乎全无：于是又自然而然的只能小本经营，姑且尝试，这结果便是译印《域外小说集》。”

④ 林纾《黑奴吁天录·例言》，《黑奴吁天录》，(美)斯土活(H. W. Stowe)著，林纾、魏易译，北京，商务印书馆 1981 年。

⑤ 《域外小说集·序言》。

⑥ 此文署名周作人，实际是鲁迅执笔。周作人在《知堂回想录》第八十六则《弱小民族文学》中说：“一九二〇年三月群益书社重印《域外小说集》的时候，有一篇署我名字的序文，也是他做的。”香港三育图书文具公司 1974 年。

⑦ 1920 年，当朋友建议重新出版《域外小说集》时，周氏兄弟认为译文“句子生硬”、“诘屈聱牙”而“委实配不上再印”，但同时又认为，“只是他的本质，却在现在还有存在的价值，便在将来也该有存在的价值”。见《域外小说集序》。

⑧ 《点滴·序》，北京大学出版部 1920 年。

⑨ 《域外小说集·著者事略》。

⑩ 1909 年版有《乐人扬珂》(第一册)、《天使》、《灯台守》(第二册)；1921 年重印版增加《酋长》一篇。

⑪⑫ 见《域外小说集·著者事略》。

⑬ 参见《知堂回想录》第九十八、九十九则《自己的工作》(上)、(下),香港三育图书文具公司1974年。

⑭ 《域外小说集·著者事略》。

⑮ 周作人译本为“全岛大可数亩”,此从施蛰存白话译本,作“一亩”。

⑯ 参见《知堂回想录》第七十七、七十八则《翻译小说》(上、下)。

⑰ 参见周作人《鲁迅与清末文坛》,《林纾研究资料》,福建人民出版社1982年版,第390页。

⑱ 周作人《知堂回想录》第七十七则《翻译小说》(上)。

⑲ 周作人《知堂回想录》第七十七则《翻译小说》(上)。

⑳ 阿英统计晚清翻译小说占小说总量的三分之二。阿英《晚清小说史》,东方出版社1996年。

㉑ 《域外小说集》初版《序言》中说“《域外小说集》为书,词致朴纳,不足方近世名人译本”;周作人1925年12月在《语丝》第3期《林琴南与罗振玉》中说:“我个人还曾经很模仿过他的译文。”周作人1920年在《点滴》的序中说:“我从前翻译小说,很受林琴南先生的影响;1906年住东京以后,听章太炎先生的讲论,又发生多少变化,一九○九年出版的《域外小说集》,正是那一时期的结果。”《点滴·序》第1—2页,北京大学出版部1920年。

㉒ 周氏兄弟称为“小品”,将童话、寓言亦算在里面。

㉓ 《域外小说集·域外小说集序》。

㉔㉕ 安特来夫《齿痛》译后记,《点滴》第180页,北京大学出版部1920年。

㉖ 《域外小说集·域外小说集序》。

㉗ 《域外小说集》所体现的人道主义与诗化小说追求,在五四以后周氏兄弟的文学活动中得到发扬光大。鲁迅小说开创了中国现代小说象征主义与抒情化的先河,周作人的翻译小说集《点滴》,除了语言是白话以外,审美眼光与选择标准完全与《域外小说集》一致,可视为其姊妹篇。

二○○二年初春于北师大励耘小屋

(《鲁迅研究月刊》2002年第4期)

关于鲁迅的早期论文及改造国民性思想

潘世圣

一、问题的提起

在浩繁的鲁迅研究中,“改造国民性”思想问题已是被千百遍地谈论过的老话题,有关它的论文,从散在的杂志论文到专集专著,大概不会少于数百万字。最近数年,以留日时期的《人之历史》、《科学史教篇》、《文化偏至论》以及《摩罗诗力说》等数篇长文为核心材料,对该问题的阐释和评价更是频频出现,吸引了人们的注意力。我敬佩那些气势恢宏、洒洒洋洋的评说议论,但有时也不免感受到一种令人困惑的倾向,即有一部分研究,似乎有意识或无意识地执着于一种封闭自足的思维结构里,根据理论界研究界的话语概念的变化,不断更新和提升“立人立国思想”“改造国民性思想”的现代性、深刻性、超越性和至今仍无人可比的伟大意义,并且呈现出上不封顶的强劲趋势。像:“鲁迅是位具有人类综合智慧的文学大家。(中略)早在日本留学时期,鲁迅立志弃医从文已开始主体意识的现代化(中略)。鲁迅的立人立国思想却超越了梁启超的文化思想,设计了以‘人’为本位的具有现代意义的立国之策。”[①] “鲁迅正是从对‘中国之情’的洞彻,对‘欧美之实’的深察,舍弃了世纪初一般人追逐西方近代文明以建设本世纪初中国文化的思路,确定了‘非物质’,重精神的文化建设思路。”[②] 鲁迅的“立人思想”“不仅对中国人的自立有着极为重要的现实意义,而且对人类和人类个体的自立也有着普遍的指导意义。因此,鲁迅的‘立人’思想既有着强烈的现实性,同时又具有十分明显的超越性”[③],等等。

对于如此崇高辉煌、令人诧异不已的判定和评价,我们最素朴最直观的感觉,首先是想仔细欣赏支撑这些结论的发现论证过程,知道论者挖掘和使用着哪些材料与根据。遗憾的是,我们有时不能不叹息这一方面的极度贫弱。其实,学术研究,即使是人文科学的学术研究,在其本质上仍与自然科学研究有着重大的相通之处。就是说,对某一具体问题的解决,首先要充分地调查事实,寻找根据,搞清问题本身以及周边相关事实的状态和结构,在通时和共时这两个过程中,确切地回答“它是什么”的问题;这是所谓研究的最基本、最重要的内容和程序。然后,在它与周边诸问题的结构性关系中,即与它得以生成并存在的“场”的关系中,回答“它为什么是这样”的问题。进而,在此基础上,进行慎重的价值判断,断定它在自己的时代、在更长的历史过程中拥有怎样的价值和意义。如果一项研究缺少前两个操作内容和程序的话,最后的所谓价值判断也就无从而来,往往会成为仅仅依存一己的喜恶或感觉的印象与感想。

按照这样的思路,我们觉得目前对鲁迅早期文章以及相关的“改造国民性”思想问题的研究,在基本事实的清理,特别是1907、1908年撰写长篇论文、提出“立人”即“改造国民性”问题时期,鲁迅与他所置身的明治日本的思想文化界乃至与世界思想文化界的关系,还很少扎实的考察,显得缺少论述的必要基础。

本文的目的,就是想对上述问题做一点基础性的考察工作,期望有助于进一步客观地把握青年鲁迅的思想生活的真实状貌;同时或许有利于我们重新反思自己所热心的学术研究的偏向,找回科学研究的真正乐趣。

二、被忽略不计的鲁迅的自述

首先,非常有必要再度确认一下鲁迅提出“改造国民性”问题前后的基本情况。

鲁迅是在21岁时,即1902年,拿到清朝政府的奖学金而来到日本的。他先是进了专为中国留学生设立的弘文学院(性质为补习学校或曰预备学校)速成普通科,学习日语,补习中学的各科课程,以取得报考各类正式学校的资格。经过两年学习，于1904年3月毕业。当时，鲁迅有两种出路，一是考取“高等学校”（实际上即是大学预科），经三年学习后，升入当时仅有的东京帝国大学和京都帝国大学这两所国立大学，或是私立的早稻田大学。不过，晋升大学这条路虽然显赫，但难度比较大，需要的时间也比较长。以医学为例，至少需七年时间。另一条路，就是进入专门学校或高等实业学校，一般为三年，医学为四年。鲁迅呢，最终选择了医学，离开生活了两年半的东京，进入了远在东北地方的仙台医学专门学校。在那里，他只学了一年半左右，就退学回到东京，将学籍挂在一家德语学校，继续领取每月33元的奖学金④，开始搜寻各种书籍，试图办杂志，给留学生办的杂志译书撰写文章，过起无人干涉、自由从事文化·文艺活动的日子来，直到1909年归国为止。从学日语、补习中学课程，到进医专学医，再到退学放弃医学，想去做文人，帮助人们改造精神。综观鲁迅的这七年多，大体上是一介普通留学生的生活。

中国政府历经了1840年鸦片战争、1860年第二次鸦片战争、1883年中法战争、1895年中日甲午战争、1901年辛丑战争及1904年日俄战争，扮演了惨败·赔款·割地·丧权的角色，中国人遭逢了中华民族漫长历史上最悲惨、最无能、最屈辱的时代。人们为自己祖国的命运焦急忧虑，纷纷探讨拯救民族、富国强国的道路，提出了各种各样的方略和设想。可以说，忧国忧民是那个时代所特有的主题和氛围。鲁迅自然也是其中的一人。尽管他在留学生自办的刊物上发表过文章，但如果过分渲染中途退学的医专生鲁迅此时已如何伟大绝伦，提出了既有中国意义，又有全人类意义的惊人思想和救国救民的良策，那就未免有些不着边际了。

鲁迅早期的五篇长文，均是从仙台回到东京后，于1907年、1908年撰写的。关于这些文章，似乎很少有人去研究它们是在怎样的背景和情境下写出来的，这些文本的内容与鲁迅置身的思想文化界的积累与潮流是怎样的关系，它所包含的思想信息哪些是重复性的，哪些是原创性的；我们能看到的，有时只是将这些论文作为鲁迅的独家专利发明创造，寻找最尖端的词汇去无限地阐释它们。

在许多年后，鲁迅本人曾谈起过自己留学时代的文章，现在让我们来仔细地重温一下。

鲁迅曾数次回忆过自己在日本放弃医学后从事文化文学活动的情形,说自己本学矿务,“但我又变计,改而学医,学了两年,又变计,要弄文学了。于是看些文学书,一面翻译,也作些论文,设法在刊物上发表”⑤。关于看外国小说,“小半是自己也爱看,大半则因了搜寻绍介的材料。也看文学史和批评,这是因为想知道作者的为人和思想,以便决定应否绍介给中国。和学问之类,是绝不相干的”⑥。就是说,这一时期鲁迅的文艺活动的中心内容,主要是利用日语这一媒介向人们介绍外国的思想学说和文化文学。

1934 年 12 月,鲁迅为《集外集》作序时,特意说到在弘文学院就学时所写的两篇文章:

> 一篇是“雷锭”的最初的绍介,一篇是斯巴达的尚武精神的描写,但我记得自己那时的化学和历史的程度并没有这样高,所以大概总是从什么地方偷来的,不过后来无论怎么记,也再也记不起它们的老家;而且我那时初学日文,文法并未了然,就急于看书,看书并不很懂,就急于翻译,所以那内容也就可疑得很。(《鲁迅全集》第 7 卷第 4 页)

至于稍后数年所写的几篇论文的情况,1925 年 5 月,在《俄文译本〈阿 Q 正传〉序及著者自叙传略》里,鲁迅说过这样的话:

> 我在留学的时候,只在杂志上登过几篇不好的文章。(《鲁迅全集》第 7 卷第 84 页)

在 1926 年 10 月所作的《〈坟〉题记》中,他又说:

> 那是寄给《河南》的稿子;因为那编辑先生有一种怪脾气,文章要长,愈长,稿费便愈多。所以如《摩罗诗力说》那样,简直是生凑。倘在这几年,大概不至于那么做了。(《鲁迅全集》第 1 卷第 3 页)

可见,鲁迅留日时期文艺活动的重心,是翻译介绍国外的思想文化。他说自己的文章是“偷来”的,是“生凑”,是“不好的文章”等等,并不只是应场的谦虚。他注意当时日本思想文化界所流行的思潮学说,把它们翻译介绍给国人,开始自己的启蒙活动。他早期文章的基本话语范畴明显地带有与传统话语不同的新异色彩,其基本理由实质上在于与明治日本的流行话语(或曰流行于明治日本的欧美话语)的对应性。有关这方面的具体研究,比如日本学者北冈正子的《摩罗诗力说材源考笔记》⑦,精细地考察了鲁迅文章所引用介绍的日文材料,证明了鲁迅的基本问题的框架以及语言概念的使用,都与明治日本文学思潮有着很强的对应关系。

总之,从鲁迅的自述以及他当时的状况来看,他在留日时期的文艺活动、启蒙活动的基本性质范畴还是以翻译介绍为主。即,把中国没有的、先端的思潮、学说"拿来",让更多的人了解,以求有助于中国。从1902年起就与鲁迅一同在日本留学的许寿裳就证实说:"一九〇七年,他二十七岁所作的《文化偏至论》,《摩罗诗力说》等(《坟》),都是怵于当时一般新党思想的浅薄猥贱,不知道个性之当尊,天才之可贵,于是大声疾呼地来匡救,所谓'自觉之声发,每响必中于人心,清晰昭明,不同凡响。'实在是介绍那时欧洲新文艺思潮的第一人。"⑧

三、明治日本的国民性论热潮

众所周知,鲁迅明确地使用"国民性"这一概念,从国民性、国民精神的角度思考改造中国社会的问题,是从来日本留学后开始的。许寿裳回忆说,鲁迅在弘文学院时,课余喜欢看哲学书、文学书,由此关注起国民性问题来⑨。那么,为什么鲁迅选择了"国民性"这一近代性的文化概念,试图按照这一思路去解答改造中国社会的问题呢?

我们认为,这与鲁迅所置身的思想文化环境和时代风潮有着密切的关系,其中,特别是明治日本的国民性论热潮,对鲁迅具有直接的重要意义。有的研究者认为,鲁迅改造国民性思想的来源,在于他读了美国传教士史密斯(Arthur H. Smith 1845—1932)的 *Chinese Characteristics* 的日文译本《支那人气质》(涩江保译,1896 年博文馆出版)[10]。其实,《支那人气质》的出版只是当时频繁议论国民性问题这一大背景下的一个小小的插曲。日本(主要是近代日本)是一个极其热衷议论国民性(民族性)问题的民族。日本研究者承认,从 1868 年的明治维新开始,日本摆脱了长期“锁国”的状态,开始极力接触和吸收西洋文明;维新的结果,日本学习西洋,初步建立起了各种新的制度,整个社会有了长足的进步。于是,日本人的“自我意识”、即作为日本人的自觉开始萌生,讨论“日本人为何”的论著开始大量发表,国民性论的热潮一发而不可收[11],其余脉一直绵绵延续至今。

比如,在明治前期,有一个非常有名的从事思想启蒙的团体,叫“名六社”(1873—1875),其成员均为著名知识分子和政府官员,他们曾针对日本“文明开化”中单纯学习西洋的物质文明、模仿其制度形式的倾向,倡导改变国民的精神的必要性。其中一个叫中村正直(1832—1891)的启蒙学者,早在 1875 年就发表过《关于改造人民的性质》(原题《人民ノ性質を改造スル》)[12]一文,影响颇大。在文中,作者指出:

> 戊辰(即 1868 年——笔者)以来,所谓维新之新在何,可曰去幕府之旧,布王政之新。然政体之维新非人民之维新。政体如盛水之器,则人民如器中之水。水入圆器则为圆,入方器则为方。即便变器物改形状,然水之性质依旧。戊辰以后,容纳人民之器物较以往有所改善,但人民依旧为旧时之人民——具有奴隶根性的人民、媚上骄下的人民、不识字无教养的人民、好酒色的人民、不喜读书的人民、不知天理、不省职分的人民……

他强调,要使如此之人民成为心地善良、品行高尚的民众,只改变政体还远远不够,必须改善人民的性质。“然而怎样改造人民的性质呢?只有两个办法。即艺术和教化。这二者如车之两轮鸟之双翼,相辅相成,导民生于福祉。”

再如,印在日圆一万圆钞票上的著名启蒙思想家、教育家福泽谕吉(1835—1901),在其风靡一世的名著《劝学》(1872 年)中比较日本与西方时,一再提醒人们学习西方文明时,不仅要学习“文明的外形”,更要学习“文明的精神”。他说,与西洋相比,“东洋所欠缺的有两种东西,有形者为数理学,无形者为独立心”。前者是“诉诸外观的”,后者是“存在于内部的精神”,即“文明精神”,“文明的根本在于人民的独立的气力”[13]。在另一部名著《文明论之概略》(1875年)中,也说,“外在的文明易取,内在的文明难求。谋求国家的文明应先难后易”,“首先改革人心,然后是政令,最后是有形的物质”[14]。

以后,主张理解认识国民性的声音一直未断。如1897年,著名评论家、时任风靡全国的综合杂志《太阳》主编的高山敏牛(1871—1902)声称:“国家的真正发达,只能基于国民的自觉心。有了国民的自觉心才能客观地认识民族的特性。”[15]

鲁迅是在中日甲午战争后七年、日俄战争的前两年来到日本的。他在仙台医专就学期间的1905年,日本打败俄国,取得了日俄战争的胜利,于是,国民的民族主义情绪高涨,讨论国民性的言论和文章大量出现,隆盛至极。据笔者的调查,以鲁迅留日前后为界,便可以举出以下一些有代表性的文章论著:

无署名 《关于所谓岛国的根性》(“所谓岛国の根性に就き”),《日本人》三次第141号,1901年6月

浮田和民 《国民的品性》(“国民の品性”),《日本人》三次第140号,1901年6月

樱井熊太郎 《时髦亡国论》(ハイカラ“亡国论”),《日本人》三次第148号,1901年10月

无署名 《岛国根性与海国思想》(“岛国根性と海国思想”),《日本人》三次第159号,1902年3月

浮田和民 《伟大国民的特性》(“伟大なる国民の特性”),《太阳》第8卷第10号,1902年8月

无署名 《日本人的性质》(“日本人の性质”),《日本人》三次第191号,1903年7月

井上圆了 《日本人的短处》(“日本人の短所”),《太阳》第9卷第14号,1903年12月

苦乐道人　《日本国民品性修养论》(“日本国民品性修养论”),明治修养会,1903年12月

渡边国武　《日本国民的能力》(“日本国民の能力”),《太阳》第10卷第1号,1904年1月

千叶江东　《悲观的国民》(“悲观的国民”),《日本人》三次第203号,1904年1月

岛田三郎　《日本人的能力》(“日本国民の能力”),《日本人》三次第414号,1905年7月

泽柳政太郎　《战争与国民精神》(“战争と国民の精神”),《太阳》第11卷第11号,1905年9月

蛐川洁　《日本文明论》,《太阳》第11卷第12号,1905年9月

小山正武　《日本国民的特性=其健全发达的必要》(“日本国民の特性=其健全的发达の必要”),《日本人》三次第424号,1905年12月

贺芳矢一　《国民性十论》,富山书房,1907年12月

从整体上考察明治日本的社会状况后,我们知道,自明治前期开始,国民性·民族性·国民精神已经成为日本思想文化界的重要概念和流行话语,成为启蒙学者的一种普遍的思想装置,形成了普及于整个思想文化界的重要思潮。尽管在经历了甲午战争和日俄战争以后,日本成为战胜国,进入世界一等强国的行列,日本人具有优秀的国民性之类的民族主义情绪有所膨胀,但通观众多的国民性论、日本文化论,通过认识国民的特性,发扬国民的精神,达到强盛国家的目的,已成为一种通行的观念。日本的研究者明确指出,“不仅是物质的进步,精神的改造才是首当其冲的问题这一逻辑观念,在明治日本知识分子中已扎下根”[16]。

虽然由于资料的限制,今天我们基本上已无法确认当时鲁迅具体读过哪些有关国民性的论著,从中摄取了哪些东西。但是,通过周作人的回忆,我们知道鲁迅那时专心于思想启蒙和文艺活动,每天跑书店书摊、搜集书籍杂志,读报读书,直

接感受并接受明治日本的思想文化[17]。也是据周作人留下的记录,我们确切地知道,鲁迅曾看过当时第一大综合杂志《太阳》,曾热衷于阅读刚出版的东京大学教授、著名日本文学研究家贺芳矢一(1867—1927)的《国民性十论》[18]。可以说,留日时期的鲁迅所置身的文化的、精神的、话语的空间,在很大意义上制约着他的思考指向。

还有一点必须要指出,在明治日本,鲁迅不仅接触了"国民性""国民精神"这一话语体系,而且在日本亲身体验,甚至可以说确认了国民性与国家的发展进步的因果图式(这种因果图式能否成立或者能成立多少尚是另一个层次的问题)。我们知道,清末开始的留日热潮,其根本原因在于甲午战争日本一下子打败了大清帝国,并迅速进入世界强国的行列,人们为了寻找和学习日本"成功"的奥秘纷纷来到这东洋岛国。正像周作人在自己的留学体验谈里所说的:

> 那时日本曾经给予我们多大的影响,这共有两件事,一是明治维新,一是日俄战争。当时中国知识阶级最深切的感到本国的危机,第一忧虑的如何救国,可以免于西洋各国的侵略,所以见了日本维新的成功,非常兴奋,见了对俄的胜利,又增加了不少勇气,觉得抵御西洋,保全东亚,不是不可能的事。中国派留学生往日本,其用意差不多就在于此。[19]

大量考察当时的留日学生以及主张变革、倡导富国强民的知识分子的言论,可以发现,那时人们的对日视线,基本上属于正面的、肯定的范畴。人们在思考日本"崛起"的原因时,特别注意到所谓国民性、国民精神的作用。在鲁迅之前,梁启超于"百日维新"失败后,逃往日本,继续从事变法启蒙活动。他曾写过一篇短文,记述自己在日本看到出征士兵的亲人们打着"祈战死"的白幡,为士兵们送行,不禁受到强烈的冲击[20]。显然,梁启超在这情景中,试图理性地寻找明治维新以后日本迅速强盛的精神要素,或曰国民性要素。鲁迅之后,比如大正初年留学日本长达九年的郁达夫,在抗日战争前的1936年写的自传中,谈过这样的感受:

> 日本的文化,虽则缺乏独创性,但她的模仿,却是富有创造的意义的;礼教仿中国,政治法律军事以及教育等设施法德国,生产事业泛效欧美,而以她固有的那种轻生爱国,耐劳持久的国民性做了中心的支柱。根底虽则不深,可枝叶却张得极茂,发明发见等虽则绝无,而进步却来得很快。[21]

有一个现象很值得注意,即在三十年代前有过留日经验的文人,对日本在近代以来的发展大多给予正面评价,甚至是赞赏。而且他们每每将这种发展与日本人的国民性直接联系起来进行思考,形成了国民性→社会的进步发展这样一种认识图式。鲁迅虽然没有正面谈论过这个问题,但综观他一生,可以说也属于上述范畴之中。

总之,在鲁迅留学的明治日本,思想文化界流行着讨论国民性的热潮,在实践的角度上,无论日本人自己,还是中国人,都认为日本人的国民性是造就明治日本发展的很大要因。这一个理论性、一个实践性的时代背景,是我们在探讨鲁迅提出改造国民性问题时必须首先明了的课题。换言之,明确了鲁迅所依存的生活环境和思想文化环境,我们才开始有可能沿着一条合理的路向去接近、去把握鲁迅为什么在这个时候会提出改造国民性的问题。

四、“非物质重精神”之命题的来历

“非物质重精神”是鲁迅改造国民性思想言说中的核心概念之一。许多研究对此表现出极大的兴趣。尤其在八十年代初流行所谓“人的现代化”以后,不少人都把“非物质重精神”当成青年鲁迅无限超越的巨大标志。比如,“鲁迅正是从对‘中国之情’的洞彻,对‘欧美之实’的深察,舍弃了世纪初一般人追逐西方近代文明以建设本世纪中国文化的思路,确定了‘非物质’,重精神的文化建设思路”[22]等评价,几乎到了数不胜数的程度。

不过,笔者在调查和研读资料的过程中,渐渐产生了不敢苟同的感觉。一是,在二十世纪的第一个十年，对中国而言，国家内部正处满清王朝的末期，皇帝政权的腐败无能达到了顶点；国家外部，外国列强在各个方面对中国的干涉和挤压，几成家常便饭，中国的殖民地半殖民地化的程度，愈来愈深。不要说精神、制度，即便在物质这个最基本的层面，中国社会的近代化（或曰现代化）过程几乎等于还没有起步。而近代化＝工业化的实现，其实首先要诉诸“硬件”的指标，再逐渐向精神意识的领域深化。因此，在一个古老的传统农业社会里，非物质重精神的思路，有多少根据，有多少可行性的问题，还需要变换视角，重新考量。二是，要认识清楚鲁迅的主张，还是需要把握鲁迅当时所置身的世界思想文化的潮流。

其实，可以认为，鲁迅在他的《文化偏至论》(1907)里，利用当时日本介绍近代西方思想文化哲学的大量材料，介绍了十九世纪末欧洲新兴的哲学思潮，即尼采哲学以及新康德哲学。鲁迅写到，十九世纪后叶，西方的物质文明高度成熟，于是其弊端也渐渐出现，一切都被物化，人们只顾追求物质利益，尊崇物质文明，而主观的内面精神渐渐被腐蚀，文明的精神在物质的压迫下，气力衰竭，文明出现了危机。那么，尼采也好，新康德派哲学也好，正是为了抗击近代西方文明的堕落而产生的崭新的思想哲学。从本质上说，鲁迅的非物质重精神，是取之尼采，取之新康德派，是向他们发出了赞同、呼应和助威的呐喊。考察西方哲学思想史，尼采哲学彻底否定以基督教为根柢的文明价值体系，呼吁价值的全面转换，期待超人出现，来拯救人类和世界。新康德派以德国为中心，流行于十九世纪七十年代至第一次世界大战前后，其口号是“回到康德”，主张以认识论为基础，确保理想和价值的世界。[23]

明治三四十年代，进化论、社会进化论、康德的主观论哲学，以及新康德派哲学、源于英国的新理想主义哲学都被介绍进日本，流行于思想文化界。许多知识分子不断地批评日本过度追求西方近代物质文明，忽略建设主体性、树立健康的国民精神的问题。比如，1906年，曾留学德国，积极研究并引进介绍德国主观论哲学的井上哲次郎(1855—1944)，就与人共同创办了《东亚之光》杂志，试图矫正当时日本上下弥漫的偏重物质文明的风气。日本的思想文化界介绍流行的哲学思想思潮,应当是开始试图进行思想文化启蒙活动的鲁迅的主要思想来源。

在有限的篇幅里,由于我们无法全盘介绍当时日本思想文化界对欧洲思想哲学的引进和传播情况,我们仅以当时影响最大、发行量最大、最有权威性的综合杂志《太阳》(1895—1928)发表的有关文章为例,进行具体的考察,期间为鲁迅从仙台医专退学的1906年到离开日本回国的1909年。

其一,《太阳》第12卷第2号(1906年2月)刊载了哲学宗教研究者、东京大学教授姉崎正治(1873—1949)的《文明的新纪元(上)》一文。其中有这样的论述:

> 一切文明都是人所做的努力的表征,而人的努力又是其整个理想信仰思想的活动的表现。因而文明的表征或表现为法制政治,或表现为利养厚生之道;但如果深入到其根底,则人心里最深厚的信念情绪、人生的最高远的理想,才是文明的最深最大的原动力。……要观察一国一世的文明,并指导其未来,当然需要考察他的实际的方面;同时,假如不从人心的深处探讨那文明的根底的话,就无法理解这种文明的真髓。
>
> 今天,世界的文明正面临巨大的转机……这文明的转机重要的是从精神方面开始,又朝着精神的方面发展变化。……现在的世界文明、人心的趋向,都面临一场急剧的变化,十九世纪的实利文明已露出破绽,显示着今后将朝另一方向变化的趋势。
>
> 概括地说,十九世纪文明的破绽即物质主义和现实主义的破产,物质主义使人和人互相欺辱,使国与国、阶级与阶级互相争斗……思想界兴起的观念主义(如实证主义或新康德主义)、文艺界陶醉于浪漫主义的理想的甘美,都表明人心的动荡,即人们想追求一种高于(物质)现实的东西。二十世纪的文明正努力从以往的现实主义向理想主义转换,正为找寻前途和道路而烦闷,而战斗。

其二,1908年2、3月,宫崎虎之助于《太阳》第14卷第2、3号发表的《二十世纪的三大思潮》。这篇分两次刊载的文章，把十九世纪到二十世纪之间的世界性的思想哲学思潮概括为三大思潮。即尼采（1844—1900）的个人主义、托尔斯泰（1828—1910）的博爱主义和叔本华（1788—1860）的涅槃主义。其中关于尼采，有如下的介绍：

他渴望天才的出现，为了这样的天才的诞生，一般的民众不得不成为牺牲，这就是人类的目的。在人生中，断无所谓幸福的生活。人类最高的生活是英雄的生活；而英雄的生活就是为了天下万众与巨大的痛苦搏斗、与巨大的困难战斗，就是奋斗的生活。他说，在诡辩派们也想像不到的地方过着最高的生活的人是真正的人；真正的人就是与天地自然合为一体的人，不论他们是思想家还是艺术家；就是提升自己的人格、教导世人的人……

其三，1908年9月，金子筑水在《太阳》第14卷第12期刊载的《个人主义的盛衰》。文章首先谈到个人主义在日本的传播问题：

个人主义无疑是西洋世纪末思潮中最强烈地吸引世人视听的一种倾向。同样，在我国，随着一般的西洋思想的输入，各种意义上的个人主义也或公然或隐然，或在理论的层面或在实际的层面上广泛流布着。

文章的主要课题是探讨十九世纪后期以来的、以尼采等人为代表的“个人主义为何在社会上兴起，其主张有哪些特色，它现在的变化和趋势”。文章认为，19世纪的物质文明使“人类生活机械化”，“剥夺了个人的自由、个人的人格和个人的尊严”，因此“不能称之为真正的文明”。在这个意义上，“西洋世纪末的个人主义是近代文明的特产物”。

文章集中介绍和评介了尼采的个人主义。指出，“他（指尼采——笔者）愤慨于近代生活使得人类日趋凡俗化，愤慨于近代文明日趋挤压我们的人格，对于这种凡俗的倾向，他倡导培养天才和贵人的新道德。针对当代的巧利的倾向，他主张修养人格；针对以往的逆来顺受的奴隶道德，他提倡以强大绝伦的意志力为中心的贵族道德。他把自我的充实和个人的发展视为生活的神髓。他认为,忘记自我充实这一根本,仅仅满足于浅薄的同情慈悲,是我们的堕落。我们首先要为了自我而勇猛地进行自我扩张。这就是尼采的个人主义”。

> 个人主义到了尼采那里,实现了重大的发展。对尼采来说,为了一己的利益而牺牲一切他者的个人主义,并不是真正的个人主义。尼采所梦想的伟大人格不是互相期求怜悯的弱小人格,而是在每个人都具有独立不羁的精神、各自发挥其个性、不互相乞求怜悯、各自保持独立的基础上建立真正的社会或团体的人格。尼采主张人格发展为个人的最高满足,这一点具有为个人主义、为人类倾吐万丈光焰的气概。

可以说,在当时,无论是在近代物质文明的本家欧美,还是在时时紧跟欧美的日本,尼采的个人主义风靡一世,批判十九世纪末期高度成熟的物质文明所衍生出来的实利主义、物质主义和平等主义,呼吁被物质挤压而衰弱的主体精神世界和理想世界,已成为一股强有力的、新的思想思潮。身在日本的鲁迅,积极地感应这新的时代思潮,把它作为一种新的思想武器,想用它解决中国的问题。这一方面体现了某种前沿性,即传达了在西方高度工业化国家的社会现实中出现的问题以及人们的思索;同时也必然存在与中国社会的实际状态不甚吻合的方面。换言之,高度发达的西方工业化社会的焦虑与以传统农业为中心、尚未开始近代工业化过程的中国,存在着太大的差距。西方和日本已到了物质文明烂熟的时期,而我们还是正欲起步的阶段。西方要“非物质”,不悖情理;而我们“非物质”,则似乎有些过于超前。即便是在二十一世纪的今天,中国人民还在为小康而奋斗,还不到要“非物质”的程度。况且,物质与精神本不是互不相容的对立关系,不一定非此即彼。正是在这里,笔者对青年鲁迅高唱的非物质重精神略有某种“违和感”。

五、同时代留学生与“国民性”“立人”及“物质与精神”的问题

假如老老实实地回到“原生态”的历史中,我们马上会发现,本来的历史与被叙述的历史之间有时会有天壤之别。所以,对于被叙述的历史,必须时时抱着怀疑的态度,去好好地审视它,以免被蹩脚的叙述者所欺蒙。通过以上的考察,可以认为,改造国民性也好,立人也好,非物质重精神也好,均是稍早些时候西欧或日本思想文化界的流行风潮。鲁迅的介绍和见解实有所本。因此,在考虑鲁迅的时候,如果不去考察鲁迅与他周边世界的联系,脱离在历史过程中判断鲁迅的研究意识,一味孤立地、肆意地解释鲁迅文本,把它当成鲁迅的个人发明,结果很可能使得自己的研究丧失学术研究的通用性格,无法在研究的层面上与周边,特别是与文化背景不同的人沟通,进行有效的对话。

通过考察我们发现,本文所讨论的几个命题,其实不仅是鲁迅的关心所在,也是留日学生普遍关心的问题。可以设想,为数众多的留学生同处明治日本的思想文化空间,感受着共同的时代气氛,共同面临着祖国日益衰颓的危机,因而自然地要去探讨如何使祖国富强的课题。在这里,我们着重看看 1903 年由浙江籍留日学生编辑出版的综合月刊《浙江潮》。是年鲁迅刚来日本,正在弘文学院读书,也曾在该杂志发表翻译和介绍性的文章。

1903 年 1 月,《浙江潮》创刊,在第 1 期的《发刊词》中,开宗明义地宣明杂志的宗旨,曰:“近顷,各报章其善者类能输入文明,为我国放一层光彩,虽然国立于世界上,必有其特别之故以为建国之原质,有万不能杂引他国以为比例者,本志负杂志之资格,其搜罗不得不广然,必处处着眼于此焉”(句点为笔者所加)。杂志在国内有多处代销处,不仅面向留学生,更面向国内读者,宣传介绍国外的思想学说事物动态,进行文化启蒙。

第 1 期、第 3 期和第 8 期分三次发表了题为《国魂》的长篇社论,提出“一民族而能立国于世界,则必有一物焉”,此“一物”即是“国魂”。作者介绍了日本

人松村介石(1859—1939)在其《欧族四大灵魂论》中所指出的欧美人的国民特性的四大特征:“冒险魂”、“宗教魂”、“武士魂”和“平民魂”。社论讨论了如何树立“国魂”的问题,曰“其一曰察世界之大势。其二曰察世界今日之关系于中国者奚若。其三曰察中国今日内部之大势”。社论认为中国人的根本缺点之一是丧失了“民族的自觉心”,而“自觉心者立国之源泉也”,作者所说的“自觉心”,不外乎认清我们自己的处境和现状,勿昏迷不醒自欺欺人,呼吁国人改造守旧、不思进取的根性,重塑国民的灵魂。此文虽然在概念的使用和行文上有些含糊不清的地方,但认为国民的根本精神是国家民族的改革进步和发展的决定性因素的思路,与当时日本思想文化界的风潮是对应着的。而后来鲁迅的文章从本质上说,也可以划属同类。

另一方面,当时,在留学生中,已有人对于改造国民性、树立国民精神为立国之本的意见提出不同的看法。《浙江潮》第8期(1903.8)署名“飞生”的《近时二大学说之评论》,对梁启超的以改造国民精神为中心的“新民说”和主张三权分立的立宪政体的“立宪说”进行了评述。论者说:“新民氏之言曰,苟有新民何患无新制度新政府新国家。而问其若何而可得新民。”他认为,国民的性质是在漫长的历史过程中,受地理、历史、遗传等诸种因素而形成的,因此也不是一朝一夕就可以改变的。所以先改造国民性,再达到改造社会的目的未必是一个现实合理的选择。他说,“自理论上言,则有新民固何患无新政府;而自事实上言,则必有新政府,而后可得新民”。

关于物质与精神的问题,除了“非物质重精神”的主张以外,《浙江潮》第6期(1903.6)署名“大陆之民”的《最近三世纪大势变迁史》(续第三期)指出,尽管19世纪的物质文明带来了不少弊端,“然吾不敢以其弱点而反对之。物质进步者人间之要素也。苟无是进步,则世界亦终此野蛮而已。要能以社会的精神的进步与物质的进步并行不悖斯可矣。然则利用物质进步之途如何,是极广阔伟大范围内之问题也”。

可见,在鲁迅留学日本时期,无论是日本的思想文化界,还是关心着祖国的未来前途的留学生们,都十分关注“国民性”、“物质进步”与“精神”、“理想”这些问题,他们的认识和讨论已经相当具体和深入,即使从我们今天的认识水平来看,也有不少启人深省的方面。因此,当我们瞩目鲁迅、褒扬鲁迅的时候,我们首先需要考察鲁迅的时代的状况;我们不能忘记鲁迅,同时也不能埋没一切为中国的进步、为人类的进步付出过努力和艰辛的人们——尽管他们选择了各种各样的方法方式。只有这样,我们才可能公平理性地面对历史,才能真正地理解鲁迅。

六、写在后面

通过以上的资料调查和几个方面的研究,我们可以明确地看到,青年鲁迅的改造国民性思想问题,其实与近代西方、明治日本、他的先辈思想家如梁启超以及与他同时代的留日学生们有着多样的联系,鲁迅的思想很大程度上反映着他的时代、他的周边世界的精神倾向。我们今后的课题已不应该只是孤立地厮守鲁迅文本,从中发掘“微言大义”,寻找与我们今天或明天的思考热点相对应的话语,单纯地赞美鲁迅。“六经注我”诚然有气概,但不应走向随意性;评论家尽可以指点江山,激扬宏论,严词批判或热忱褒扬,但研究者的基本使命似乎还应该是兢兢业业地“我注六经”,以科学实证的态度去研究“是什么”和“为什么”的问题。

回到本文的论题,我们则应当更加深入详细地在当时的思想文化的演进构筑的过程中,具体考察鲁迅是如何介绍新的思潮、新的学说,是怎样取舍和理解既有的思想文化材料,他的独特之处究竟在哪里,用充分的扎实的证据来科学地证明我们的判断或假设,做出恰当的结论。

我们敬重鲁迅,特别是他的抗拒虚伪的诚实品格,唯其如此,我们才必须用率直诚实和科学的态度方法去研究他,去还原一个真实的鲁迅。

[附记] 文中所引日文资料,均系笔者根据日文原文直接译出。欢迎方家批评指正。

1999年秋初稿,2001年3月再稿　于日本福冈

注 释

① 朱德发:《文学现代化首在创作主体意识现代化——重读鲁迅其人其文之一》,《鲁迅研究月刊》2000年第5期。

② ㉒ 李德尧:《鲁迅早期重精神思想之再剖析》,《鲁迅研究月刊》1998年第12期。

③ 李金涛:《鲁迅“立人”思想的现实性与超越性》,《鲁迅研究月刊》1998年第8期。

④ 有文章说当时鲁迅的经济状况十分拮据,生活清苦等等,实际上,经调查有关资料我们知道,当时中国的元与日本的圆的比价为1∶1;也就是说在当时的日本,鲁迅每月可领到33圆(1圆=100钱;1钱=10厘)。那么,同一时期的日本人的收入怎样呢?以所谓“初任给”(意为刚就职时的月工资)为例,银行职员是35圆,上级公务员为40圆;小学教员10—13圆,巡查(警察)12圆。物价方面,比如:牛肉罐头25钱,牛奶200毫升3钱9厘,砂糖1公斤26钱,大型词典2圆,面包片400克10钱,烧酒1.8升大瓶36钱,订购报纸一份45钱,香烟一盒5钱等等。因此,一般地看,每月33圆钱足以维持一个人一般水平的生活。参见“日本の物价と风俗130年のうつη变わり——明治元年——平成7年——”([日本]文教政策研究会编集· 发行、1996年12月)等。

⑤ 《自传》,《鲁迅全集》第7卷第84页。

⑥ 《我怎么做起小说来》,《鲁迅全集》第4卷第511页。

⑦ 日文原题“摩罗诗力说材源考ト一ヌ”,1972年10月至1995年8月分24次连载于《野草》(《日本》中国文艺研究会主办)。

⑧ 许寿裳:《我所认识的鲁迅》,人民文学出版社1952年4月第2版第1页。

⑨ 许寿裳:《亡友鲁迅印象记》,人民文学出版社1955年9月,第20页。

⑩ 近来,有不少鲁迅研究的文章都引述冯骥才《鲁迅的功与“过”》(《收获》2000年第2期)中所谓鲁迅的改造国民性思想系来源于西方传教士的说法,其实这一问题在更早些时候,已经有人明确地提出来,并非冯骥才先生的独出心裁。参见张梦阳《译后评析》(张梦阳、王丽娟译《中国人气质》,敦煌文艺出版社1996年第2版)、刘禾《国民性理论质疑》(刘禾《语际书写》,香港天地图书1997年)等。

⑪ 参见南博《日本人论——从明治到今天》(原题“日本人论——明治から今日にまで”),岩波书店,1995年1月。

⑫ 《名六杂志》第30号,1875年2月。

⑬⑭ 引自石田雄编《近代日本思想大系 2 · 福泽谕吉集》，筑摩书房 1975 年 2 月。

⑮ 高山敏牛：《赞日本主义》(原题“日本主义を赞す”)，《太阳》第 3 卷第 13 号。

⑯ 山本七平、大滨彻也：《近代日本的虚像与实像》(原题“近代日本の虚像と实像”)，同成社，1995 年 8 月，第 57 页。

⑰ 参见周作人《鲁迅的故家》(上海出版公司 1953 年第 2 版)第 356、358、370、378、388、390 页；《留学的回忆》(见周作人《药堂杂文》等)。

⑱ 参见周作人《鲁迅的青年时代》，中国青年出版社 1957 年 12 月。

贺芳矢一当时高居东京大学教授之位，影响很大。他曾两度赴德国留学，将德国的文献学方法引进日本文学的研究中，奠定了日本古典文学研究的基础。他从国民精神史的角度研究日本文学，因而特别关注日本人的国民精神(即国民性)问题。他于 1907 年出版的《国民性十论》将日本人的国民性特质归纳为以下十点：

1. 忠君爱国；2. 尊崇祖先，重视家名；3. 现世实际；4. 爱草木，喜自然；5. 乐天洒乐；6. 淡泊潇洒；7. 纤丽纤巧；8. 清净洁白；9. 知礼懂节；10. 温和宽恕。

参见《日本名人事典 · 改订新版》(三省堂，1992 年 12 月)第 980 页；南博著《日本人论——从明治到今天》(岩波书店，1995 年 1 月)第 46—47 页。

⑲ 周作人：《留学的回忆》，周作人《药堂杂文》。

⑳ 梁启超：《自由书(一) · 祈战死》，《清议报》第 32 册，1899 年 11 月。

㉑ 郁达夫：《雪夜——自传之一章》，《郁达夫文集》第 4 卷第 92 页，三联书店 · 花城出版社。

㉓ 参见［日］栗田贤三等编《岩波哲学小词典》，岩波书店 1996 年 1 月版第 116、174 页。

(《鲁迅研究月刊》2002 年第 9 期)

鲁迅前期翻译的归化策略

李 寄

归化与异化是当下翻译研究首要的一对关键词。关于归化与异化,德国阐释派哲学家施莱格尔马赫在《论不同的翻译策略》中有过形象的阐释:“只有两种翻译策略。要么译者尽可能不打扰作者,让读者趋进作者。要么尽可能不打扰读者,让作者趋进读者。”[①]所谓“不打扰读者”,指把外国文本、外国文化归化于目的语文化价值体系。归化策略背后的意识形态是民族中心主义。所谓“不打扰作者”,指把外国文本、外国文化以本真的面目输入,对目的语文化价值体系施加压力。

在近现代中国的文化语境中,归化与异化的策略是如何体现的呢?笔者认为,归化的策略便是异域文化的中国化;具体而言,即是异域文化的儒家化、道家化、释家化、法家化等等。异化策略主要体现为各种现代启蒙文化思潮——人造主义、个性主义、人类主义等等在中国原汁原味的输入。晚清民初之际,中国翻译文学的主流策略是归化。留日前期的鲁迅裹挟于归化的时代主潮之中。在他的前期译文中,域外文学文化儒家化、道家化乃至法家化的痕迹相当显著。释家文化的影像倒不甚分明,或许是因为年轻的鲁迅正做着浪漫主义的美梦,尚未“看破红尘”。

对鲁迅前期翻译归化策略的解析有助于我们认识青年鲁迅的文化心态。他的译作显示当时的鲁迅基本上是一个文化保守主义者,深深浸淫于中国传统文化之中。长期以来,因为种种原因,人们对此认识不足,重视不够,青年鲁迅因此成为鲁迅研究的薄弱环节之一。

一、鲁迅前期翻译的儒家化影像

鲁迅多次说过,孔孟的书他读得最早最熟,却似乎与自己不相关。在意识层或许如此,但在潜意识层,儒家文化早已深深浸入了他的精神结构和思维机制,这在他前期的翻译中不经意地体现出来。

"仁"是儒家文化的核心理念之一。"仁者爱人"的中国传统士子的情怀在鲁迅最初的译作《哀尘》中彰显出来。《哀尘》是一个相当稚拙的短篇,两个部分互不联属,主题龃龉不和。短篇第一部分写嚣俄赴席拉覃夫人晚宴,与同席的球歌特将军争辩。令人不胜惊诧的是这位殖民的将军对屠杀土著深感忏悔,而嚣俄倒高唱"殖民有功,屠戮有理"的论调。这等不仁的议论委实相当"异化"。晚宴后嚣俄回家走到大街上。时值隆冬,天空中飘着大雪。一衣着华美的少年以雪球投掷一贫贱女子。两人扭打在一起,后巡警至,只抓女子却不追究恶少的责任。不幸的女子在警署啼哭喊冤。嚣俄起初对是否应为那名女子作证有些犹豫,在决意作证后,巡警又不相信。只有在嚣俄亮出自己的身份后,不幸的女子才有了得救的希望。这个短篇虽然充斥着"嚣俄"、"席拉覃夫人"、"辣斐的街"等西洋名词,但是小说后半部分却更像是一部中国传统小说——贫贱女子落难,读书人出手相救。它更多地反映了译者中国传统士子"悲天悯人"的仁爱情怀,小说中的嚣俄自始至终是一个旁观者,一个居高临下的同情者和施惠者。《哀尘》的儒家化解读从不幸女子的反应和叙事者的反应亦可见出。小说终篇之时,"此女子欢喜与感激交见于面",不住地说:"此绅士如何之善人乎!渠如何之善人乎!"面对不幸者的感激涕零,嚣俄的反应是得意且冷冷的:"是等不幸之女子,待以亲切不仅惊感而已,待以正理亦然。"诚如周作人所言,对女人及小儿的态度往往可见一个人的实相,此中可见年轻时代雨果的文化心态,亦可见青年译者的文化心态。

译者归化的策略还可以从译者附言中见出。译者对小说主人公"转辗苦痛于社会之陷阱”的遭遇寄予同情，进而慨叹“嗟社会之陷阱兮！莽莽尘球，亚欧同慨，滔滔逝水，来日方长！”[②]与林纾在译文序跋中对欧亚文化的“见同”倾向如出一辙。在西方文化、文学中两位译者见到的不是与目的语文化不同的异质文化因子，而是借以证实目的语文化合法性的同质文化因子。晚清翻译文化与五四为代表的现代翻译文化的根本差异即在于此。后者在西方文化、文学中更多地注目于与中国传统文化异质的文化因子，并进而汲取过来以改造中国传统文化，建构中国现代文化。

“忠”是儒家文化的另一个核心理念。儒家伦理意义的“忠”与现代意义的爱国主义应严格区分开。在近代，“忠”常常曲折地表现为朴素的家国情怀和狭隘的民族主义情绪。而现代意义上的爱国主义是以世界主义为背景，对生于斯长于斯的故土和人民深沉的爱，具体的表现却很可能是对故土和人民无情的解剖和严厉的批判。鲁迅和周作人回首留日时期，曾经笼统地说他们其时倡导的是民族主义。实际上，细读他们留日时期的作品，笔者觉得有必要对留日前后期做个切割。留日前期，周氏兄弟信奉的“民族主义”内涵相当驳杂：它以儒家的“家国情怀”为基质，掺和了现代的狭隘民族主义，其中甚至不无日本军国主义、德国国家主义等极端的民族情绪；而留日后期他们则崇信世界主义背景下的爱国主义。留日前期以《斯巴达之魂》为代表，留日后期以《域外小说集》的《四日》为代表。

《斯巴达之魂》分为前后两部分。第一部分叙述了波斯大军大举入侵希腊。斯巴达王黎河尼佗率领三百市民，与数千同盟军一起，扼守温泉门。敌军由间道至。斯巴达将士殊死作战，全军牺牲。这一部分推想据史实为主。第二部分“掇其逸事”，很可能更多是鲁迅个人的笔墨。[③]在斯巴达战士之中，有两位武士因为目疾未与此战。其中一个人听说了温泉门之战，偕一仆赴战场，以身殉国。另一位武士则在夏夜半阑之时回到家乡，叩门请入。少妇埃烈娜以丈夫“二三其死”为耻，伏剑自杀。死谏之下，其夫复归战场，英勇就义。因为一位倾慕埃烈娜的男子，他们的故事广为传扬。

除了可能底本的尚武的慷慨激昂外,《斯巴达之魂》更多地杂糅了《左传》所述的春秋侠客故事和中国传统文化中的烈女故事。鲁迅客居的日本的武士道精神亦隐现其中。除了主导性的儒家的“家国情怀”外,我们还能清晰地见出法家的苛严。埃烈娜的丈夫并不是故意怯阵,他是患了目疾才下战场的。宽容地说,他算不上是“逃兵”,可以解读为回后方休养,伤愈后可以更好地重返战场。其妻埃烈娜的反应却过激得如此不近人情——她逼死了患病的深爱自己的丈夫,以至译者觉得在此不能不略作交代和解说:“读者得勿疑非人情乎?然斯巴达固尔尔也。”④鲁迅说过自己中了“韩非的毒”,“时而很峻急”⑤,《斯巴达之魂》可作鲁迅这一自我解剖的注解。

真理向前跨出一步即是谬误。民族主义向前跨出一步即可以蜕变为国家主义、军国主义。鲁迅后来对狭隘的民族主义保持了高度的警惕,被人诬蔑为汉奸亦在所不恤。明确指出鲁迅曾经掉入狭隘的民族主义的泥淖,我们才能更好地认识鲁迅作为有世界主义视野的爱国主义者的伟大。在鲁迅的译作中,有《斯巴达之魂》作对照文本,人们才能更好地理解《域外小说集》中的《四日》、《一个青年的梦》、《医生》、《农夫》、《波兰姑娘》等反战、反狭隘民族主义的作品。

华夷之辨是中国狭隘的民族主义思想的另一个表现形式。“老中国的儿女”不仅对域外人士严守华夷之防,亦抱歧视的态度——“夷人”的位置大致与“鬼”、“兽”、“鸟”等同。有时连域内其他地区的人民都可以成为歧视的对象。笔者不无遗憾地发现,在鲁迅留日前期科技文本的编译中,年轻的鲁迅基本上未越“华夷之辨”的雷池。在《中国地质略论》第六结论处,鲁迅用了一个相当形象的说法描写了“白祸”的可怕——“黄神啸吟,白眚舞蹈”⑥,把西方发达国家称为“白祸”,与西方帝国主义将中国人称为“黄祸”在五十、百步之间。“乡人相见,可以理喻,非若异族,横目为仇……”⑦则几乎是赤裸裸的“非我族类,其心必异”思想的表白了。对于域外人士,鲁迅还沿用传统的说法,将他们统称为“戎”、“胡”。

鲁迅进而把科学考察和政治意图直接挂上了钩:

> 中国者,中国人之中国。可容外族之研究,不容外族之探捡;可容外族之赞叹,不容外族之觊觎者也。然彼不惮重茧,入吾内地。狼顾而鹰睨,将胡为者?诗曰:“子有钟鼓,弗鼓弗考,宛其死矣,他人是保。”则未来之圣主人,以将惠临,先稽帐目,夫何怪焉。左举诸子,皆最著名。其他幻形旅人,变相侦探,更不知其几许。虽曰跋涉山川,探索秘密,世界学人,皆尔尔矣;然吾知之,恒为毛戴血涌,吾不知何祥也。[8]

激越的话语固然澎湃着青春的激情,然而狭隘而朴素的民族主义思想跃然纸上。在《中国地质略论》,为了激励越人抗侮抵外,青年鲁迅写道:

> 吾尝预测将来,窃为吾渐惧,若在北方,则无瞢耳。彼等既饱尝外人枪刃之风味,淫掠之德政,不敢不慑伏谄媚,以博未来之圣主欢,夺最爱之妻女,犹不敢怨,更何有于毫无爱想之片土哉!若吾浙则不然,台处衢严诸府,教士说法,犹酿巨菑。况忽见碧瞳皙面之异种人,指挥经营,丁丁然日凿吾土,必有一种不能思议之感想,浮游于脑,而惊,而惧,而愤,挥槌而起,莳刈之以为快。[9]

在同一篇译作中鲁迅还把已高度汉化的满族人称为“胡”人。据此说留日前期的鲁迅信奉民族主义、汉族主义甚至“浙江地方主义”,似不为过。

二、鲁迅前期翻译的道家化影像

晚清翻译小说有两大类:探险小说和科学小说。前者的代表是英人哈葛德,后者的代表是法人凡尔纳。然而,仔细研读这两派翻译小说,不难发现,二者是二而一的关系;换句话说,科学小说有探险小说化的倾向——即凡尔纳哈葛德化的趋向。科学小说这个招牌挂起来较为好看,可以与开启民智联系起来——科学小说的译序跋多半如是声言。但仔细检视,许多的科学小说与政治小说一样,有挂羊头卖狗肉之嫌。凡尔纳等西方科幻作家的作品汉译时,其中的科学内容常常消失得无影无踪，借科学小说传播西方先进的科学往往成了一句空话。究其原因，大致不出以下两端。大多数科学小说从日文转译，日本"豪杰译"的译者率先对其中的科学知识删节过半，中国译者为了迎合读者的审美习惯，又往往痛加删削。最后，科学小说残剩多少科学知识可想而知。有删削必有补缀。笔者发现西方的探险小说和科学小说常常被晚清的译者们作道家化的阐释，以迎合读者的审美和经验期待。留日前期的鲁迅同样不能置身在科学小说道家化的潮流之外。

如果说《月界旅行》尚能较忠实地传译原作的科学知识，道家化的痕迹尚不明显，称之为科学小说还名副其实的话，那么《地底旅行》与其说是一部科学小说，不如说更像一部中国道家风味小说。《地底旅行》叙述德意志博物学家列曼偕同其侄亚篱士，前往衣兰岬岛的斯捺勿黎山探险的故事。他们在向导梗斯的帮助下，从最高峰斯恺忒列山巅的火山口进入，往地底探险。三人在地洞里摸索前行，险象环生，后遇汪洋大海，遂乘木筏漂流海上，一路惊见盲鱼古兽，怪火奇景。后堕入滚烫如油的旋涡，抵达地心。小说以历尽千辛万苦探险之后，探险家回返故乡告终。

中国传统道家风味的小说特质之一是入深山，游海外，求道求仙，历遍山中或海外奇景奇人，目睹奇兽怪鸟，遭遇奇事，历经险状。不难发现，《地底旅行》除了游历的目的以科学探险取代求道求仙，入地穴取代入深山外，中国道家风味小说中固有的要素在《地底旅行》中大都具备，而原作的科学成分——如复杂的计算、地质学的专门知识等，几乎被淘汰殆尽。例如原作第十五、十六节，[10]凡尔纳刻意穿插了大段科学知识，而在译作第四回，译者以"亚蓠士至此，始将物理及测地学之原则，参照所见，获益甚多"[11]粗粗几笔敷衍带过。中日译者在与读者共谋中"谋杀"了原作！[12]《地底旅行》，鲁迅没有译完，翻译文体极为杂乱，未经修饰的文本反倒更能显现译者真实的心态。

中国传统道家风味小说的另一个要素是桃花源的发现，其地常常风景奇特，民风淳朴。《地底旅行》中，中国式的桃花源历历在目：

无论积雪暴风，危岩峻坂，都无畏怖。三人两骑，如离弦的箭一般，蹴

> 衰草,逾薮泽,沿寂寞之海岸,入阴郁之森林,渐与叫怀黎吉留的寺院相近。驰驱终日,大觉疲劳。然衣兰岬地方,与欧洲大都不同,每逢六七月间,则杲杲皎乌,终夜不没。故虽近午后七时,仍如白昼。惟烈风砭骨,渐觉肌肤生粟而已。少时,抵一古村,向民家借了宿。村中民情淳朴,古道犹存。款客者虽无非蔬食菜羹,而其意却十分周挚。小儿绕膝,驯不避人。女子行觞,嫣然劝客。亚蒿士睹此情景,疑入桃源,欢喜无量。叹道:"文明之欧洲,此风坠地久矣!"翌日,列曼报以金,拒不受。三人遂殷勤道谢,策马趱行。[13]

这一段与陶渊明的《桃花源记》不仅形似,而且神似。可见译者对道家文化浸淫之深。鲁迅说过:"中国根柢全在道教。"[14]如此大胆放言,除了他的理性认知外,一定有他个人的人生体验在内。鲁迅的前期翻译为此提供了实证的支持。

晚清至五四,中国近现代翻译文学经历了归化到异化的演变。译者鲁迅是翻译策略演变至关重要的人物。1908年至1909年,鲁迅及周作人翻译的《域外小说集》全面体现了异化的翻译策略,是归化向异化转折的界碑。本文着力揭示鲁迅前期翻译的归化策略和保守的文化心态,无意做鲁迅研究的翻案文章,更无意借标新立异而哗众取宠。本文把青年鲁迅放在较低的历史平台,以便更好见出鲁迅日后文化观念的巨大飞跃。另一方面我们尝试借鲁迅前期的译作(这是青年鲁迅的主要笔墨)探视青年鲁迅的文化心态,借以建构较为合乎情理的青年鲁迅的想象:其时鲁迅仅在国内受过基础的西学启蒙,负笈日本不久,他还没有建构自己独立的文化观念,只能步趋当时主流的属于文化保守主义的文化观念,即"中学为体,西学为用"的洋务派文化观以及"开启民智"以"新民"的维新派的文化观。毕竟,天才出世的第一声啼哭应该不会格外得嘹亮悦耳!

注 释

① 转引自 Lefevere, Andre. *Translation/History/Culture*: *A Sourcebook*. New York and London: Routledge, 1992: 149.

② 鲁迅:《鲁迅佚文全集》(刘运峰编),群言出版社 2001 年版,第 665 页。

③ 据许寿裳回忆,鲁迅在约稿后,隔了一天便缴来了《斯巴达之魂》。但是《斯巴达之魂》在《浙江潮》上载第 5 期和第 9 期。笔者推想隔一天缴过来的有可能是以翻译为主的前半部分,时隔较久缴来的才是《斯巴达之魂》的第二部分,这主要是鲁迅个人的笔墨,因此登在了第 9 期。鲁迅行笔再快,也不至于一天之间写作近万字。

④ 鲁迅:《鲁迅全集》第 7 卷,人民文学出版社 1981 年版,第 5 页。

⑤ 鲁迅:《鲁迅全集》第 1 卷,人民文学出版社 1981 年版,第 285 页。

⑥⑦⑧⑨ 鲁迅:《鲁迅全集》第 8 卷,人民文学出版社 1981 年版,第 16 页,第 17 页,第 4 页,第 17 页。

⑩ 儒尔·凡尔纳:《地心游记》,陈伟译,译林出版社 2003 年版,第 74—83 页。

⑪ 鲁迅:《鲁迅全集》第 4 卷,新疆人民出版社 1995 年版,第 595 页。

⑫ 据卜立德考证,日语译者既然附上了自己的科学专论,于是索性把原文中大部分解说删除,使这本小说变成了不折不扣的历险故事。鲁迅的中译也依样画葫芦,把日语译本中大量有关科学的解说略去(参见《凡尔纳、科幻小说及其他》,载王宏志编《翻译与创作——中国近代翻译小说论》,北京大学出版社 2000 年版,第 134 页)。需要略作补充的是,鲁迅连日译者的“科学专论”尽数删去,“动的手术”比日译更大!

⑬ 鲁迅:《鲁迅全集》第 4 卷,新疆人民出版社 1995 年版,第 593 页。

⑭ 鲁迅:《致许寿裳》,载陈平原编《二十世纪中国小说资料》第 2 卷,北京大学出版社 1997 年版,第 58 页。

(《文艺争鸣》2007 年第 7 期)

第五辑

鲁迅小说的音乐式分析

张箭飞

小说的音乐化是现代小说努力的一个方向。这个努力起始于福楼拜，经由瓦格纳的理论催化和象征主义运动的推动，到了 20 世纪，已经繁育出一个庞大的音乐小说的世系。所有被认定具有音乐性的小说基本上都有旋律分析的可能性，并遵循一定的音乐技巧，而任何一种音乐技巧都派生于节奏。

节奏和旋律是紧密联系在一起的："在节奏之外，任何一个旋律都是不存在的。"[①]这就意味着，节奏作为诗歌的最原始的结构因素，是小说音乐化的先决条件。

节奏是某种形式的重复。所有重复都是三种基本方式的演化——对比、对称和序列。在诗性作品中（包括诗化小说），重复像磁铁一样把分散的词语、意象吸引在一起，没有重复，诗行就像水位仪似的随波漂去——套用施塔格尔的话来说，诗歌也就失去了它的音乐性。

一首诗乃至一部音乐，就是各种各样的重复关系的综合。重复带来了统一中的变化、变化中的统一，形成一种能被我们感知的节奏和旋律结构直至主题的呼应、意象的回合、思想的对话和情调的和声。正是通过节奏和谐的伸展，作品才获得精致而复杂的声音结构和形式。

在诗化小说中，节奏的作用是："通过起伏不定的美感令读者心中充满惊奇、新颖和希望。"

鲁迅的节奏方式

重复是节奏（和音乐）的本质。为了把诗性节奏赋予小说，素来以行文简洁凝练而著称的鲁迅,却不吝重复。重复体现在语言聚合的各种级层上,从细小处的重复(如关键词、意象、内心情态)到事件、场景、人物方面重复。他有自己偏爱的字词、意象、修饰语和叙述程序,它们不仅屡屡出现在同一篇小说,而且常常移植到其他的小说,像“无聊”,“空虚”字词、狭路相逢的情节、看客围观的场面,“死一样寂静”的背景、“黑色人”的意象等。

昆德拉说:“如果重复一个词,那是因为这个词重要,因为要让人在一个段落、一页的空间里,感受到它的音质和它的意义。”② 的确,关键词的重复总是形成了一种类似音乐中的“主题动机”的东西,并通过繁复多样的、意味深长的反复而扩延为更大的节奏单位。同理,意象的重复则带来了“不同感觉之间的对应”,按照查德威克的解释,不同感觉之间的对应“相当于一个作曲家调动管弦乐队的种种不同乐器”。通过意象的重复,诗更接近音乐。

不少研究者都注意到了鲁迅的关键词系列和主导意象。在小说的音乐化过程中,这些关键词或主导意象担负着“基础动机”、“主音”、“主题乐思”、“基调”等功能。事实上,除了重复关键词和意象外,鲁迅重复更复杂的语言结构。如《孔乙己》中掌柜的话翻来覆去就是那么一句:“孔乙己还欠十九个钱呢!”而《长明灯》里的“疯子”则把“我放火”说来说去。此外,补天的女娲也是反复地追问:“那是怎么一回事呢。”这种重复犹如诗中的叠句,是天然而然的歌吟。

总之,他的小说中,各种各样的重复俯拾即是。重复建立了文本整体统一的联系,文本内部的从属的关系乃至作品之间的互文关系——实际上,这也是现代小说大师们的经典方式。密集性的重复总是能够产生出强烈的抒情效果,多样化的节奏型式和起伏有致的旋律结构。

纷繁的重复衍生出丰富的韵部、韵式和旋律。为了详尽地说明这一点,我们从《孤独者》中选取了魏连殳写给叙述者“我”的一封信。

魏连殳的信比较全面地展示了鲁迅的节奏技巧:“强调句子的平衡,强调押韵、强调长短句式的有规律的变化……喜欢排比、对仗和类似风格的对照。”③

其实，这也是一种“经常在中国古典诗歌中发现的性质”[④]。重复与变化，长句与短句、对照与相似之间的张力形成了顿挫分明的节奏，朗朗上口的旋律和感人至深的力量，声音和意义的完美结合烘托出了一个孤独者的愤怒与自嘲错综而生的傲慢、悲伤、负疚，玩世不恭、绝望等种种微妙的心态。

1. 重复

我们注意到，在这封信中，排比、排偶、对偶的句法，紧缩式或扩延式的重复构成了节奏的主要骨架，形成具有韵律价值的头韵、尾韵、迭句、句中韵、交叉韵、抱韵等。

我称你什么呢？我空着。你自己愿意称什么，你自己添上罢。我都可以的。

（不完全排偶、头韵、抱韵）

别后共得三信，没有复。这原因很简单：我连买邮票的钱也没有。（偶韵）

你或者愿意知道我的消息，现在简直告诉你罢：我失败了。先前，我自以为是失败者，现在知道那并不，现在才真是失败了。先前，还有人愿意我活几天，我自己也还想活几天的时候，活不下去；现在，大可以无须了，然而要活下去……

（排偶、围绕某个关键词：“失败”；“活下去”稍作变化地重复：头韵、迭句）

快活极了，舒服极了；我已经躬行我先前所憎恶，所反对的一切，拒斥我先前所崇仰，所主张的一切，我已经真的失败了，——然而我胜利了。

（对偶、排比、对照，尾韵、交韵。在这一句里，标点符号也被转化为节奏，形成一个意味深长的节奏断裂）

你以为我发了疯么？你以为我成了英雄或伟人了么？（排比、头韵、尾韵）

现在已是深夜，吐了两口血，使我清醒起来。（尾韵、三行体）

你大约还记得我旧时的客厅罢，我们在城中初见和将别时候的客厅。现在我还用着这客厅。这里有新的馈赠，新的颂扬，新的钻营，新的磕头和打拱，新的打牌和猜拳，新的冷眼和恶心，新的失眠和吐血……

（伸展式重复：围绕“客厅”一词伸展，排比；尾韵：迭句、排韵、句中韵）

你前信说你教书很不如意。你愿意也做顾问么?可以告诉我,我给你办。其实是做门房也不妨,一样地有新的宾客和新的馈赠,新的颂扬……

(紧缩式重复:把上一节的排比段紧缩为“新的宾客和新的馈赠,新的颂扬……”尾韵、省略的迭句)

总观鲁迅的小说,我们发觉他非常喜欢使用内包头韵、尾韵乃至迭句的混合韵部(和韵式),以至于这方面的实例俯拾即是:

你们可以改了,从真心改起!要晓得将来容不得吃人的人,活在世上。你们要不改,自己也会被吃尽。即使生得多,也会给真的人除灭了,同猎人打完狼子一样!——同虫子一样! 《狂人日记》

……我憎恶那不像子君鞋声的穿布底鞋的长班的儿子,我憎恶那太像子君鞋声的常穿着新皮鞋的邻院的搽雪花膏的小东西!

莫非她翻了车么?莫非她被电车撞伤了么?…… 《伤逝》

我一向认识你的父亲,也如一向认识你一样。但我要报仇,却并不为此。聪明的孩子,告诉你罢。你还不知道么,我怎么地善于报仇。你的就是我的;他也就是我。我的灵魂上是有这么多的,人我所加的伤,我已经憎恨了我自己! 《铸剑》

某种程度上,第一人称叙述的小说是广义的头韵小说。在这类小说中,作为叙述者的“我”是一切叙述程序的启动装置,大部分的句子(如果不是全部的话)绕不开“我”这个起头字词。鲁迅的诗化小说,几乎都是第一人称叙述的小说。《狂人日记》和《伤逝》是头韵叙述的最佳范例。即使不是第一人称的小说里,以“我”起头的叙事也频频出现,如《铸剑》。有趣的是,乔伊斯也对头韵情有独钟。他喜欢用 f 与 s 这两个头韵音重复出现,以至于它们已经成为“意识流的头韵传统”(弗里德曼语)。

头韵通常具有强大的冲刷力,为抒情冲刷出宽广的通道,尾韵使叙事和上了诗歌的韵辙,而迭句,作为一种更严格的尾韵,则是音乐的“标准化的构成成分(尾韵是音律的互相模仿,迭句则是逐字、逐句,乃至逐段的重复——当然也允许一些不

重要的变化,如改动个别的字词、扩延、紧缩等)”。例如:

“申飞……

“我称你什么呢?我空着。你自己愿意称什么,你自己添上罢。我都可以的。

“申飞……

“你将以为我是什么东西呢,你自己定就是,我都可以的。”

此外,魏连殳还在信中反复地说(或稍加改动地说):“然而现在是没有了,连这一个也没有了”,“然而要活下去”,“请你忘记我罢”等。它们犹如音乐中的副歌萦绕不去,正是这些重复使意义得到深耕细作。

在诗化小说中,迭句或作为对比性的插入句(episodic),或作为强调性的回旋,或作为副歌,把作品“从内部缝合起来”(福斯特语)。

鲁迅是善用迭句的高手。许多著名的迭句已经成为中国现代小说的“绝唱”:《狂人日记》中,“似乎怕我,似乎想害我”和“凡事须得研究,才会明白”等句一再出现,它们构成一对主题旋律交错鸣响——刻画出狂人心中两股意识的旋流(被迫害的意识和反思意识)互相渗合;在《明天》和《孔乙己》中的迭句(“东方已经发白;不一会,窗缝里透进银白色的曙光”和“店内外充满了快活的空气”)担负着划分叙事结构的功能——这种建立在反复基础上的循环导致沉闷和乏味,暗示出被叙述者的生存状况的单调性质;在《补天》中,女娲的“那是怎么一回事”问话屡被重复,多达三遍,但每次的内涵都有所变化。女娲造人当初只是游戏之作,殊不料,那些泥巴捏弄或泥浆摔出来的人竟然那么好惹麻烦,女娲不明白他们争执的原因,更无法裁决他们的是非:创造者释读不了自己的作品,只好发问:“那是怎么一回事呢?”这个叠句听起来引起我们滑稽的联想,也使我们“对声音相近的词之不同义感到惊奇”。如果说,凡伊德七重奏的一个乐句让普氏的叙述者浮想联翩,那么《补天》中的这个迭句同样能把我们“从一个发现引向另一个发现”。

当然,最著名的迭句恐怕要算九斤老太的“口头禅”了:“这真是一代不如一代”,这是惊人的单调,也是惊人的丰富:一个迭句比任何一本专著还要丰富地显示了我们这个民族特有的“思想和结构的运动的象征”(埃迪塔语),一直备受批评家的推崇。

鲁迅的诗化小说中,容量最大的迭句,或副歌——准确地说,要算祥林嫂的“阿毛的故事”和《铸剑》中黑衣人宴之敖和眉间尺吟唱的歌谣了。前一个几乎一字不改地被复述过两次,这还不包括那些省略掉的次数。多次的重复使阿毛的故事变成了祥林嫂个人的话语标记,唯一的话语标记;而后者则经过变形(加花、改字、加插)被重复了三次。如果说祥林嫂的重复反映了一种贫乏,由精神上的贫乏带来的叙述意义的贫乏的话,那么,黑衣人们的歌唱则增强了叙述的恐怖、神秘的效果——它宛如丧歌一样不绝于耳:

我用一头颅兮而无万丈。

爱一头颅兮血乎呜呼!

血乎呜呼兮呜呼阿呼,

阿呼呜呼呜呼呜呼!

鉴于迭句所具有的自然而丰富的音乐性,许多西方诗化小说家也非常喜欢使用迭句,以至于它成为康拉德诸人的经典技法。康拉德《青春》中,“哦,青春啊!青春的力量,青春的信念,青春的幻想啊!”反复鸣响,既伴随着倒霉的“朱迪埃”号的航程,又标出马洛的情感路线。在此,迭句成为该小说的结构语法。它建构小说整体的布局,协调部分与部分之间,部分与整体之间的关系,同时又使它们互相支援、互相补充,谐和成一个美学的统一体。

上述例句表明:重复往往形成规律性的节奏。但是规律并不意味着封闭。我们注意到,它们是有些变化的重复,主要表现为扩延和紧缩。变化是持续中的断裂,模式中的意外,凝固中的流动。变化激发节奏的活力,形成广义的韵律。用音乐行话形容,它们是有些变化的复奏。复奏具有勾起读者回忆的力量,增强抒情的力度。由于诗歌语言的凝练性,极小变化都会产生明显的效果。有时候,变化也许打乱了预期的韵脚,但却给诗行带来了“新颖”的感觉和意义的运动。

2. **对比**

魏连殳的信整体中还隐含着另一种重复。在这里面，有各种各样的呼应和对比关系。魏连殳叙述了自己的人生变化——从失败（活不下去）到胜利（“好了”）。这个过程犹如一节上行旋律：“新的宾客，新的馈赠，新的颂扬……”但是，就像他自己剖析的那样，这种变化同时意味着精神的下降行程，以至于他在信尾发出微弱（也许是嘶哑）的呼吁：“请你忘记我罢。……但是现在忘记我罢。”魏连殳的内心冲突具体地展开为一段意义互相抵触的自白，逆向进行的旋律（巴赫金把这种话语方式称之为“复调”）。如果我们把他的信置于一个更大的节奏结构（作品整体）中去，我们将发现更多形式的呼应和对比。信中所说的“现在的客厅”与当初的客厅构成一组对比关系。现在的客厅热闹如同一个嘈杂、喧闹的社交中心，而当初的客厅则像“冬天的公园”，然而，还有一个“客厅”。那就是举行魏连殳的葬礼的客厅。鲁迅把魏连殳的人生三个阶段都聚拢（并置）在“客厅”这个场景意象里，这个客厅作为一个“幼芽似的主题”在各种差异、对应的关系中抽出意义的新枝。因此，对于作品整体来说，魏连殳的信是一个具有鲜明对比风格的插入段，既与他以前的落魄形成对比，也与叙述者“我”的寂寞、困厄的现状（“关起门来躲着”）形成对比。此外，还有一处微妙的呼应——“我”在寂静的雪夜收到魏连殳的信，而他恰好在信中问：“我这里下大雪了。你那里怎样？”一条预先铺设的暗线使两处的大雪结成一组思念和回答的旋律。当“我”正在另一个地方回忆魏连殳的往事，并悬猜他“我还得活几天”的原因时，魏连殳的信恰好送达，回答了“我”的问题。

从这封信里，看出鲁迅的重复方式主要表现为：在鲁迅小说中，重复表现为显性重复（包括排比、对偶、同义扩延、缩减、音韵呼应、穿插等以及由它们构成的头韵、尾韵、叠韵、交叉韵、迭句等外在韵律）和隐性重复（包括对比、省略、并置、变形、发展以及由它们构成的内在韵律）——确切地说，隐性重复意味着最广义上的反复、再现以及重现，最隐蔽的呼应、最微妙的对比，形成广义的韵律。需要特别指出的是，隐性的重复里往往内包着显性的重复，从而使稍稍走开的诗行,又以某种方式保持和原来旋律结构的联系。

鲁迅的旋律结构

如我们所知,重复、变化和对比是重复三种基本手法。在诗化小说中,按照对比原则展开的各种程度的变化以及变化之间的内在联系总能产生更复杂、更有表现力的节奏单位:旋律结构。一个旋律结构经过“各种可能次序相结合”而产生一个更大的音乐结构,最终形成交响乐式的复合结构,从而使叙述逼近音乐。

旋律是音乐的灵魂。按照昆德拉的说法,旋律一般属于简单结构,适应于一个明显和简单的形式。这位作曲家出身的小说家就在自己的小说中把一章界化为一个旋律。具体到鲁迅的小说,我们认为,所谓一个简单的旋律结构就是数个短句(乐句)融合成的一个片段(乐段)。鲁迅是节奏对位艺术的大师。他的小说中许多章节和段落隐隐约约地契合变奏、赋格段、回旋曲、复调等旋律结构。

(1) 变奏(variation)

所谓变奏,就是始终围绕一个素材(可能是一个中心乐思,也可能是一个节奏原型)而变化。例如:

……他越想越奇,又感到一件异样的事——这屋子忽然太静了。他站起身,点上灯火,屋子越显得静。他昏昏的走去关上门,回来坐在床沿上,纺车静静的立在地上。他定一定神,四面一看,更觉得坐立不得,屋子不但太静,而且也太空了。太大的屋子包围着他,太空的东西四面压着他,叫他喘气不得。 《明天》

叙述围绕“寂静”这个中心意象,一个短小的“记忆主题”,递进发展,展示寂静的多种内涵和单四嫂子感觉下滑过程:她感到今天家里与平时不同。单四嫂子日复一日地重复着同样的事情,她早已经被“凝固”在某些机械性的动作上了,但是儿子的死带来了变化:家里的气氛比平日更加寂静。对于这种寂静的性质,她无力想清楚,所以她的寂静就具体化为一种“空荡荡的感觉”,与不安、沉闷、难过有关:叫他喘气不得。在我们读来,这种空荡荡的感觉就是绝望。

……忽然，他流下泪来，接着就失声，立刻又变成长嚎，像一匹受伤的狼，当深夜在旷野中嗥叫，惨伤里加杂着愤怒和悲哀。 《孤独者》

围绕着“哭”这个基础动机作连续级进，哭逐渐强化为哭出声来、长嚎，直至令人生畏的“狼的嗥叫”，通过具有显著特征的“愤怒和悲哀”建立了魏连殳和“受伤的狼”的类比关系。

一个变奏式的乐段，也许没有明显的反复，但在乐思和情调上结为一个连续的整体。在这个整体中，由一个关键词或意象，相当于一个基调(key note)，统一着彼此的关系，例如：《狂人日记》的旋律结构就是一种自由式的变奏曲：一个短句“我想”是全曲的基础乐思，由它裂变、繁衍、扩延出丰富的主题旋律群——“今天没有月光，我知道不妙”。“我明白了。这是他们娘老子教的。”“想起来，我从头顶直冷到脚跟。”“凡事须得研究，才会明白”……“形成一股人们称之为‘富有旋律的激流’，最终出现反衬和迭句对照相遇的结果”(瓦雷里语)。

总之，变奏就是采用了迂回、插入、延长、收缩等形式，把一个关键词或一个意象的内涵发展为一个乐段，乃至一个具有更高的内在关系的复合结构。

(2) 赋格段式(fugue)

赋格是用对位法写成的一个“较扩展的单位”或作品部分，它引申于一个叫做主句的(subject)主题。一首赋格曲或一个赋格段通常包括三个部分：现示部、发展部和结束部——结束部一般都会回到现示部分主题上去。在这个内部，一系列乐段都采用多种多样的模仿的手法强化和丰富主题——例如：

新的生路(主句)还很多，我必须跨出去(相对主句)，因为我还活着。但是我不知道怎样跨出那第一步。有时，仿佛看见那生路就像一条灰白的长蛇(主句移位，修饰性的扩延，建立联想)，自己蜿蜒地向我奔来，我等着，等着(主句的答句)，看看临近，但忽然便消失在黑暗里了(主句的延续)。(现示部，主句和答句相继进入，主句宣叙完毕)

初春的夜，还是那么长(新的主题素材插入)。长久的枯坐中记起上午在街头所见的葬式，前面是纸人纸马，后面是唱歌一般的哭声(又一个新的主题，连续不断扩延，将得到结束部的呼应)。我现在已经知道了他们的聪明了，这是多么轻松简截的事。

然而子君的葬式却在我的眼前,是独自负着虚空的重担,在灰白的长路上前行,而又即刻消失在周围的严威和冷眼里了。

……

发展部引入了新的素材:葬式、鬼魂、地狱、悔恨、宽恕等,但在它们与主句和相对主句之间有着逻辑上的延伸和对比关系。所谓“新的生路”只不过像一条来去悠忽的蛇,轮廓朦胧,险不可测。在涓生的“鼓励”下,子君向着这条“灰白的长路”走去,即刻间被它诱入“严威和冷眼”的绝境,消失在“黑暗里”,也就是没有墓碑的坟墓——“孽风怒吼”的地狱。被悔恨和悲哀所折磨,涓生想追随着这条“灰白的长路”到子君所在的地狱里去。在这里,涓生的愿望是对相对主句“我必须跨出去”的一个答句:向“新的生路”跨出的第一步就是“当面说出我的悔恨和悲哀,祈求她的宽恕”。

但是这更虚空于新的生路;现在所有的只是初春的夜,竟还是那么长(对主句的对比性的发展和发展部分的主题的严格模仿)。我活着,我总得向着新的生路跨出去,那第一步,——却不过是写下我的悔恨和悲哀,为子君,为自己(引申于主句和相对主句的倒转性扩延,也是一个对相对主句的应答,主句和答句彼此靠近,二者相叠)……

我要向着新的生路跨进第一步去,我要将真实深深地藏在心的创伤中,默默的前行,用遗忘和说谎做我的前导(继续扩展答句,强化了主句的涵义)。

这是《伤逝》的尾声,从形式上来看,它近乎一个严格的小赋格段。“新的生路”和“向着新的生路跨出去”构成一对相辅相成的主题。整个尾声就围绕着这对主题展开多种变化:或是严格的重复,或是修饰性的扩延,或是强调性的伸展,或是引进新的发展素材,或是数种变化的综合。无论何种形式的变化,都表现出密集、交错的倾向,给人的感觉是:节奏彼此追赶,互相靠近。主句和答句在时间上密集结合,情调上彼此应和,产生出逐渐紧张的节奏效果——这也是赋格的本质特点。所谓fugue,意为“追逐”,“遁走”。我们简直可以听出疾行如蛇的节奏,听出涓生的心海翻滚的声音。作者在变化中扩充主句的意义,在重复中完成节奏的循环、情调的回合和思想的对话。几次变化化为盘旋上升的旋律,反映出涓生情感活动的激烈和复杂的程度。

再例如,《长明灯》中的疯子和村人之间的交锋一段就凸显出赋格的ABA旋律轮廓,始于“他还如平常一样……”终于“但他似乎并不留心别的事情只闪烁着狂热的眼光,在地上,在空中,在人身上,迅速地搜查仿佛想要寻找火种”。

在这个大旋律段落里,对“疯子”的眼光的描写分别构成了现示部和结尾段:它们具有呼应的关系;而展开部分则围绕着“熄灯”这个简短的主题发展出一对彼此较量扭结的旋律线。疯子的“我吹熄(长明灯)”引导出一个主句,村人的“吹不熄”则形成一个答句步步跟进。随着重复的间隔越来越短,节奏越来越紧张,我们甚至能“听出”主句和答句在掷来掷去,每次既是重复,又是带着更高的声调重新返回。在主句和答句之间有着织体清晰的插部——疯子的眼光、面部表情,村人大有深意的笑容和小孩子的反应。

……

他两眼更发出闪闪的光来,钉一般看定阔亭的眼,使阔亭的眼光赶紧辟易了。

“你吹?”他嘲笑似的微笑,但接着坚定地说:“不能!不要你们,我自己去熄,此刻去熄!”

……

“我不回去!我要吹熄它!”

“不成!你没法开!”

“……”

“你没法开!”

“那么就用别的法子来。”他转脸向他们一瞥,沉静地说。

“哼,看你有什么别的法。”

“……”

“看你有什么别的法!”

“我放火。”

“什么?”阔亭疑心自己没有听清楚。

“我放火!”

沉默像一声清磬,摇曳着尾声,周围的活物都在其中凝结了。……

显然,在对主题做了密集式的对位陈述之后,展开部分收束于一个充满回响的和弦。

(3) 回旋(ronda)

回旋就是在一个乐章之内或较大的旋律结构内部,主题旋律一次一次地重复出现,“在每次反复之间插入对比的素材加以分割”[⑤]。根据这个特征衡量,魏连殳的信中就有一个简短而动人的回旋曲片段:

你看,有一个愿意我活几天的(主题旋律),那力量就这么大。然而现在是没有了,连这一个也没有了(由主题导出,和结尾部分的原形重复构成一对完整的迭句)。同时,我自己也觉得不配活下去;别人呢?也不配的同时(对主题的对比性的演绎),我自己又觉得偏要为不愿意我活下去的人们而活下去;好在愿意我好好活下去的已经没有了,再也没有谁痛心(对主题的变化性重复)。使这样的人痛心,我是不愿意的(新的主题素材跟进,但与主题密切联系)。然而是现在没有了,连这一个也没有了。

在音乐中,回旋曲常常是与“迭句”的概念联系在一起的。在例句里,关键词“活下去”相当于一个主题旋律,它间隔地重返和复现。扩延的和紧缩的迭句有规律地插入产生出循环往复的节奏美感并带来意想不到的涵义上的变化。

所有回旋构思的结构原则的基础是“交替”(该丘斯语),因此,它也很容易转化为文学手段。实际上,“交替”本来就是诗歌节奏的一种本能:在我们惯说的几个形容节奏的成语“抑扬顿挫”、“起伏跌宕”等就隐含着最朴素的回旋原则:对比性的声音因素交替出现。也因此,在鲁迅诗化小说中,我们到处都能发现这类旋律结构。例如,七斤嫂数落丈夫的那段话。再例如《示众》。它的发展部分就掺用了回旋曲手法来扩展、深化“看”这一个旋律素材。犯人“白背心”经过马路,搅动了街头睡意沉沉的寂静,引来一圈圈的看客。各种各样的看客们传递“看”的动作,同时“看”反弹到自己的身上,甚至于连位于被看的中心的“白背心”也“看”了起来,成为自己的局外人,看客们的看客。“看”一次一次地重复出现,构成了一个“无穷动”的节奏音型。这一圈圈的看就形成了旋律的循环。胖孩子的几次吆喝:“热的包子咧!刚出屉的……”和新挤进来的看客——相当于一种对比的插入句，给一直在扩延的环形旋律冲开了一道缺口，然而旋律的缺口又很快合拢。叙述以 ababa 进行，因而具有回旋曲的性质。

(4) 复调(polyphony)

纯粹音乐意义上的复调，即把旋律叠加起来，使人“同时听到两个或两个以上的旋律，”[⑥]移用到小说中，则是使话语“表示两个或两个以上对立意义的对话”[⑦]的方式。以巴赫金的复调小说理论观照现代诗化小说，它们中的许多都具有明显的复调叙述的特征。如我们已在前面提及，诗化小说家的一个艺术上的野心就是挣脱传统小说那种线性叙述的局限，而小说中线性叙述实际上等同于“复调的对立面：单线结构”。

昆德拉认为，小说从其历史的开初就企图逃避单线性。若以此衡量，鲁迅的诗化小说基本上都是具有复调性。事实上，鲁迅惯有的反讽的叙述策略使他本能地把写作带入复调叙述的语境。我们已经讨论过的旋律结构几乎都可列为复调式叙述的范围。无论是作为节奏范例的魏连殳的信还是其他的例句都有复调分析的可能性。实际上，在解析旋律结构的过程中，我们已经涉及小说的复调用法的实质。例如，在《示众》中的那段“看”的回旋曲，在谐谑性质的旋律之中，还有另一个阴郁的情调与它相对立，并与之争衡，以至于笑声异化为眼泪，最沉痛的眼泪。这就是《示众》无法在类似于《鸭的喜剧》的活泼荡漾的旋律之上，构拟类似的喜剧统一感。在一个缺乏狂欢精神的国度，一出无聊的看，麻木的看就是民众的节日。那个老妈子的叫声：“阿、阿，看呀！多么好看哪！……”更加突出了悲剧效果。

再来看另外两个例子。

我就邀他同坐，但他似乎略略踌躕之后，方才坐下来。我起先很以为奇，接着便有些悲伤，而且不快了。细看他相貌，也还是乱蓬蓬的须发；苍白的长方脸，然而衰瘦了。精神很沉静，或者却是颓唐；又浓又黑的眉毛底下的眼睛也失去了精采，但当他缓缓的四顾的时候，却对废园忽地闪出我在学校时代常常看见的射人的光来。

《在酒楼上》

“我是天天盼望着他好起来，”四爷在暂时静穆之后，这才缓缓地说，“可是他总不好。也不是不好，是他自己不要好。无法可想，就照这一位所说似的关起来，免得害人，出他父亲的丑，也许倒反好，倒是对得起他的父亲……。” 《长明灯》

第一个例子描写的是一对旧友邂逅酒楼的场景。这段话语的复调隐藏在一组对比性陈述句内：“精神很沉静，或者却是颓唐；又浓又黑的眉毛底下的眼睛也失去了精彩，但当他缓缓的四顾的时候，却对废园忽地闪出我在学校时代常常看见的射人的光来。”几个转折副词构成了可以辨认的旋律叠加关系。字面上的否定意味和某种精神上的认同感，“作为共鸣而又互不融合或绝对矛盾的东西”[8]被巧妙地并置在同一空间，尤其是他的眼神更是强化了这种关系。对着废园（梅花）闪出的“射人的光”说明了他的颓唐的外表下还跳动着一颗清醒着的心，从这颗心里将流出最沉痛的自我谴责（同时，在这个句子里隐藏着一个省略的重复和呼应：吕纬甫像叙述者一样看见了废园梅花：“赫赫的在雪中明得如火，愤怒而且傲慢，如蔑视游人的甘心于远行。”意象的重复取得了一种前后参照，从而使两个朋友结成对唱的关系）。在论述普鲁斯特的语言世界时，塔迪埃说：“在身体的伴奏中，眼光所泄露的含义最为丰富。……普鲁斯特人物的眼光仿佛是赫拉克里特笔下的代尔夫的阿波罗：既不说是，也不说否，只是作一点表示，这便是未知的内在性的标记……”[9]同样，鲁迅不作任何心理分析，只是通过眼光的暗示，就“足以使读者猜到人物的本质”[10]。

第二个例子是城府很深的四爷的一段话。他的侄子“疯子”一直呼吁要熄掉“长明灯”，因此引起全屯人的恐慌。他们来和疯子的亲叔商量对付这个“公害”。为了诱导众人的思路朝着对自己有利的方向推进，四爷有意识地对自己的话语进行模棱两可的处理。他的道貌岸然的表情配合着他的缓缓的语调似乎给人一种悲天悯人的印象。但是，在这个节奏之下流动着一股阴森森的杀气，而且是从容不迫的杀气：他给自己谋夺侄子的房产制造了一个“不得不如此”的借口，并为自己预留下了一个道德上的掩体——他围绕着“好”这个关键词兜圈子，于是，描述疯子的健康状态的一个词语“不好”被转化成一个判决词：他的侄子有罪，理应受到惩罚。作为一个鲁四老爷一流的人物，他伪善之极却自我感觉良好。在这段话里，堂皇的理由和阴暗的动机叠加在一段迭句般的旋律之内，那些现场听众只听见了他的感情抒发，而我们这些读者却觉察出“那随之而来的谎言”（塔迪埃语）。在这里，“声音更富有含义”[11]。

需要说明的是，上述三个例句与巴赫金界定的复调用法并不完全吻合。在他看来，复调是塑造主人公复杂、矛盾的自我意识的“艺术主导因素”。不过，即使按照这个标准，鲁迅的诗化小说还是有不少巴赫金谓之的那种严格的复调范例。一般来说，他的第一人称叙述的小说，尤其是叙述者兼任主人公的小说，如《狂人日记》、《伤逝》，都称得上纯粹意义的复调小说。这两篇小说充分地展示了“主人公意识独立、对话性的艺术特点”（张杰语）。

复调的魅力之一就在于：它把额外的意义留给读者。读者需要根据上下文来判断话中之话，还需要调动自己的想象力。因此，对于试图以简洁凝练的方式驾驭复杂的现代经验的小说家来说，它就成为可资借鉴的一种手段。黑塞就说假若他是音乐家，他能毫无困难地写出一支两部曲，其中的两行音调和声响会互为补充，互相争斗，互相决定并互相呼应，它们时时刻刻息息相关，密不可分地相辅相成地联系在一起。但任何懂得音乐的人又都能看出和听出每一个独立的音符，以及那个与它对立并互补的音符，即它的兄弟、敌人和对立物。他想用词句表达的正是这两部曲，这种对偶式的过程，这种双重路线。[12]

从世界文学史来看，任何杰作都具有复调性质。只不过，现代诗化小说更加有意识地突出这一点。非常自然，我们在鲁迅小说中能够读到大量的复调式的叙述，它们借助于“双重手段表现，并趋向于双重结构”（谢林语）。因此，“一篇有形的、具体的本文”总是包含一篇或多篇“表达丰富的下本文”[13]。

上述分析显示出重复不仅是鲁迅行文的特征，而且已经成为有效节奏手段。如我们观察到的那样，他的重复是在重复中夹带着渐次的不同，他的变化又是在变化中趋向同一。重复和变化互相映衬，互相交织，形成节奏的活力和“音乐的‘一’”（斯塔格尔语）。

节奏和意义

奥·帕斯说:“没有任何一种其他文学门类,声音与含义的联系像诗歌那么密切,这是诗歌与其他文学形式的区别之所在,是其本质的特征”。——这就意味着:节奏是意义存在的方式:一方面发展加强着诗歌的内在意义;另一方面则引导读者深刻理解诗歌的内容。

实际上,在前面的节奏分析过程中,我们总是面临着一个难题,就是无法把声响形式从意义中剥离出来。这也正好说明,节奏和意义是一个不可分解的统一体。在前面,出于一种清晰的需要,我们把注意力主要集中在节奏的感性层面;现在我们则要在语音—意义的层面上重新获得节奏的完整性。

关于节奏的理性内容,学界历来纷纭不一。不过,在各执一论的论者之间,却有一个基本的共识:节奏是情感步态的摹写。庞德就说:“我崇尚‘绝对韵律’,就是诗中的韵律要完全符合所表达的感情或感情色彩。诗人的节奏必须具有阐释性……”⑭韦勒克表达了相近的观点:“没有一首具有‘音乐性’的诗歌不具有意义或至少是感情色调的某种一般概念。”⑮

所以,我们有理由说,所谓诗歌,其实也就是有节奏的情感表达。在情感起伏跌宕,刚柔相济之间自有一种和谐的律动。情感运动千姿百态,节奏的模式亦随之繁复多变。诗的节奏模式是情感形态的模拟和隐喻。爱、恨、恐惧、希望、忧郁、欢乐,每一种情绪都有与之适应的节奏语汇。因此选择节奏模式是作家的基本手法之一。节奏模式将影响他对文字的选择,对句型的选择,进而影响着一首诗的整个意义。毫不奇怪,有些诗化作家在创作时,甚至会像席勒一样,把声音的因素优先考虑。例如,俄罗斯象征主义作家别雷就声称:“……收集素材的创作意图产生的主题声音,主题声音产生的第一个形象,表面情节的子实——对我来说是狭义上的艺术定型的最初的因素。……我深信‘声音’至高无上,这是我三十年来逐渐成熟的经验……”⑯

虽然，鲁迅不会像别雷那样明确说明自己是个“为了把音乐主题转变为文学情节而寻找歌词的作曲家”，但是，在他的小说中，节奏模式决定作品叙述倾向，是“存在于整体中的全部联系”（马拉美语）。

节奏模式的一个主要表现就是速度（tempo），这也是人的耳朵最容易感觉得到的一种声音组合的品质。因此，所谓的节奏模式主要显化为速度模式。在音乐中，作曲家在乐谱上标上符号，诸如 adagio（慢慢的、从容的）、vivace（活泼的、生动的）等，告诉演奏家应当用什么样的速度演奏他的作品，实际上，也就是指示演奏家用什么样的情感风格解释作品的内涵。一定的速度总是拟构或暗示出一定性质的感情。

一般来说，速度也具有双重性质，因此，同一速度的节奏可能（同时）引起肯定性和否定性的情感联想。通常，缓慢系列的节奏产生出恬静、柔情、感伤或单调、沉闷、低落、阴暗的印象，快速系列的节奏总是与激动不安的情绪有关，如愤怒、恐惧、狂喜等。所以，节奏均匀、起伏微弱、旋律线条悠长的《格里高利圣咏》具有一种催眠的效果——假如说，宗教是一种麻醉剂的话，《格里高利圣咏》之类的作品倒真的能“鼓舞脆弱的心灵进入虔诚的状态”（圣奥古斯丁语）；反之，吉普赛人的音乐以令人眩晕的高速著称，这种速度是他们奔放、热情、叛逆的浪漫气质的经典注释。

诗化小说家中，除了个别作家外，一般是通过句型和句子的长度来展示叙述活动的快慢程度。著名的普鲁斯特“缓慢的节奏”具体展开为“层层叠叠、曲曲折折、枝蔓丛生”的长句子。一个句子时常长达十余行，有时，他甚至几页都不分段。作为他的一个对照，海明威以节奏快捷而闻名，他喜欢使用电报式的经济、省略的短句。前者的节奏宛如高度精密的减速装置能把瞬间的意识放慢到一种“读者难以忍受的程度”（郑克鲁语），而海明威的简捷的节奏能像动力加速器一样迅速把行动带入白热化的状态。

同样，在鲁迅的诗化小说里，我们也能看到速度和表情（一个音乐术语，相当于“感情的表现”）的密切关系。鲁迅非常熟悉节奏的情感品质以及速度的情绪振幅。他总是能使节奏速度符合他所要表现的内容,“表现每一种不同感情的力量”(奎克尔贝格语)。从急板(presto)一样的《狂人日记》到广板(largo)一样的《伤逝》:从活泼、轻快的(vivace)《社戏》到行板(andante)似《铸剑》……鲁迅为每一篇小说都找到了它的搏动方式。

例如,在《狂人日记》里,他通过对句法的严格控制取得一种奔逃、纵跳般的节奏感,贴切地吻合了狂人由妄想症带来的那种动荡不已的心态。我们注意到:在所有小说中,《狂人日记》有着最多的惊叹号——它们听起来就像一记记心跳的重音,这是一颗高速旋转的心脏发出的声音:

但是我有勇气,他们便越想吃我,沾光这一点勇气。老头子跨出门,走不多远,便低声对大哥说道,“赶紧吃罢!”大哥点点头。原来也有你!这一件大发现,虽似意外,也在意中:合伙吃我的人,便是我哥哥!

吃人的是我哥哥!

我是吃人的人的兄弟!

我自己被人吃了,可仍然是吃人的人的兄弟!

与之形成对比的是《伤逝》的叙述速度。整体而言,《伤逝》表现出一种错综复杂的伤悼、悔恨情感。为此,在这里,素来喜好简短句型的鲁迅特意把句子拉长,拉弯,减缓甚至堵塞语流的速度——通过对某些关键词或短语展开重复和插入大量的转折副词。例如开首的一段,近乎500字的篇幅仅由9个完整句构成。缓慢迁徐的节奏产生出曼声哀吟的效果而具有“歌”的性质。

总之:鲁迅的节奏能模仿思维的动态模式,或模拟出叙述者及被叙述对象的情绪状态。

1. 慢节奏与意义

在鲁迅看来,“死一般寂静”的意象构成了国民生存状态的普遍背景。生活的节奏是以生—死为一个节奏单位的。在这个漫长的阶段,“他们也都没有什么大改变,单是老了些”。一切都是在慢性自杀的速度进行的,以浑噩不觉的方式进行。单调、无聊、麻木是华老栓、单四嫂子、酒店小伙计等人的日常状态的写照。能使一潭死水溅起微澜的就是死亡和严重程度不亚于死亡的剪辫子、疯子放火这样的事情。

于是,九斤老太的口头禅就成了《风波》中的节拍单位。在她千篇一律的抱怨声中,一家人和乡邻们的日子就着永远没有变化的食物渗漏掉了。对此,李广田做过精辟的分析:

……而整个小说所表现的也就是新旧交替时代中落后乡村人民的意识,这就是这小说的主题,这也就是这小说的整个“情调”之所托。贯穿于整个作品,用以把握并表现这种情调的,是九斤老太,是九斤老太的“我已经活够了”,“真是一代不如一代!”九斤老太一再用了这类话出现——大概将近十次之多吧,——这是很显然的,作了全文情调的节奏。没有这些重复的节奏,文章的主题与情调,是一样可以表现的,但有了这些节奏,那情调就表现得更强,就更容易为读者所感到,这正如一片水,在水上没有层层涌进的波纹时候,人们就几乎忘记那是一片水,或只以为那是一片死水,而文字中的这种用以表现情调的节奏,就如水上的波浪,一起一伏,一层推涌着一层前进,我们就清楚地意识到水的存在,而且觉得那是活水了。[17]

于是,单四嫂子的黎明总是“东方已经发白;不一会,窗缝里透进了银白色的曙光”——时间的变化和季节的更替已经对她失去了意义。今天和明天没有区别。

在这里,句子运动总是那么简单。重复带来了旋律,然而这又是怎样单调的旋律。作为它的伴奏是隔壁老拱们不怀好意的小调,而且永远是同一支曲子。只有儿子的死亡稍稍改变了她的起居的节律:她“觉得很异样”(要知道,像她这样的寡妇,一生的道路基本上是铸定了,感觉的“异样”的时候几乎没有);她比平时早睡了一些;她居然还做了梦。但是可以预见,她今后的生活将是沿着死亡的路线蠕动而已——祥林嫂就这样走到她的末路。

然而,即使死亡也未必引起节奏的晃动和麻木的民众的情感波动:

……王大妈又帮他煮了饭,凡是动过手开过口的人都吃了饭。太阳渐渐显出要落山的颜色;吃过饭的人也不觉都显出要回家的颜色,——于是他们终于回家了。

一对悠长、悠然、悠闲的迭句(它们听起来具有牧歌般的韵味)和一个平静的破折号烘托了黄昏的安宁气氛,也暗示了人们的无动于衷。也许,他们的心灵已经麻木到不能感受任何“异样”的事。一个孩子死了,他们去参加丧宴,然后回家,就像下田、收工一般,是日出而作、日落而息的生活中的一个微不足道的细节。

于是,在祥林嫂死后,鲁镇依然能在雪花的拥抱中,从容不迫地重复他们的祝福仪式。小说以一段流动得很宁静的慢板结尾,烘托出叙述者的“懒散而且舒适”的心情和天地间的漠然。

在鲁迅的笔下,缓慢的节奏象征了这个社会的惰性状态。就连那些不甘于此的人们,包括那些一度是紧张的行动者和思考者,也会被它拖进感觉迟钝、无力行动的濒死状态。我们记得,吕纬甫是用怎样低沉的声音和迟缓的速度叙述他那无聊的故事和“敷敷衍衍,模模糊糊”的现状——他的叙述基本上保持一种匀速前进,就像装上了弱音器而显得格外沉重、沉闷。就是说到顺姑的死,节奏也没有摇动起来,他的情绪也没有激动起来。这真是心止如水呀,无奈的心止如水。为了突出他的颓唐和低调,鲁迅有意地多次使用破折号,它们作为一种节奏方式,不仅起着减速的作用,而且还发出一声又一声的叹息。

再来看另一段慢节奏的出色运用:

和她的叔子,她早经闹开,至于使他气愤到不再认他做侄女;我也陆续和几个自以为忠告,其实是替我胆怯,或者竟是嫉妒的朋友绝了交。然而这也倒很清静。每日办公散后,虽然已近黄昏,车夫又一定走得这样慢,但究竟还有二人相对的时候。我们先是沉默的相视,接着是放怀而亲密地交谈,后来又是沉默。大家低头沉思着,却并未想什么事。我也渐渐清醒地读遍了她的身体,她的灵魂,不过三个星期,我似乎于她已经更加了解,揭去许多先前以为了解而现在看起来却是隔膜,即所谓真的隔膜了。 《伤逝》

整个叙述缓慢,几近板滞,足以衬托涓生和子君两人同居初期“宁静和幸福”,在涓生看来又是“凝固”的生活。为了突出这种情绪,鲁迅特别延长句子的长度,插入一些暗示时间的程序化流动的副词（“先是”、“接着”、“后来”），使用特定的词语渲染二人“凝固”的生活节奏（“清静”、“黄昏”、“这样慢”）。在恋爱的风暴之后（我们记得，因为爱，两人做了家庭和社会的叛逆），他们终于安静下来，退隐到一处嚣尘孤岛。缓慢的节奏正在消磨挑战者的斗志，侵蚀思想者的锐气。子君安于凝固，甚至刻意强化凝固：除了忙于“川流不息的吃饭的功业”外，她每晚都要涓生复述当初求婚的话语，而且自己能够滔滔背诵——她已经变得和九斤老太和祥林嫂一样，喜欢固执地重复同一样东西。

但是，任何一种速度的节奏都具有双重的联想效果。因此，我们感觉到涓生这段娓娓的语流下面另一种情绪：厌倦。厌倦已铸定的生活方式：“由家到局，由局到家；厌倦重复爱情旧课。”对他来说，“放怀而亲密的交谈”已经摩擦不出当初的那种激情。很自然，这个“丁等的学生”仅用了三个星期就读完、读懂（未必如此!）……“清醒地读遍了她的身体，她的灵魂”，结果是“更加了解”。了解之后呢？却是隔膜！这是最魔鬼的逻辑，也是鲁迅诗性思维的绝妙体现。

2. 快节奏与意义

一般情况下，快节奏引发我们积极、昂扬的联想。按照尼采的理解，快节奏是思想的节奏。当思想以其本性呈现时，它犹如急流、闪电、光的舞动。在心醉神迷的速度中，人获得“神性的丰富”。毫不奇怪，鲁迅多选择狂热急促的节奏来摹写具有思想者气质的人物的情态和话语。例如，《长明灯》中的疯子的话语就呈现出快板（allegro）一样的速度，具有神经质、不稳定的冲力：

我教老黑开门……就因为那一盏灯必须吹熄。你看，三头六臂的蓝脸，三只眼睛，长帽，半个的头，牛头和猪牙齿，都应该吹熄……吹熄。吹熄，我们就不会有蝗虫，不会有猪嘴瘟……

排比和迭句积聚了异常强烈的感情能量。而密集性的重复（吹熄，吹熄……）则像咒语一般震撼了吉光屯人脆弱的神经，也搅动了他们死水一般的grave[18]节奏的生活。我们可以想象，疯子说这话时的表情和飞跃的激情。在此，固执的重复使节奏获得了一种雄辩的效果。

无独有偶,他的同志们,“狂人”、疯子、“孤独者”等都习惯使用快节奏的话语方式,因为这种节奏与他们的精神气质最为接近。建立在快节奏之上的叙述有效地摹写出疑问、惊叹、愤怒、剧烈的痛苦等高强度的情绪活动。这种快速在《狂人日记》的一些节段甚至加速到最急板(prestissimo),使主人公的独白听起来犹如一浪高过一浪的风暴:

但是我有勇气,他人便越想吃我,沾光一点这勇气。老头子跨出门,走不多远,便低声对大哥说道,“赶紧吃罢!”大哥点点头。原来也有你!这一件发见,虽似意外,也在意中:合伙吃我的人,便是我的哥哥!

吃人的是我哥哥!

我是吃人的人的兄弟!

我自己被人吃了,可仍然是吃人的兄弟!

……

狂人在“真理的不确定性,真实与幻觉之间的摇摆,神志清楚与疯狂之间的摇摆”(布洛克语),潜意识的力量脱缰而出,以急板速度喷发,贴切地反映了狂人的分裂的意识和内心危机。

不能想了。

四千年来时时吃人的地方,今天才明白,我也在其中混了多年;大哥正管着家务,妹子恰恰死了,他未必不和在饭菜里,暗暗给我们吃。

我未必无意之中,不吃了我妹子的几片肉,现在也轮到我自己……

有了四千年吃人履历的我,当初虽然不知道,现在明白,难见真的人!

这样激烈的思维活动最终导致了狂人的神经崩溃。而就在他崩溃之际,意识完成了超音速的旋转,引爆出中国现代文学的第一声“呐喊”:救救孩子!(堪称一个大调8度音程)[19]

3. 对比速度与意义

选择一种基本叙述速度来控制一篇小说的情调趋向,并不等于排除变化。正像我们观察到的那样,在同一作品内部,速度变化总是适时发生,甚至和基本速度形成鲜明的对比。有时候,人物形象的差异,话语背景的变化等直接显化为叙述(话语)速度的对比。通常,鲁迅为每一篇小说选取一个基调性的节奏模式来统一叙述的速度,同时则围绕基本节奏展开渐变(比如,广板—慢板—柔板)和对比性的变化(比如,慢板—中板—急板)。从最慢的节奏直到最快的节奏,都有"各自独特的联想作用和心理效应"(贡布里希语)。建立起统一中的变化,变化中的统一的抒情的表达。

例如,在以慢节奏为主的小说中,鲁迅也不是总是保持同一速度。有时候,出于需要,节奏也会改变。速度的变化意味着某种变故的发生并带来了情调的变动。例如,七斤的辫子问题变得"麻烦"起来时,七斤嫂的骂声就暂时打破了节奏守恒的状态。为此,鲁迅特意设计了一组 allegro molto(很快的快板)回旋迭句来配合她的暴躁的性格和恨忧交加的心情:

伊用筷子指着他的鼻尖说,"这死尸自作自受!造反的时候,我本来说,不要撑船了,不要上城了。他偏要死进城去,滚进城去,进城便被人剪去了辫子。从前是绢光乌黑的辫子,现在弄得僧不僧道不道的。这囚徒自作自受,带累了我们又怎么说呢?这活死尸的囚徒……"

七斤嫂说起来就像炒豆一般,噼里啪啦,不容七斤有还口的余地,一连数个略加变化的简短的头韵排比句,加重了诟骂的分量,突出了她的泼辣强悍。

再例如,《孤独者》的叙述是以一种介乎于慢快之间的中速,因为这种速度比较适合一个站在旁观者的立场上的"叙述者"的角色和性格——与偏激、孤傲、冲动的魏连殳相比,叙述者显得沉稳、冷静多了。所以,他会选择中庸的速度来控制叙述的进行和自己的情绪。但是,只要魏连殳介入叙述,节奏就呈现出渐强、渐快的趋势。尤其是他的信,节奏变化无常,一忽儿痉挛性战栗着,一忽儿矜持地伸展着,一忽儿愤激地宣泄,一忽儿又呻吟似地倾诉……他的信是放弃希望的声明,是失败的供状,是一份悲哀的遗嘱,内中充满灵魂的对话、对抗,因而节奏迅速地从一种速度滑向另一种速度,充分地表现了一颗绝望、破碎的心灵情感强度和变化。

对比破坏了原有的平衡,造成一种相似中的不似,扩大了节奏的柔韧性和敏感度。节奏的速度反映情绪的强度和性质。快慢节奏的结合(对比)总能够产生出情调细腻,意义丰富的旋律。鲁迅小说中,这样的范例不胜枚举。

总之,节奏模式的选择关系到作品的基调和风格。可以说,节奏模式就是一种个性化的风格标志。每个作家都有自己偏爱的节奏语汇,借助它们,他赋予作品独特的韵律和情调。如果说,普鲁斯特特有的“缓慢”使阅读成为一种耐力测试,海明威特有的“快捷”使读者时时有“干涩”之感,那么,鲁迅节奏风格的基本性质可以归纳为“简洁清晰的丰富性”——这是一种合度近乎严谨的平衡;在缓慢和快捷之间这个宽广的幅度里,速度有层次的摆动;在多种多样的节奏模式之间,叙述趋向最佳的比例关系。由于这种平衡,有些节奏尽管复杂多变,仍然给人以清晰的印象;由于这种平衡,最简单的节奏也能表达感情的各种微妙的变化;由于这种平衡,鲁迅的诗化小说和音乐重合起来。

注 释

① 伊·夫·涅斯齐耶夫:“怎样理解音乐”,《音乐知识手册》(续集),薛良编,中国文联出版公司,1988年版,第33页。

② 昆德拉:《被背叛的遗嘱》,上海人民出版社,1995年版,第106页。

③④《普实克论中国现代文学论文集》,湖南文艺出版社,1987年版,第11页。

⑤《简明不列颠百科全书》(第4卷),第76页。

⑥ 特·布雷:“例曲研究”,《音乐知识手册》(一),中国文联出版公司,1988年版,第169页。

⑦ 张杰:《复调小说理论研究》,漓江出版社,1992年版,第4页。

⑧ 巴赫金:《巴赫金文论选》,佟景韩译,中国社会科学出版社,1996年版,第37页。

⑨⑩⑪ 让·伊夫·塔迪埃:《普鲁斯特和小说》,上海文艺出版社,1992年版,第120页,130页,129页。

⑫ 詹姆斯·麦可法兰:“现代主义思潮”,转引自《现代文学研究》(上)。彭可嘉等编,中国社会科学出版社,1989年版,第62页。

⑬ 瑙曼等:《文学、文学史与读者》,文化艺术出版社,1997年版,第96页。

⑭ 庞德:《回顾》,《西方诗论精华》,第451页。

⑮ 韦勒克、沃伦:《文学原理》,三联书店,1984年版,第167页。

⑯ 《我们任何写作》,《二十世纪世界小说理论经典》(上卷),吕同六主编,华夏出版社,1995年版,第198页至200页。

⑰ “论情调”,转引自《20世纪中国小说理论资料》(第4卷),北京大学出版社,第479页。

⑱ 在这里,我们把grave当作双关语使用,既用来表示“庄严而缓慢”的节奏速度——这也是grave的本义,又用来讥讽吉光屯那帮自以为是传统捍卫者的乡绅们。

⑲ 在《狂人日记》中,省略号、破折号、惊叹号等标点的使用“都绝对具有音乐演奏符号的效果”。

(《中国现代文学研究丛刊》2001年第1期)

对“启蒙者”的反思和除魅

——鲁迅《伤逝》新论

刘 俊

肇始于20世纪初的“五四”新文化运动，其核心主旨在于思想启蒙。对于什么是启蒙，德国哲学家康德在《何谓启蒙》一文中这样写道：“启蒙系指人摆脱自身造就的蒙昧。蒙昧系指如果未有他人导引，自身就无法运用其理解力。如果此一蒙昧不是缘于理解力的缺乏，而是缘于缺乏别人导引即无能运使其理解力的勇气，那么此一蒙昧就是自身造就的。……敢于认知！遵从自我的理解力！这便是启蒙的格言。”[①]就产生于西方历史中的“启蒙”概念而言，其核心理念至少包括了“理性”(reason)、“经验主义”(empiricism)、“科学”(science)、“普遍主义”(universalism)、“进步观”(progress)、“个人主义”(individualism)、“宗教上的宽容”(toleration)、“自由”(freedom)、“人性一致”(uniformity of human nature)以及“世俗主义”(secularism)等内容。[②]如果说在康德的时代，欧洲的“启蒙是指一套‘除魅’(disenchantment)的规划，即以由自然界所领悟的真理来取代那些宗教迷信”，那么在20世纪的中国，“启蒙所追求的，则是一种持续不歇的‘除魅’过程，要将中国从数个世纪以来的‘君为臣纲，父为子纲，夫为妻纲’的纲常名教中解放出来”[③]。

在以思想启蒙为主导的“五四”新文化运动中，鲁迅无疑扮演了一个非常重要的角色，他以杂感和小说两种形式，对家庭问题(《我们现在怎样做父亲》)、贞操问题(《我之节烈观》)、妇女问题(《娜拉走后怎样》)、精神问题(《狂人日记》)以及当时社会现实中的各种怪现象(扶乩、静坐、打拳、“保存国粹”、“合群的爱国的自大”、鄙视白话、复古怀旧)进行了相当全面、系统的反思并提供了自己的答案。可以说“五四”时期的鲁迅[④]，以现代思想的先觉者姿态(对西方现代知识的掌握和自觉的观念转型)以及对中国传统旧文化、旧思想和旧观念种种弊端(封建家族制度、吃人历史、国民劣根性)的深刻洞察、揭示和批判,完成了自己作为时代启蒙者的塑造。

以陈独秀、鲁迅为代表的"五四"启蒙者所发动的新文化运动,将近代自"洋务运动"以来所开启的"西学东渐"推向了一个新的高潮,他们努力要将"西学"直接注入人心(思想观念)而不只是在器物层(船坚炮利)、结构层(政治改良)、政体层(走向共和)打转,因为中国的现实使他们认识到,如果没有思想观念的根本转变,那一切外在的变化都只能是"招牌虽换,货色照旧"[⑤]。"五四"新文化运动所发动和推广的思想启蒙,确实开创了近代以来中国社会变革的新纪元,令中国社会发生了重大的甚至是根本性的变化。

历史在充分证明"五四"时期的思想启蒙运动对20世纪中国社会发展的进程产生了决定性影响的同时,却很少提供这样的样本,那就是对"启蒙者"自身的反思。如果细细深思"启蒙"这一概念本身,就不难发现其中实际隐含着一种"授"、"受"关系,即说到"启蒙",就必有"启蒙者"(授者)和"被启蒙者"(受者)。当"启蒙者"以一种思想先进者、历史先行者的姿态向"被启蒙者"进行新思想的传播和对蒙昧加以"去昧"的时候,他们似乎天然地因了对新知识、新思想、新观念、新视野的拥有而先在地获得了一种优越性,在历史转型的大变革时期,"启蒙者"由于代表了历史发展的新的未来,因此受到了后来者的普遍肯定和一致赞誉,"启蒙者"自身也常常因为自己的先进性而在当时自认为具有一种强大的正义感和正确性,自觉不自觉地带有"救世"和"俯视"的姿态。由是,历史环境和社会发展每每形成了这样的一种共识,那就是相对于要"被启蒙"的社会和"被启蒙者"而言,"启蒙者"具有一种不证自明的先进性、正义性和正确性。当"启蒙者"受到历史和社会的高度赞赏的时候,当"被启蒙者"受到"启蒙者"的指导、启发和价值判定的时候,似乎很少有人进行这样的追问:"启蒙者"的身份和"权力"来自何处?(是历史的自然推举还是自我的主观认定?是否自命为"启蒙者"就拥有了"启蒙者"的身份和权力?)谁来对"启蒙者"进行身份规范和价值判定?

如果说鲁迅思想的深刻性集中体现为从“思维”层面将“五四”启蒙运动中的“思想革命”推向了一个新的高度,[6]那么对包括自己在内的“启蒙者”的深刻反思,就从又一个方面丰富了鲁迅深刻的思想:当同时代的“启蒙者”们专注于向“蒙昧”宣战的时候,鲁迅已经开始了对“启蒙者”自身的“解剖”。在1926年8月出版的《彷徨》小说集中,创作于1925年10月21日,从未在杂志上发表过的小说《伤逝》,就是鲁迅“除魅”“启蒙者”的一个结果——无疑地它也成为“五四”以来对“启蒙者”自身进行反思的重要文本。

小说《伤逝》的副标题“涓生的手记”,决定了小说的叙事者是涓生,小说的视角自然也随着涓生的叙述展开。在阅读这篇小说的时候,如果跟着涓生的叙述,以涓生的视角为接受视角,会自觉不自觉地受涓生的影响,站在涓生的一边,把涓生的一些议论,作为正确的结论加以接受。当读者在小说中读到涓生这样一些议论,如“爱情必须时时更新,生长,创造”,“人必生活着,爱才有所附丽”的时候,自然会对同居后只会将“功业”“仿佛就完全建立在这吃饭中”、沉迷于家庭俗务的子君产生同涓生一样的不满。特别是,由于作为“涓生的手记”的《伤逝》,通篇充满了涓生的“自省”、追悔和悲哀,叙述语调是那样的沉重和充满自责,读者的同情自然更易于向着涓生一边倾斜。

然而,《伤逝》是不是就如小说表面上所展示出来的(也就是涓生的叙述和他在叙述中流露出的情感)那样,正义和正确都在涓生一边?子君最后的死亡虽然令人痛惜、令涓生“悔恨和悲哀”,但她自己后来的作为,却体现出她的局限性呢?

可能并不这么简单。如果我们仔细阅读小说,可以大致将《伤逝》中的时间分为“同居前”、“同居时”和“同居后”三个阶段,在这三个阶段,涓生和子君的基本关系可以概括如下:

同居前:

涓生是子君思想的引导者(涓生是“启蒙者”,子君是“被启蒙者”),

子君是涓生思想启蒙的产物(有了“我是我自己的”自我意识);

涓生是子君的追求者(涓生是“爱”的发动者,子君是“爱”的接受者),

子君是涓生“爱”的拥有者(因有“爱”而骄傲和坚强,勇敢和无畏)。

同居时:

涓生是家庭经济的支柱,

子君是家庭琐事的承担者;

涓生对“爱”仍有更高的“精神”期待,

子君对“爱”停留在对过去的回忆和“复习”;

涓生对子君沉湎家务的庸俗深为不满,

子君对涓生“爱”的日渐消失深怀恐惧;

涓生在失业后的经济压力下视子君为负担,

子君在涓生无“爱”的冷漠中自行离去。

同居后:

涓生在子君离去后虽有短暂的轻松,但不久就陷入更大的“沉重”,

子君在“父亲烈日一般的严威和旁人的赛过冰霜的冷眼”中去世;

涓生用“手记”追忆和子君的过去,“写下我的悔恨和悲哀,为子君,为自己”,

子君成为涓生与子君同居后“向着新的生路跨出去”的牺牲品。

从小说里的涓生和子君关系中不难看出,涓生一直是两人关系的主动者和决定者。作为“启蒙者”的涓生,通过新思想的灌输(“谈家庭专制,谈打破旧习惯,谈男女平等,谈伊孛生,谈泰戈尔,谈雪莱……”),使子君在爱情问题上有了强烈的自主意识,她的“我是我自己的,他们谁也没有干涉我的权利”的宣言,放在她和涓生关系的“语境”中,显然是针对子君家族反对她和涓生的爱情而发出的。由是,涓生“启蒙”的一个直接结果,就是子君这个“被启蒙者”,经由“总是微笑点头,两眼里弥漫着稚气的好奇的光泽”,发展到宣告“我是我自己的”,并最终“大无畏地”和涓生同行直至同居,实现了涓生的“创造”[7],开创了自己的“新生”。

虽然在整个《伤逝》中,子君是通过涓生的叙述“塑造”出来的,她的形象由于有了涓生的“中介”而有了“是涓生眼中的子君”这一特性,但借助涓生的描述,读者还是能够大致勾勒出子君自身的模样:她是一个对“爱”满怀憧憬并在“爱”的世界中不能自拔的现代女性——如果说涓生的“启蒙”使子君具有了某种现代女性的特点的话,那么这种“现代性”在子君那里也主要体现为“爱”的自觉(包括“爱”的意识的觉醒、对“爱”的自主选择、沉迷于“爱”的世界、忍受不了“无爱”的生活)。从子君在“同居前”因有“爱”而显得“大无畏”,在“同居时”因涓生“爱”的不断稀薄而深感恐惧,乃至确定涓生“已经不爱”自己后的决然离去这一人生轨迹中,不难发现在子君那里,“爱”是她具有现代意味的人生的核心内容。

当我们这样来理解子君的时候,在涓生眼里“同居前”和“同居时”有着巨大变化的子君,其实是前后一致的。“同居前”的子君因为有了“爱”,当“遇到探索,讥笑,猥亵和轻蔑的眼光”的时候(这些甚至令涓生都“全身有些瑟缩”),她能够“坦然如入无人之境”;“同居时”的子君,虽然在涓生的眼里,全无了“同居前”的清纯(“带着笑涡的苍白的圆脸,苍白的瘦的臂膊,布的有条纹的衫子,玄色的裙”)和精神追求(读书、散步、谈天),而全身心忙于“生白炉子、煮饭、蒸馒头”,“倾注着全力”“做菜”,“似乎将先前所知道的全都忘掉了”,可是对于子君来说,“管家务”、忙吃饭、“饲油鸡”正是对“爱”的一种生活化的承担和实践。当涓生在“深刻”地感慨着“人必生活着,爱才有所附丽”的时候,躬行这一“哲理”的,恰恰是看上去“终日汗流满面,短发都粘在脑额上;两只手又只是这样地粗糙起来”的子君;至于“同居后”消失了的子君,从她走时的决绝和把盐、干辣椒、面粉、半株白菜、几十枚铜元郑重地留给涓生这一行为看,她其实对涓生仍然满怀“爱”意。她后来的死,父亲的严威和旁人的冷眼固然是重要原因,可是更加致命的一击,恐怕还是涓生的真话:“我已经不爱你了”——对于一个将生命托付给“爱”和“爱人”的“五四”女性,失去“爱”和“爱人”，也就意味着死亡(首先是精神上的，然后是肉体上的)。

理解了“爱”在子君生命中的意义，也就对小说中大量关于子君对“爱”进行回味、追忆和咀嚼的内容不以为奇——她对涓生当初追求她时的场景的一再沉湎和“温习”，正表明那既是她“爱”和人生辉煌的顶点，也是她抵御生活艰辛的强大支撑力。唯其如此，才会在涓生宣布不再爱她之后，引发她人生的彻底“轰毁”。在某种意义上讲，只有认识到“爱”对子君人生意义的重要性，读者才能走出涓生的视角和涓生叙述的干扰，形成自己的而不是“涓生式”的子君形象。

走出涓生的视角不但对理解子君十分重要，同时对理解涓生也相当关键。如果说子君的形象在小说中是经由涓生的叙述逐步突显出来的话，那么鲁迅对“五四”时期“启蒙者”形象的塑造则是通过对涓生这一形象的刻画得以完成的。《伤逝》中的涓生，集“启蒙者”(当他向子君介绍新思想、新知识的时候)、“空想家”(当他对子君以切实的“生活”、凡庸的人生体现“爱”横加批评，而期待空中楼阁式的“爱”的“更新、生长、创造”的时候)、“怯懦的自私者”(当他面临经济危机而将责任和原因归为子君“只知道搥着一个人的衣角”，而把希望寄托在和子君分离的时候)、“冷漠的无情者”(当他明知道子君竭力要拉回他的“爱”，而他还是以“不虚伪”为名将“我已经不爱你了”告诉子君的时候)和“真诚的忏悔者”(当他在得知子君死亡的消息，而以“手记”的形式为子君和自己写下“我的悔恨和悲哀”的时候)于一身，多重身份的缠绕使得涓生的思想十分复杂甚至自相矛盾，而在所有这些身份中，“启蒙者”的身份最为重要——因为假如涓生不是以“启蒙者”的姿态打动了子君，那他后来的种种身份也就不会显现，子君的悲剧也就无从谈起，而最为令人感到悲哀和震惊的是：正是涓生这个“启蒙者”将受他启蒙的子君送上了绝路。虽然涓生的“悔恨和悲哀”在一定程度上稀释了这一事实的悲剧浓度，并常常在他的叙述中混淆了他和子君的孰是孰非，但“启蒙者”自身的缺陷和因这种缺陷所导致的人生悲剧，在《伤逝》中是十分明显的——鲁迅显然不想让涓生因为忏悔的真诚而放弃对他的拷问、反思和批判。

“启蒙”的一个重要理念在于对“理性”的追求和坚守，作为“启蒙”的践行者,"启蒙者"自然也应该具有理性精神,可是我们在《伤逝》中看到的涓生,却是一个缺乏理性精神、每每以冲动的念头指导自己行为的盲动者。这样的"启蒙者",只能给别人(受启蒙者)和自己带来悲剧。《伤逝》中的涓生和子君的爱情悲剧,无疑内蕴着作者鲁迅的理性思考:当时代和社会迷信于"启蒙者"的崇高和神圣时,鲁迅通过对涓生这一"启蒙者"的形象塑造,对"启蒙者"自身的缺陷进行了深刻的反省,对笼罩在"启蒙者"身上的正义和正确光环进行了去魅——以自己的作品对"启蒙者"进行反思和除魅,[8]就此而言,鲁迅是真正具有理性精神的启蒙者。

注 释

① H. B. Nisbet 翻译的《康德政论文集》(*Kant's Political Writings*)。该书由 Hans Reiss 编辑,London,1970 年版。转引自《中国启蒙运动——知识分子与五四遗产》,舒衡哲(Vera Schwarcz)著,刘京建译,桂冠图书股份有限公司,2000 年 7 月版,第 XXXVII 页。

② 参见 Peter Hamilton, "The Enlightenment and the Birth of Social Science", in Stuart Hall & Bram Gieben (ed), *The Formations of Modernity* (Oxford: The Open University, 1992),第 21—22 页。

③ 舒衡哲:《中国启蒙运动——知识分子与五四遗产》,刘京建译,桂冠图书股份有限公司,2000 年 7 月版,第 XI 页。

④ 这里所说的"五四"时期,是指从 1915 年《青年杂志》创办到 1927 年北伐大致完成国共分裂这段时期。

⑤ 鲁迅 1925 年 3 月 31 日复许广平信。见《鲁迅全集》第 11 卷,人民文学出版社,1981 年版,第 31 页。

⑥ 参阅拙作《表现的深切和格式的特别——〈狂人日记〉新论》,收入《跨界整合——世界华文文学综论》,新星出版社,2005 年 9 月版,第 126—141 页。

⑦ 描写男性"启蒙者"(也是"主宰者")对"被启蒙"(受影响)的女性进行"塑造"的还有茅盾创作于 1928 年 2 月 23 日的小说《创造》。不过茅盾在《创造》中所要表现的重点,是女性(娴娴)自主意识的确立和对男性(丈夫君实)思想控制的反抗,作品中对

“启蒙者”(最终是失败的“主宰者”)君实的嘲讽和批判,要比《伤逝》来得明显和直接得多。关于这两篇小说所体现出的作者的敏锐、深刻及其意义,我将另外撰文专门论述。

⑧ 联系在创作《伤逝》前后,鲁迅对女师大风潮中“正人君子”表现的批判,以及发表于1925年5月15日《莽原》周刊第四期的《导师》一文,可以看出对“导师”(与“启蒙者”有极大的相似性)之类人物的不以为然,是这一时期鲁迅思想的重要内容——这可能也是引发鲁迅创作《伤逝》,对“启蒙者”进行反思和除魅的动因之一。

(《文艺争鸣》2007年第3期)

1918年的鲁迅思想与文学革命之关系

谢昭新　方　岩

一、引　子

1918年5月15日，鲁迅于《新青年》四卷五号上发表短篇小说《狂人日记》及三篇白话新诗（《梦》、《爱之神》、《桃花》），并由此进入新文化及文学革命阵营，成为各种史观重点阐释的一个标志性事件。《狂人日记》在产生之后如何被解读和以何种面貌被承认，成为各种文学史观构建历史叙述逻辑的关键之处。虽然在1919年初，傅斯年就首次从艺术视角对《狂人日记》做出了评介："就文章而论，唐俟君的《狂人日记》用写实笔法，达寄托的（Symbolism）旨趣，诚然是中国第一篇好小说。"[①]但这种在艺术层面的探讨，并没有在当时引起关注。倒是吴虞那篇与小说评论无关的杂文《吃人与礼教》使《狂人日记》开始以非文学的方式被人熟知。《吃人与礼教》列举了大量的史实记载以证明作者所归纳的《狂人日记》主题"礼教吃人"的正确性。但正是这种与文学无关而又以虚构的文本向历史与现实发难的文化思想批判方式，借助当时"反孔"话语的强势力量，使"吃人的礼教"成为此后解读鲁迅文本的首要切入视角。

通行的各类文学史观所看重的是"吃人的礼教"的批判主题、"狂人的反抗"意象描写，与以"人的发现"和"国民性改造"等主题为核心的"思想革命"的呼应关系，并试图阐明在整个现代文学史的历程中存在一脉由鲁迅开创的国民性批判的文学主潮，而这一主潮则正是现代文学传统的重要构成部分，此后许多经典作家的文学创作与理论阐释被纳入这种视野之下才有意义。其实不管是启蒙史观还是左翼史观均彰显了这样的历史叙述逻辑，将鲁迅的意义视为一种具有普泛色彩的典型，并在共性的层面上强调其所达到的高度。当不同史观将鲁迅的意义纳入各自阐释视野中的文学革命与现代文学传统时，这一切努力与鲁迅作为生命个体对自身存在的言说产生了一定的裂缝。因此阐明1918年鲁迅的出场时思想景观的多义性和独特性显得非常重要，因为它直接关系到我们如何客观地描述鲁迅思想与文学革命建构、现代文学传统的形成等一系列宏大主题的建构关系。

二、"曲笔"、"听将令"的阐释空间与鲁迅对文学革命主流话语建构的修正

在鲁迅加入《新青年》阵营之前的1917年，当友人指责《新青年》"颇多谬论，大可一驳"的时候，他却认为"看不出什么特别的谬处"[②]，但也并不附和，而是相当冷淡地将杂志搁置一边。而时隔数年之后(1923年)，当小说集《呐喊》出版之时，那篇《自序》成为各类文学史观阐释1918年鲁迅思想与行为突进的依据，认为鲁迅的自述是对他积极投入文学革命倡导群体的注解。《自序》中的"曲笔"、"铁屋"、"将令"这三个概念的组合成为鲁迅积极投身思想革命的一个有力印证。在通常的文学史叙述中，"曲笔"是鲁迅在"将令"的意义指向下积极参与主流启蒙话语建构的体现，而"铁屋论"则为鲁迅从"抄古碑"到笃信社会进化论铺设一个合理的思想转变逻辑，同时社会进化论亦被视为支撑"曲笔"内涵的基本思维核心。这些逻辑推理皆遵循的是《〈呐喊〉自序》文本自身的叙述逻辑，而由此导致的一个观念便是：鲁迅在1918年前后的思维景观是统摄于主流启蒙话语之中，而并无相对独立的特异色彩。然而，当我们把《〈呐喊〉自序》与鲁迅的艺术创作以及此后的一些自述文字相互对照之时，其文学创作中的文本裂缝和那些拥有具体实指的自我评介文字则使"曲笔"与"将令"、"铁屋"之间的相互阐释关系出现了松动，因而"曲笔"也就能够获得相对独立的意义，成为我们理解鲁迅启蒙话语建构的特异性和复杂性的关键切入视角。

1. "听将令"话语背后的消解与反思。鲁迅在《〈呐喊〉自序》中把自己

"呐喊"行为的动机解释为"听将令",而且在1933年出版《自选集》时,再次强调了自己的这种"遵命文学"的行为。其实,不管是"听将令"抑或是"遵命文学",其意义指向都含有规约的意味,即个人话语融入启蒙的主流舆论建构,个人立场与启蒙群体在实践行为、精神状态上保持相对的融洽一致。而鲁迅的心态则在实践行为之外,呈现出局外人的疏离与冷静。《狂人日记》文本本身就呈现出这样的悖论。如果说,鲁迅借狂人的白话体日记对历史荒谬与庸众劣根进行了反思,呈现了启蒙者决绝姿态;那么文本开头的文言小序则透露出另外的意味。这篇序除了强调文本的追述性质,更为重要的信息是,文中的狂人已经病愈,且"赴某地候补矣"。这样,"文言"(传统文化的表达工具与思想载体)、"病愈"(恢复"子不语怪力乱神"的传统文人传承文化的准则)、"候补"(传统知识分子的庙堂意识与个人价值实现的路径),这些符号的组合便传达了这样一层信息:狂人回归了正常的生活轨道,传统社会秩序得以重现,知识分子的道统得以传承延续。这些象征意味的传达和鲁迅所谓的"将令"内涵也就形成了尖锐的冲突,同时也就相对消解了后者的批判力度与反思意义。而且文言小序与狂人白话呓语的两相对照,使鲁迅的所谓"曲笔"也就不再具备《呐喊·自序》所赋予的直白意义,而是成为鲁迅超越"将令"表象的进一步审视,即社会秩序的强制力量和同化力量对启蒙者的改造,历史传统顽固的生命力对启蒙意义的解构,庸众盲从的集体"无意识"对启蒙者孤独情绪的放大与渲染。况且现实里又有"偏苦于不能全忘却"③的惨痛经历,除了当年筹办《新生》受挫,更为重要的是现实的颓败与历史的恶性循环:"见过辛亥革命,见过二次革命,见过袁世凯称帝,见过张勋复辟,看来看去,看得怀疑起来,于是失望,颓唐得很了。"④因此,这些隐藏在文本裂缝之中的思考,在现实经验的刺激下,未尝不会强化鲁迅作为启蒙者的无力感与挫败感,并进一步触及其对启蒙意义与启蒙信仰本身的怀疑。于是便有了"我那时对于'文学革命',其实并没有怎样的热情"⑤。在这种情况下,当鲁迅在进行创作时,其内心深处的种种疑虑难免会冲破"听将令"的限制。正如作者在另外一篇文章中所说的那样:"还有一层,是我每当写作,一律抹杀各种批评。"⑥这句话又何尝不是对于“听将令”的无意识反驳。

作为这种思路的延续,鲁迅在创作中对“听将令”的无意识解构,亦颠覆了“铁屋子”与“希望”之间的对应关系。在有关“铁屋子”的那段论述之中,鲁迅明明确信“我之必无”打破“铁屋子”的希望,却又用“希望之在将来”的进化论来消解这种绝望。消解的无力之处在于:鲁迅生命哲学里关于“希望”的个体体验与启蒙主义视野里的“进化论”话语之间的冲突。1933年鲁迅再次追述1918年提笔的动力时说道:“不过我却又怀疑于自己的失望,因为我所见过的人们,事件,是有限的很的。这想头,就给了我提笔的力量。‘绝望之为虚妄,正与希望相同。’”⑦当鲁迅用绝望的虚妄性来注解“希望”之时,事实上也就瓦解了进化论意义上的“希望”对鲁迅的驱动力量。鲁迅为生命体验中的“希望”做出深邃而透彻的注解,是1925年发表在《语丝》上的那篇名为《希望》的散文诗。“绝望之为虚妄,正与希望相同”最早即出现于此。在文中,作者将自己“许多年前的事”⑧——“血腥的歌声:血和铁,火焰和毒,恢复和报仇”⑨——这些具有强烈的启蒙色彩的挣扎与抗争视为“空虚”,而这“空虚”之中填满的正是“没奈何的自欺的希望”。⑩作者借用“希望”的欺骗性与虚妄性,使所谓的“牺牲”对启蒙视野里用进化论构建的“希望之在将来”想象性景观构成了巨大的反讽。在这种隐晦的创作中,鲁迅对于启蒙意义与前瞻景观的疏离与怀疑亦得到更为深刻的呈现。正如他1924年那篇演讲一样:

> “你们将黄金世界预约给他们的子孙了,可是有什么给他们自己呢?”有是有的,就是将来的希望。但代价也太大了……叫起灵魂来目睹他自己腐烂的尸骸。惟有说诳和做梦,这些时候便见得伟大。所以我想,假使寻不出路,我们所要的就是梦;但不要将来的梦,只要目前的梦。⑪

鲁迅在这里质疑的是当时文学革命建构的理念之一的“个人反抗”的现实可行性,以及启蒙理念为这一行为所预设的想象性景观的悖谬之处。因为,在鲁迅看来:“这牺牲的适意是属于自己的,与志士们之所谓为社会者无涉。”⑫不难看出,鲁迅将“个人反抗”的行为与启蒙群体行为的剥离,旨在缓解启蒙理想幻灭后巨大的失落感——“梦醒了无路可走”。因此当鲁迅消解了“希望之在将来”的进化论的启蒙意义之后,他也同时强化了关于“铁屋子”无法被打破的绝望情绪。基于鲁迅对于启蒙意义的“虚妄”的理解,那么鲁迅与钱玄同的这次关于“铁屋子”的对话,未尝不是一次悲观的启蒙主义者与激进的启蒙主义者在“希望”理解上的话语错位。这种话语错位在现实层面的体现便是:那些鲁迅写于1918年的更具理性与思辨色彩的杂文、随感录所呈现出的凌厉深刻的启蒙气势,与鲁迅低调的自我评述产生了话语冲突,并呈现了自我边缘化的迹象。1925年《热风》出版,鲁迅谈到其在《新青年》上发表的“随感录”时,说:

> 因为所评论的多是小问题,所以无可道,原因也大都忘却了……记得当时的《新青年》是正在四面受敌之中,我所对付的不过一小部分;其他大事,则本志具在,无须我多言。[13]

在这篇自评文字中,鲁迅极力将自己推向启蒙群体的边缘位置,以“忘却”原因和“无可道”的“小事情”抹煞其文字深远的启蒙意义。与此相应的是那篇题为《渡河与引路》[14]的通信。在这篇文章中,鲁迅认为《新青年》群体在“通信”中与反对者进行常识性知识普及的辩论,是“可惜”的“功夫”与“可怜”的“事业”。结合鲁迅这封通信发表的历史语境,至少我们可以这样理解:《新青年》构建的新生舆论作为当时社会主流舆论的对立面,基于话语权的争夺与话语权威的建立,其起点就在于获得对常识问题不容置疑的解释权利。鲁迅的建议固然有其深刻的一面,但这种对于反对舆论不屑一顾、放之任之的态度在某种意义上体现了他对于启蒙群体行为的离心力,至少是对“听将令”导向的一种有意识的偏离。

2. “曲笔”的潜在话语与深层建构。以上我们通过对“铁屋论”与“听将令”的辨析,旨在明晰鲁迅在1918年的出场时之于启蒙意义和启蒙群体的质疑与疏离的心态。但这种心态作为一种深层意识呈现在较为纯粹的文学创作与自述文字中,并不意味着就可以抹煞鲁迅启蒙文字所彰显的现实批判力量。毕竟鲁迅的疏离与回避,有别于胡适激进的文化思路背后的“独立评论员”的自由主义立场，更是区别于周作人消极与达观相混合的归隐状态。因而探究鲁迅话语分裂背后的心理机制和意义指向，将有利于我们更为明晰地阐释1918年前后鲁迅启蒙话语的特异性与多义性，从而为搭建鲁迅思想与文学革命建构、现代文学传统等一系列宏大主题的建构关系，提供一个较为合理的阐释起点，还原一个有别于他人的启蒙话语建构路径。

尽管鲁迅内心充满了对打破铁屋的无望和对于黄金世界诺言的不信任，但应该注意的是鲁迅的诘问与怀疑的根源在于启蒙理论总是以许诺的形式将启蒙效应与不可知的未来捆绑在一起，即上文提到的“将来的梦”。因而鲁迅用“现在的梦”来对抗这种虚妄与怀疑的同时，亦将“曲笔”从它与“将令”的对应关系中剥离，并在“现在的梦”的规约下获得了新的意义阐释。从《狂人日记》以“从来如此便对么”切入对历史文化合理性的根本质疑，到1919年底胡适在《新思潮的意义》中提出“重新估定一切价值”的价值评判尺度，固然反映了鲁迅与《新青年》群体在批判传统文化方面（当时所谓的“国粹问题”）保持了相对一致的反叛姿态。但是，胡适的《新思潮的意义》试图从方法论的意义上，为新文化运动及文学革命进程做出更具学理化与前瞻性的设想。胡适将“整理国故”作为“新思潮”的一个环节，事实上包含了这样一个意图，即重构后的传统文化与学术思想能否被合理地纳入新文化运动与文学革命的资源选择。由此不难看出，胡适面对所谓“国粹问题”的态度是从根本上指向了新文化运动的更为长远的发展。当他试图以更为宏观的视野去规划新文化进程时，显然更倾向于社会进化论意义上的渐进过程，正如他在文中所述：“文明不是笼统造成的，是一点一滴造成的；进化不是一晚上笼统进化的，是一点一滴进化的。”[15]

而鲁迅恰恰是从相反的角度切入“国粹”问题的思考。那句“从来如此便对么”的质疑之声，出现于《狂人日记》在整体上呈现的“癫狂”的文本语境里，显得相当清醒而突兀，因此我们可以把这句话理解为鲁迅的“曲笔”。在这里，鲁迅的质疑借助的是用白话文构筑的语序颠倒、逻辑混乱的文本世界，而与之相对的现实则是借助权威话语文言而生成的历史叙述与传统秩序。在两者之间截然对立的情境之下,鲁迅更为看重的是决裂之后在现实层面的重新建构,发展到《随感录三十五》中便是从“要我们保存国粹,也须国粹能保存我们”[16]到“保存我们,的确是第一义”[17]的思路。可见,鲁迅思考的是“保存国粹”的现实可行性与适用性的问题。在鲁迅认为“国粹”之于现实生存的民众(启蒙者所面对的启蒙对象)无意义的情况下,表现出一种决裂的现实批判立场,而“国粹”在将来是否具有某种合理意义则不在其思考范围。也正是在这一点上,他与胡适等人形成了尖锐的对立。作为这种思路的延续,从1918年的《随感录三十五》中质疑“国粹”存在的现实合理性,到1921年在《阿Q正传》中揶揄胡适等人的“历史癖与考据癖”,再到1924年在题为《未有天才之前》的演讲中正面批驳“整理国故”对青年创造力的摧残,直到在1925年的那场“青年必读书”之争中宣称“要少——或者竟不——看中国书”[18],基于现实需要鲁迅一直在不断强化对于“国粹”问题的激烈批判态度。正如他在《未有天才之前》所说的那样:“抬出祖宗来说法,那自然是极威严的,然而我总不信在旧马褂洗净叠好之前,便不能做一件新马褂……若拿了这面旗子来号召,那就是要中国永远与世界隔绝了。”[19]鲁迅面对“国粹”问题,所追求的是启蒙行为在现实具体情境下的积极意义和可观效果。正如其在《青年必读书》中所说的那样:“少看中国书,其结果不过不能作文而已。但现在青年最要紧的是‘行’,不是‘言’。只要是活人,不能作文算什么大不了的事。”[20]

事实上胡适并非意识不到激进的批判立场之于“国粹”问题的必要性,但当他将视野延伸到将来之后,基于新文化资源选择问题的考虑,他势必会和保守主义者争夺“国粹”问题的解释权力。因而,这种考虑亦会在一定程度上削弱其在“国粹”问题上的现实激进态度。而鲁迅显然更为看重的是启蒙者与启蒙对象在现实情境下的生存状态,因此他所要坚持的是启蒙行为的现实指向及其效果,就是“与人生接触,想做点事”[21]。鲁迅强调现实诉求之于启蒙意义的规约,就当时的历史语境而言其积极意义在于:他的坚持是对启蒙者在预设前景上的乐观情绪与高蹈倾向的一种制约,使启蒙者承诺更多地关注启蒙受众的具体情境,从而使启蒙行为在现实改造层面具有更为强烈的破坏力量和建构意义。或许这就是鲁迅在“现在的梦”驱使之下,赋予“曲笔”更为深刻的含义。

此外,我们应该注意到,在《狂人日记》的后半部,叙述语调逐渐从“癫狂”状态下变得愈发具有思辨色彩,直至最后出现了那句略显生硬而唐突的呐喊“救救孩子”,这是鲁迅的又一处“曲笔”。从狂人批判“礼教吃人”,到狂人“也曾吃过人”的自我审视,再到“救救孩子”的呼喊,是一个顺理成章的逻辑发展。但我们应该注意到狂人的自我审视在这一逻辑推理中的核心作用。如果说,从“礼教吃人”的批判到“自己也曾吃过人”的自省,是启蒙思路从制度批判到启蒙者自我批判的深化过程,它所涉及的是启蒙者承担历史罪恶的自我批判问题;那么,“救救孩子”的启蒙效应能否实现则决定于启蒙者自我审视的程度,这里涉及的启蒙者完成自我批判后的下一步规划的问题。在鲁迅的逻辑思维进程中,他思考的重点并非“救救孩子”的希望在将来实现的可能性,而是将思辨的视角转向先觉者的自我启蒙,把启蒙者置于过去的历史罪恶与未来的启蒙效应的中间,强调启蒙者对自身言行的审视、重构。这样,鲁迅再次将对于启蒙意义与启蒙行为的思考拉回了现实层面。这种思路在1919年的《我们现在怎样做父亲》得以更为明确的表达:“自己背着因袭的重担,肩住了黑暗的闸门,放他们到宽阔光明的地方去;此后幸福的度日,合理的做人。”[22]

由此显露鲁迅“曲笔”的深刻意义在于,他把启蒙者从自我崇高的神坛上拉下,将启蒙者自身亦纳入启蒙对象这一范畴进行审视,在现实层面强调启蒙者思想、行为重构的必要性,进而将启蒙进程的起点建立在启蒙者的自我拯救上。

三、鲁迅晚清时期的话语建构与中国现代文学发生的重新解读

鲁迅在1918年之前发表的文章特别是其留日期间的文章大部分收在《坟》和《集外集》这两个集子中。其中的文言论文分别是《说鈤》、《中国地质略论》、《人之历史》、《科学史教篇》、《文化偏至论》、《摩罗诗力说》、《破

恶声论》等。鲁迅在《坟》的《题记》中,提到《摩罗诗力说》等早期的文言论文时说:“这样生涩的东西,倘是别人的,我恐怕不免要劝他‘割爱’,但自己却总还想将这存留下来,而且也并不‘行年五十而知四十九年非’,愈老就愈进步。”[23]并在《集外集》的《序言》中,进一步强调自己的不“悔其少作”:“况且如果少时不作,到老恐怕也未必就能作,又怎么还知道悔呢?先前自己编了一本《坟》,还留存着许多文言文,就是这意思;这意思和方法,也一直至今没有变。”[24]由此可见,鲁迅本人并没有以所谓“成熟”的心态去修正自己早期思想言论的意味,甚至在很大程度上肯定了这些文言论文所呈现的思想建构之于自身的意义。在我们看来,这些写于 1903 至 1908 年间的文言文章,已呈现现代性的思维特征,凸显鲁迅在 1918 年之前就以个体的方式参与对启蒙运动、文学革命的思考与建构。

如果说新文化运动起点是:在现实颓败和文化传统萎缩的双重刺激下,新兴知识分子超越“器物”与“制度”的横向移植而转向以西方思想文化为参照系,探索民族新生的现代化道路,那么,鲁迅则从反思西方文明为切入点,展开启蒙思路的。1918 年前后《新青年》的文化思路确实存在着将西方思想文化作为绝对唯一的参照系的倾向。以这一舆论的主导人物陈独秀的启蒙思路而言,“西方文明中心论”的痕迹相当明显。在以《东西民族根本思想之差异》为代表,从《敬告青年》到《抵抗力》,从《今日教育之方针》到《近代西洋教育》等一系列文章中,陈独秀在涉及思想文化批判、民族素质改造、国民性格重塑等问题时,总是习惯以“东”与“西”这样的地理概念,来作为区分文化的优与劣、制度的先进与落后、现代化进程的起点与终点的标准。在 1918 年到 1919 年初,那场与《东方》杂志关于东方文明优劣的论争中,《新青年》主流舆论所体现的不容置疑的、截然对立的文化比较思路,是一次极端的体现。而鲁迅的启蒙思路则从批判这种倾向的狭隘性开始:

> 近世人士,稍稍耳新学之语,则亦引以为愧,翻然思变,言非同西方之理弗道,事非合西方之术弗行,掊击旧物,唯恐不力,曰将以革前缪而图富

> 强……第不知彼所谓文明者,将已立准则,慎施去取,指善美而可行诸中国之文明乎,抑成事旧章,咸弃捐不顾,独指西方文化而为言乎?物质也,众数也,十九世纪末叶文明之一面或在兹,而论者不以为有当。[25]

从这段论述中不难看出,当《新青年》主流群体把西方强势文化想象成启蒙后的民族性景观的时候,而鲁迅已经在很多年前(1908年)质疑这种参照系的合理性。鲁迅以“物质”与“众数”两个概念切入对西方文明的反思与批判,从而构建个人的启蒙图景。

1. “物质”这个概念涉及鲁迅对于“科学”与“物质文明”的理解。从《说鈤》、《中国地质略论》到《科学史教篇》,鲁迅完成了从科学知识的单纯输入到科学精神的强调这样一个转换过程。在《科学史教篇》中,鲁迅固然强调了西方科学技术发展在推进社会文明进程中的重要作用,但与之并行的却是鲁迅对于科学的思维与方法、科学的本质与作用、科学与文艺道德宗教的关系等一系列关于科学价值体系的思考。也就是说,鲁迅跳出了科学与实利之间的肤浅的功利主义思考,而将科学视为一种价值观来宣扬,进而将其作为一种人生观归结到健全人性的必要补充,即“故科学者,神圣之光,照世界者也,可以遏末流而生感动。时泰,则为人性之光;时危,则由其灵感,生整理者如加尔诺,生强者强于拿破仑之战将云。今试总观前例,本根之要,洞然可知”[26]。

在此,我们并非强调新文化运动对于“科学”作为人生观、价值观的重要性的忽略。而是在于明晰:从1915年的《敬告青年》中首次提出“科学的而非想象”的观念,再到1919年的《本志罪案之答辩书》中明确以“赛先生”作为新文化运动的口号,《新青年》群体一直没有对“科学”的内涵与意义做出系统的辨析与整理,而常常使之沦为在攻击反对派言论时带有很强的策略性的工具。例如,在有鬼与无鬼、旧戏观念、民间道德中的鬼神信仰等问题的争执中,《新青年》同人常常笼统地以“非科学”、“愚昧”等批判性字眼去否定对方,而很少对自己所使用的“科学”概念进行合理的阐释。

2. 鲁迅在《文化偏至论》中所使用的另外一个概念,即“众数”,涉及他对

"民主"与"精神文明"等一系列问题的思考。在《科学史教篇》中,鲁迅已经涉及科学与文学、道德、宗教等关系的思考,并强调后者对于前者的必要补充。而这一思路发展到《文化偏至论》中,则发展为对过分强调科学发展的实利功能而带来的物质崇拜与社会道德物欲化的问题的批驳,即文中所说的:"久食其赐,信乃弥坚,渐而奉为圭臬,视若一切存在之根本。"[27]而其弊端也就因而显示:"诸凡事物,无不质化,灵明日以亏蚀,旨趣流于平庸,人惟客观之物质世界是趋,而主观之内面精神,乃舍置不之一省……林林众生,物欲来蔽,社会憔悴,进步以停……"[28]由此,鲁迅从科学作为必要的人生观、价值观的宣扬,进入对西方物质文明的反思,进而过渡到对"物质文明"弊端进行纠正和对"精神文明"的思考。

鲁迅在谈及"众数"这一与"民主"相关概念时,亦是从对其弊端的思考开始的。他将民主意义的产生置于欧洲新兴资产阶级对抗教皇与封建贵族个人专制这一历史背景下去阐释,从中他看到了统摄在"众数"之下的民主、平等、自由等观念的风行对个人发展与社会进步的影响。即"递教力堕地,思想自由,凡百学术之事,勃焉兴起,学理为用,实益遂生……世界之情状顿更,人民之事业益利。"[29]鲁迅的思路并没有停留在这个层面上,他虽然承认以"众数"为特征的社会群体意志所产生的巨大的民族凝聚力与社会驱动力,但同时他亦看到了"众数"作为体现了"众志"的社会公意所具有的强制力与排异性,即"社会民主之倾向,势亦大张,凡个人者,即社会之一分子,夷隆实陷,是为指归,使天下人人归于一致,社会之内,荡无高卑"。[30]由此而产生的弊端,则在于"必借众以陵寡,托言众志,压制乃尤烈于暴君"[31]的新的专制的出现,以及因此而重新出现的"全体以沦于凡庸"的社会创造力缺失的停滞困顿局面。很显然,鲁迅在这里看到了民主思想的异化倾向,因此他将思路进一步延伸至寻求终极意义上的社会发展动力。鲁迅对"个人"的思考在这个情况下应运而生:"惟此自性,即造物主。惟有此我,本属自由……谓凡一个人,其思想行为,必以己为中枢,亦以己为终极:即立我性为绝对之自由者也……"[32]

作为对“矫往事而生偏至”的民主思想的修正，鲁迅提出了“个人”的概念，即个人主义的张扬。在这里我们可以看到，作为修正“众数”、“民主”弊端而提出的“个人”概念，已经被赋予了终极价值，并被视为驱动社会发展的永恒的动力，个性的自由舒展拥有了“造物主”意义。而十年之后(1918年)，《新青年》的另一位舆论主导人物胡适发表了新文化运动纲领性文章《易卜生主义》。尽管我们可以看到鲁迅所理解的易卜生的“忤万众不慑之强者”，与胡适所谓的“世上最强有力的那个人就是那个最孤立的人”的共通之处，即启蒙者之于大众的先锋性与孤独性。但当胡适等人将“个人主义”置于“写实主义”的意义范畴内统摄的时候，“个人主义”则只在批判现实主义的层面上具有一种精神上的优越性。而鲁迅的个人主义不仅具有现实层面对抗封建文化专制性的现实针对意义，而且超越了《新青年》启蒙群体对于“民主”的想象性建构，把思路延伸到对“民主”异化的纠正上。换而言之，当启蒙群体的主流舆论普遍把“个人”与“民主”视为两个不可剥离的概念，并预设了从“个人觉醒”到“社会民主”的启蒙道路时，鲁迅已经超越了两者之间的现实利益关系，使个人主义在弥补民主的缺陷的同时，获得了个体精神绝对自由的永恒意义。

通过以上的考察，我们可以看到：鲁迅在加入《新青年》启蒙群体的 1918 年之前，已经在十几年前的以《文化偏至论》为代表的文言论文中完成了主流启蒙群体在五四前后所体现的理论深广度，并对这种理论视野进行了反思与超越。其超前性，不仅体现在他的文言语体所体现的浓厚的现代性思维特征，更为重要的是鲁迅的个人启蒙话语是以主流启蒙群体所设想的启蒙景观为建构起点的，即当陈独秀、胡适等人为民主、科学等观念构筑的想象性图景而鼓舞的时候，鲁迅已经从“物质”与“众数”两个概念作为切入视角，对作为启蒙前瞻目标的西方思想文化进行了反思，并在一定程度上瓦解了前者的乐观情绪。

注 释

① 傅斯年:《书报介绍》,《新潮》,1919年(民国八年),第1卷第2号。

② 周作人、周建人:《年少沧桑——兄弟忆鲁迅(一)》,河北教育出版社,2000年,第143页。

③ 鲁迅:《呐喊·自序》,《鲁迅全集》第1卷,人民文学出版社,1981年,第415页。

④⑤⑥ 鲁迅:《南腔北调集·〈自选集〉自序》,《鲁迅全集》第4卷,人民文学出版社,1981年,第455页。

⑦ 鲁迅:《南腔北调集·我怎么做起小说来》,《鲁迅全集》第4卷,人民文学出版社,1981年,第514页。

⑧⑨⑩ 鲁迅:《野草·希望》,《鲁迅全集》第2卷,人民文学出版社,1981年,第176页。

⑪⑫ 鲁迅:《坟·娜拉走后怎样》,《鲁迅全集》第1卷,人民文学出版社,1981年,第160页,第163页。

⑬ 鲁迅:《热风·题记》,《鲁迅全集》第1卷,人民文学出版社,1981年,第291页。

⑭ 鲁迅:《通信·渡河与引路》,《新青年》,1918年(民国七年)11月15日,第5卷第5号。

⑮ 胡适:《新思潮的意义》,《新青年》,1919年(民国八年)12月1日,第7卷第1号,第11—12页。

⑯⑰ 鲁迅:《随感录三十五》,《新青年》1918年(民国七年)11月15日,第5卷第5号,第514页。

⑱⑳㉑ 鲁迅:《华盖集·青年必读书》,《鲁迅全集》第3卷,人民文学出版社,1981年,第12页。

⑲ 鲁迅:《坟·未有天才之前》,《鲁迅全集》第1卷,人民文学出版社,1981年,第167页。

㉒ 鲁迅:《坟·我们现在怎样做父亲》,《鲁迅全集》第1卷,人民文学出版社,1981年,第140页。

㉓ 鲁迅:《坟·题记》,《鲁迅全集》第1卷,人民文学出版社,1981年,第3页。

㉔ 鲁迅:《集外集·序言》,《鲁迅全集》第7卷,人民文学出版社,1981年,第3页。

㉕㉖㉗㉘㉙㉚㉛㉜ 鲁迅:《坟·文化偏至论》,《鲁迅全集》第 1 卷,人民文学出版社,1981 年,第 44 页,第 35 页,第 48 页,第 53 页,第 50 页,第 45 页,第 51 页。

(《中国现代文学研究丛刊》2008 年第 3 期)

郁结与释放

——从作者的人生困境与心理语境中把握《野草》意蕴

刘骥鹏

关于《野草》的主题意蕴，过去阐释者提得最多的是《野草》表现了鲁迅的韧性战斗精神以及斗争中的困惑与迷茫；自又央、李天明开始，某些阐释者又着眼于作者的爱情生活对《野草》创作的影响；胡尹强等学者甚至认为整部《野草》都是一部爱情诗集。笔者认为，《野草》的主旨蕴涵是多元而复杂的；尽管爱情对《野草》的创作产生过某些影响，但绝非《野草》创作的主要动因，更非唯一动因。

一般说来，爱情是欢欣、愉悦的情绪体验，《野草》绝大部分篇章格调阴郁、沉重而压抑，情绪苍凉、幽怨、悲愤，与爱情的欢愉相去甚远。此外，人们对两性之爱的情绪体验是可以直接表达、能够倾诉的，爱的另一方就是一个固定的倾诉对象（事实上，《两地书》就是鲁迅倾诉爱情体验的艺术结晶）。而稍稍接触到《野草》的读者就会感受到，蓄积在文本中的某些复杂的情绪体验显然是难以言说而不能直接倾诉的，作者只能借助象征和隐喻，曲折隐晦地予以暗示。

事实上，《野草》是作者内心多重郁结的集中释放。在这种种郁结中，最内在的一种郁结就是作者走出八道湾而形成的心理创痛。对八道湾风波，当事者双方一直都讳莫如深。尤其是鲁迅，除了后来向许寿裳和许广平含含糊糊谈及此事以外，从来没有就此向他人敞开心扉倾诉。他将难言的苦痛深深地埋在心底，独自咀嚼被侮辱与被损害的痛楚。既然这样一件对双方影响至巨的风波在当事人——两位文化巨子的所有文本与私人谈话中都没有明确的言说，那么，寻找、破译其沉潜隐晦的言说也就显得很有必要了。何况这种寻找与破译，正是解读“难于直说”的《野草》的必经之途之一。厨川白村的《苦闷的象征》认为，生命力受到压抑而产生的苦闷懊恼情绪乃是文艺创作的根柢。与翻译《苦闷的象征》同步创作的《野草》,显然是受到强烈压抑的生命力渴望表达、寻求表达的艺术表征。也就是说,作者走出八道湾后产生的怨恨情绪与悲悯情怀对《野草》的文本赋形产生了重要影响。对此,学界尽管有一些零零散散的论述,但迄今为止仍未引起《野草》阐释者的足够重视,成为《野草》研究领域一个有意无意的误区。这一现象与研究者不愿正视作为“患者的鲁迅”[①]有关。应该毫不含糊地承认,抚慰兄弟感情破裂造成的心理创痛以及抒发由此而来的苦闷心境与复杂情绪,既是《野草》创作的主要内驱力,也构成了《野草》文本的基本主题之一。

创作背景:作者身处的人生困境及由此形成的心理语境

鲁迅在小说《铸剑》中借作品中人物“宴之敖者”之口袒露了内心的隐痛:“我的魂灵上是有这么多的,人我所加的伤,我已经憎恶了我自己!”根据许广平的回忆,“宴之敖者”隐含着“被家里的日本女人驱逐出来的”暗示意味[②]。可见,这个名为“宴之敖者”的黑衣人是鲁迅先生的自我象征,带有他个人的某些情绪色彩。也就是说,作者通过《铸剑》中的这一人物名字以及其内心独白,曲折隐晦但却又明白无误地传达出其隐蔽的心理意向:“灵魂上的”“伤”与他从八道湾出走有着某种重要的因果关系。

1923年7月8日,一向平静的八道湾突起波澜,二弟周作人给兄长送来一封绝交信。自此之后,曾经长期亲密无间的兄弟俩彻底“失和”。这一事件导致了鲁迅平生最深刻最严重的精神与情感危机。此次危机,在深度和广度上都远远超过了少年时代的“科场案事件”、青春岁月的理想失落与会馆时期的人生顿挫。由于自感遭到猜疑与侮辱,鲁迅一气之下搬出了他买下并整修一新的、象征着兄弟和睦与家庭温馨的八道湾大宅院,实际上他被变相赶出来了。他不得不四处租房,先是在砖塔胡同落脚,后来又在西三条胡同栖身,自小就渴望的“兄弟怡怡”的梦幻彻底破灭。此后,鲁迅与周作人虽同居北京、同时活跃在文坛,但却形同参商。作为北京文化界耀眼的兄弟双子星座，两人周围都环绕着一大批朋友、同事、编辑、学生以及各式各样的崇拜者，鲁迅曾充分体验过这种成功的喜悦和友情的温馨。但是自从他从八道湾出走之后，凡有周作人参加的文学界和教育界的聚会，他一概不能也不便参入；除了他在教育部的部分同事之外，兄弟二人的社交圈子大致是重合的，鲁迅事实上已被隔绝于文学界的主流社交圈子以外。在《我与〈语丝〉的始终》里，他隐隐约约地表达了自己的无奈："所以几个撰稿者便只好掰拿住了多昳眼而少开口的小峰，加以荣名，勒令拿出赢余来，每月请一回客。这'将欲取之，必先与之'的办法果然奏效，从此市场中的茶居或饭铺的或一房门外，有时便会看见挂着一块上写'语丝社'的木牌。倘一驻足，也许就可以听到疑古玄同先生的又快又响的谈吐。但我那时是在避开宴会的，所以毫不知道内部的情形。"[③]朋友的回忆也证明了鲁迅的隔绝状态："而每次语丝社中人叙会吃饭的时候，鲁迅总不出席，因为不愿与周作人氏遇到的缘故。因此，在这一两年中，鲁迅在社交界，始终没有露一露脸。无论什么人请客，他总不肯出席；他自己哩，除了和一二人去小吃之外，也绝对的不大规模(或正式)的请客。这脾气，直到他去厦门以后，才稍稍改变了些。"[④]

很明显，鲁迅再也不可能作为周家长兄与二弟一同出席这种文化含量很高的名人聚会了。社交圈子在缩小，家庭温馨也黯然失色。鲁迅虽然早已人到中年，但他当时没有孩子，原先很喜欢作人和建人的孩子，根据许寿裳的说法，之所以建造八道湾大宅院，是因为"取其空地很宽大，宜于儿童的游玩"，"他钟爱侄儿们，视同自己的所出"[⑤]。前几年周建人就已携子息南下，而现在他又跟周作人的孩子们失去了任何联系，舐犊之情难以满足，其孤独可想而知。更有甚者，第二年他与二弟一家的冲突居然呈现出暴力的形式！在《野草》写作前的三个月，鲁迅在《日记》中写道："下午往八道湾取书及什器，比进西厢，启孟及其妻突出骂詈殴打……多秽语，凡捏造未圆处，则启孟救正之，然终取书、器而出。"[⑥]如此可怕的对立与冲突自然在当事者心灵上留下无法抹掉的阴影。

一时间，已然人到中年的鲁迅的整个人生突然失去了色彩和光亮，似乎他在这个世界上是异乡人，是陌生客。他的被逐也已经无可补救。“人的整个存在连同他对世界的全部关系都从根本上成为可疑的了，人失去了一切支撑点。……留下的只是陷于绝对的孤独和绝望之中的自我。”[7]他在 1925 年 5 月写的《杂感》中痛切地说：“死于敌手的锋刃，不足悲苦；死于不知何来的暗器，却是悲苦。但最悲苦的是死于慈母或爱人误进的毒药，战友乱发的流弹，病菌的并无恶意的侵入，不是我自己制定的死刑。”[8]这句话本身也用了委曲的说法，“爱人”含义当等同“亲人”，应包括“兄弟”在内；“不知何来的暗器”、“不是我自己制定的死刑”，都暗示自己被逐出家门这一事件。骤然而来的家庭风暴带给他的是一种难以承受的心理重创：“一种经验如果在很短的时间内给予心灵以一种强刺激，以致不能用正常的方式加以平复，而这必然导致精力运作方式的永久扰乱，这种经验我们称之为创伤经验。”[9]《野草》创作之前的鲁迅就经历了这种“创伤经验”。他深刻地体验到了被流放的痛苦，强烈地感受到一种绝望的“无归属感”，对自己的人生，对亲情、友情以及周围的世界都产生了深刻的怀疑与困惑。鲁迅有了很强的厌世心理：“做事的时候，有时确为别人，有时却为自己玩玩，有时则竟因为希望生命从速消磨，所以故意拚命的做。”[10]惟其如此，作者才说自己“常常想到自杀”[11]。“一个人如果遭受到损毁其生活基础的创伤，他会完全灰心丧气以至对现在和未来都失去了兴趣而永久的沉迷于过去。”[12]这一时期的日记和其他资料显示，鲁迅在搬出八道湾后常常饮酒，并多次酗酒，因此加重了肺病，不得不长时间住院，似乎确有某种希望“生命从速消磨”的心理。

童庆炳教授认为诗人的创伤性体验达到某种极限，“就必然导致他的心理能量蓄积到饱和的状态，而产生心理失衡或严重失衡。如何释放饱和的心理能量，以恢复心理平衡呢？这有多种多样的途径，而诗歌创作作为一种审美创造活动，就是释放、宣泄人的被压抑的心理能量，降低紧张水平，恢复人的心理平衡的一条途径”[13]。而从现实层面来看，一个人遭受委屈或迫害之后，通常都会倾诉并为自己辩诬。然而作为一个意志极为坚强且理性相当发达的人，鲁迅意识到这样做显然是荒唐而不明智的。在他看来，辩诬，无异于陷自己于可怜的境地。倾诉，在当时却没有合适的对象;即便是有,也很难被对方完全理解。所以,创作就成为其释放内心郁结的唯一方式。健康稍稍恢复以后,鲁迅开始了《彷徨》的写作,但小说创作只能在一定程度上缓解这种颓唐、压抑的心境而无法彻底释放内心的郁结、愈合心灵的创伤。因此,只有更深沉、更隐晦和更富有创造性的文本才能充分满足这种"不能不写的创作驱动力"⑭,才能充分自由地释放自我郁结。值得注意的是,《野草》的写作与《苦闷的象征》的翻译几乎是同步的,在《野草》写作前的4月8日他购到《苦闷的象征》日文版,异常珍爱,随后便长期阅读、揣摩,9月15日写《野草》第一篇《秋夜》,9月22日开始翻译《苦闷的象征》,9月24日一天就写了《影的告别》和《求乞者》两篇;10月3日写《我的失恋》,同一天,鲁迅有一封信致李秉中,述说当时的苦闷心境。《苦闷的象征》的译文在《晨报副刊》连载之后,于1924年12月作为单行本正式出版。此外,鲁迅在北京大学、北京女子师范大学等高校授课时,还将《苦闷的象征》当课本来使用。这一切显示,处于心理困境中的鲁迅对《苦闷的象征》的主旨"生命力受压抑而生的苦闷懊恼乃是文艺的根柢"产生了强烈的共鸣,而阅读和翻译该书则诱发了他创作《野草》的冲动。所以,判定鲁迅欲以《野草》创作表现其"苦闷懊恼"、平复内心创痛,是有很充分的依据的。

兄弟潜对话:互文性的话语网络

有研究者指出,"《彷徨》、《野草》、《两地书》写作的时间跨度大部分重复,因此,这三本书都可作为'互文本'来读"⑮。这种说法自然是成立的,但却过于狭隘。实际上不仅如此,这一时期鲁迅的日记和书信以及《故事新编》中写于该时期的某些篇章都留下了一些作者个人的心灵痕迹和思想碎片,因此,也可以作为某种层次的互文本;而由于某种直接或间接的对应关系,周作人同一时期的某些文字对《野草》的创作具有某种潜在的触动作用,自然也可以视为一种范围更大的互文本予以观照。从某种程度上说,《野草》中的某些篇章虚拟的阅读者正是周作人，这些篇章甚至可以理解为“与周作人的潜对话”。实际上一段时间以来，兄弟二人这种文字的潜对话，似乎就以某种曲折隐晦的形式存在着。

1924年6月18日，就在与鲁迅当面发生激烈冲突后一周，周作人以笔名“陶然”在《晨报副刊》发表《“破脚骨”》，文中说“‘破脚骨’……是我们乡间的方言，就是说‘无赖子’”“破脚骨官话曰无赖曰光棍”，含蓄地影射其兄长——他把鲁迅回去取书看成了无理取闹，是一种无赖行为。在鲁迅搬出八道湾不久，周作人就通过第三者传话说将会让人将鲁迅的物品送过来，意思是说不用他自己回去取了。鲁迅是在次年的5月25日从砖塔胡同迁到西三条胡同新居的，他对十几年来辛辛苦苦集成的书籍、拓片等物品非常珍视，但一直没有见到别人送来，就在迁到西三条胡同新居半个多月之后，回去取这些心爱之物，于是发生了那次有名的冲突。在《“破脚骨”》发表仅仅过了4天之后，周作人又在6月22日的《晨报副刊》发表了《几首希腊古诗》（署名荆生），正文选译了五首短诗文并附“六月十七日钞了附记”一小节，说明译文情况。其中第四首“美勒亚格罗思作”隐隐约约地透露了对亲人指责和怨恨的意味：“神圣的夜与灯呵，我们不凭了他人，/只以你们两个为盟约的证人；/他说他将爱我，我说我永不离他，/我们立誓，你们就作两边的中保。/现在他说这盟约是写在水上，/而且你，灯呵，照见他在别人怀里。”“盟约”，使我们想到他们兄弟发誓永远关爱、永不分家的誓言；“写在水上”等语则暗示兄弟的分离。第五首“前人作”带有强烈的谴责意味：“我睡着了，请用脚踏我的头罢，凶神。/我认识你，凭了众神，你是沉重不可担受的，/我又认识你的火箭；但是掷你的火把在我心上，/你再也点它不著，因为这已全是灰烬了。”“睡着”、“脚踏”等字眼，暗示着周作人自己理解的兄长对他的伤害；“火把”、“再也点它不著”象征兄弟之间的感情之火已经熄灭，显示了他的决绝态度。这首诗表明，尽管冲突已经过去了十多天，但他的情绪还是十分激动。

对此，鲁迅并没有立即做出反应。但在3个月之后的9月21日（《野草》刚开始创作不到十天），他在《俟堂专文杂集·题记》一文中，用古奥的没有标点的文言写道：“曩尝欲著《越中专录》，颇锐意蒐集乡邦专甓及拓片，而资力薄劣，俱不易致,以十余年之勤,所得仅古专二十余及朾本少许而已。迁徙以后,忽遭寇劫,孑身逭遁,止携大同十一年者一枚出,余悉委盗窟中。日月除矣,意兴亦尽,纂述之事,渺焉何期?聊集燹余,以为永念哉!甲子八月廿三日,宴之敖者手记。”[16]“盗窟”、“寇劫”等字汇言辞激烈,不似以往之含糊,可见在《野草》创作之初,他对周作人夫妻仍然耿耿于怀。对“宴之敖者”,日本学者丸尾常喜这样解释:《铸剑》“作品中的黑色人,对国王称自己名叫宴之敖者,生长在汶汶乡。‘汶汶’语出《楚辞·渔父》中屈原所说‘安能以身之察察,受物之汶汶者乎’,王逸作注说,意为‘蒙尘垢’,与表示洁白的‘察察’相对。这样看来,‘汶汶乡’就是‘洁白受污之地’的意思了”[17]。联系起来看,鲁迅用这一笔名除了谴责以外,也含蓄地表明自己在“失和”事件中是清白的。

1925年10月2日,周作人又在《京报副刊》上刊登了自己翻译的罗马诗人卡路图斯的一首诗,题目叫《伤逝》,编者说明“这是诗人悼其兄弟之作”,并附有一幅原书描图,画着一位男子伸出右臂,挥手作别,画面上写着“致声珍重”。译诗的全文如下:“我走尽迢递的长途,/渡过苍茫的灰土,/作徒然的话别,/因为她那命运的女神忽而给予又忽而收回,/已经把你带走了。/我照了古旧的遗风,/将这些悲哀的祭品,/来陈列在你的墓上:/兄弟,你收了这些东西吧,/都沁透了我的眼泪;/从此永隔冥明,/兄弟,只嘱你一声‘珍重’!”《京报副刊》其时为他们的同乡和晚辈孙伏园所编,作为他们兄弟经常发稿的平台,可以说是每期必看的。因此,周作人通过这一兄弟二人都很熟悉的媒介,借古罗马诗人的诗句和原书插图,隐晦曲折地向鲁迅传达了兄弟间“珍重”“作别”、永不相见的信息。意思与1923年5月19日写给鲁迅的那封信类似,但怨恨的色彩没有了。

在这十九天以后,鲁迅就发表了小说《伤逝》,直接使用了周作人翻译的罗马诗歌题目,难怪周作人后来说“《伤逝》不是普通恋爱小说,乃是假借了男女的死亡来哀悼兄弟恩情的断绝的”。《伤逝》的主题蕴涵当然是复杂而多元的,但从其中的感伤、幽怨、忏悔情绪来看,周作人的说法并非空穴来风。由此也可以看出,鲁迅显然读懂了这些暗示,并在小说中做出了某种回应。

以上兄弟二人这些来来往往的“潜对话”文本构成了《野草》创作前后话语背景的一部分;另外,周作人文章的题材、题目、意象以及情绪流向等等都与《野草》中的相关文本形成了某种同构关系,这也从另一侧面证明了“兄弟失和”形成的心理郁结对《野草》创作的巨大影响。

幽怨与忏悔:《野草》的情绪表征

正是由于以上背景,《野草》中相当一部分篇章既含有谴责与怨恨情绪,也暗含着悲悯与忏悔情怀,同时又具有被逐、放弃与告别的内在意蕴,情调阴郁、感伤、沉重,可以说是作者内心郁结的喃喃自语与精神创痛的自我抚慰。当然这种自诉与自疗不是直抒胸臆的,而是借助于怪诞奇特的意象与委曲修饰的话语,形成了对创作意图的某种遮蔽。有意思的是,这种遮蔽等于提前证实了几年后杜衡在评论戴望舒诗歌时对诗作出的著名论断:“诗是一种吞吞吐吐的东西”,“动机在于表现自己与隐藏自己之间”。[18]当然,《野草》的这种隐藏有些是作者的主观故意,正如作者所说“那时难于直说,就相当隐晦了”;有些则出于无意识,如同荣格指出的,作品“在一种情况下,它是意识的产物,造型和设计都有着实现打算取得的效果。而在另一种情况下——却是一种发源于无意识天性的事件,是某种蔑视意识,不依靠意识的帮助,任性地坚持自己的形式和效果,自己实现自己目标的东西。在同样的程度上,它也中断了作者在创作过程中的自觉意识”[19]。创作过程中的这种个人无意识,有时导致了作者的创作意图与作品内在意蕴脱节的现象,本来是“复仇”,流露出来的情绪却可能是“和解”;本来讽刺失恋诗却变成了心理郁结的自我流露——诸多对创作初衷的背离,使《野草》呈现出既复杂幽深又相互冲突的多元化主旨意蕴。

兄弟题材及忏悔、和解意向

1925年,鲁迅写了两篇兄弟题材的作品,《野草》中的《风筝》是其中之一。《风筝》写“我”对自己践踏幼弟风筝的“精神虐杀”行为,几十年来一直“很重、很重”地“堕着”负罪感。“我”真诚而强烈地忏悔自己过去有负于弟弟的过失和愚蠢行为。显然,叙述者试图通过这种道歉与忏悔来求得内心的平衡与灵魂的某种救赎,然而因为此时的弟弟已经不是彼时彼地那个弱小的受伤害者,当年“绝望地站在小屋子里”的情景并没有在弟弟心上留下一丝一毫的痕迹:“‘有过这样的事么?’他惊异地笑着说,就像旁听着别人的故事一样。他什么也不记得了。”时间的流逝让“宽恕”不能得到,忏悔的对象已经发生了根本性的变化,因而永远失去了忏悔的契机。“我”的愧疚似乎变成了永难消除的悲哀。

对于《风筝》所涉及的事件,周作人在《鲁迅的青年时代》中说:“这类文章都是歌德的所谓的‘诗与真实’,整篇读去可以当作诗和文学看……作者原意重在自己谴责,而这些折毁风筝等事乃属于诗的部分,是创造出来的。”[20]该书再版时他又添上一句:“文章只是想象和假设,是表现一种意识的方便而已。”以周作人对鲁迅的深刻理解,这一解释具有相当的可信性,他删繁就简地抓住了鲁迅的内在心理流向,即鲁迅对弟弟的忏悔和愧疚。也就是说,他认为《风筝》涉及的“兄弟”并非周建人,而是他本人,鲁迅借此向他表示某种愧疚。可见,“《风筝》的写作意图不在‘叙旧’而在‘记心’,作者是要写自己灵魂深处不易为别人觉察,甚至也不易为自己觉察的东西”[21]。这种不易觉察的东西是什么呢?这本来是一件极小的事情,作者在这里似乎有些“小题大做”,最起码,这件小事对现在的“我”的压力远远超过对现在的弟弟的压力。作者借这样一件小事表达什么样的潜在心理呢?《风筝》写成10个月以后鲁迅又写了小说《弟兄》,再一次使用了“兄弟题材”,并且“大半属于回忆成份”,有“作者亲历的事实在内”。两篇作品使用同样的母题:兄对不起弟。对于《弟兄》,许寿裳认为包含着“脊令在原”的意味,有对往日“兄弟怡怡”的怀恋,“表示周作人如有急难,他还愿像当年患病时那样救助”[22]。也就是说,鲁迅在向对方显示“友好”。

在《弟兄》创作十几天前,鲁迅就写了《伤逝》。如前所述,周作人认为“《伤逝》是鲁迅作品中最难解的一篇——大概是写的空想,因为事实与人物我一点都找不出什么模型或根据——我深信,《伤逝》不是普通的恋爱小说,而是假借了男女的死亡来哀悼兄弟恩情的断绝”[23]。有学者对这种说法在进行了令人信服的分析后给予了肯定，认为《伤逝》“意在通过一对青年男女爱情悲剧写出兄弟恩情断绝后内心难言的隐痛”。[24]如果把《伤逝》也算在内，作者在短短的时间内一连写了三次“兄对不住弟”的故事，每一次都带有沉重的忏悔意识，这显然不是空穴来风，而是表现了某种强烈的难以抑制的心理意向。但值得注意的是，鲁迅进行如此沉重的忏悔，并不一定是现实中他真的有对不起对方的事情或做出什么不智之举，正像风筝事件未必真有其事一样。不过对于作为长兄，并背负着沉重责任而处于家长位置的周树人来说，只要家庭破裂，他就觉得自己没担起应有的责任；只要对方觉得受到伤害，他就会感到内疚。哪怕因为对方糊涂、轻信，哪怕自己受的伤害更重！

《风筝》对忏悔契机丧失后的怅然，当然是真诚的。从现实中“邀欲问之”到《兄弟》中较为明显的示好意向，都可看出作者一直在寻找某种解释的契机。对于造成兄弟误会的某些传闻，最好的结局当然是能够澄清，但是当澄清变为不可能之后，“遗忘”自然似乎也能弥合双方心灵的创伤。“‘有过这样的事么？’他惊异地笑着说，就像旁听着别人的故事一样。他什么也不记得了。”这样的结局不正是作者潜意识中的某种内心渴望的表现么？因为自感受伤害者对某些不愉快记忆的“忘却”正是另一方灵魂救赎的途径。

《风筝》的和解意向在《野草》中不是孤立的，《求乞者》、《复仇》都表现出复杂的求和意味。“《求乞者》写‘我’顺着剥落的高墙走路，可能包含了作者被逐出八道湾后四处找房另居的痛苦经验的断片：一面是对墙内旧有秩序的怀恋，一面却又只能另觅新居。”[25]其反复出现的意象是“我”与“另外几个人各自走路”。“各自”是一个分离的词汇，“我”与“另外几个人”似乎无关联但似乎又有关联，隐隐蕴含着过去的同行者现在“各自走路”的意味。作者的同行者，就人生事业来说可能指《新青年》同人；就其家庭来说，则指曾经相约“永不分离”的兄弟周作人和周建人。作者在这里显然用了某种修饰和遮蔽，他本来想说有两个人各自走路，如同“两株树”（《秋夜》）和“他们俩”（《复仇》），然而

"因为那时难于直说,所以有时措词就很含糊了"[26]。"那时"的说法本身很可能就是作者有意遮蔽,如果将其理解为"那事",意思就非常明澈了。作者最后设想自己求乞的结果:"我将得不到布施,得不到布施心;我将得到自居于布施之上者的烦腻,疑心,憎恶。"将"求乞"在这里理解为向其弟求和似乎比别的解释更为符合作品的隐含意义:"烦腻,疑心,憎恶",不正是周作人的对其兄的态度么?至于"将用无所为和沉默求乞……"与现实中作者对于"兄弟失和"始终保持沉默和无所为但内心却怀有和解的意愿极为相似。

《复仇》除了强烈的受虐情绪与受虐心理以外,也有和解意向。作者自己说"因为憎恶社会上旁观者之多,作《复仇》第一篇"[27],然而,深入文本就会发现,"他们俩"裸体对峙地站在那里针对看客们所进行的复仇行动,仅是《复仇》的显性结构。"他们俩"为什么站在这里裸体而又持刃地对峙?文本第一段描述了人的皮肤、血管以及人的肉体渴望之后,第二段说:"但倘若用一柄尖锐的利刃,只一击,穿透这桃红色的,菲薄的皮肤,将见那鲜红的热血激箭似的以所有的温热直接灌溉杀戮者……"这两段文字是"他们俩"为什么在这里对峙的前提。这段话表现了一种潜在的破坏欲望:让尖锐的利刃刺破肉体以便使鲜红的热血激箭似的"灌溉杀戮者"。杀戮者也就是可能"用"利刃"穿透"皮肤的实施者。实际上作者在这里流露了一种以受虐为动机的复仇想象。"他们俩"都是裸体持刃地相互对峙,暗示两者都有受虐与虐人趋向。

上述文字形象化地诠释了作者复杂的心理意愿。1924 年 9 月,他在给当时自己很信任的学生李秉中的信中说:"我已经能够细嚼黄连而不皱眉了。我很憎恶我自己,因为有若干人,或则愿我有钱,有名,有势,或则愿我陨灭,死亡,而我偏偏无钱无名无势,又不灭不亡,对于各方面,都无以报答盛意,年纪已经如此,恐将遂以如此终。我也常常想到自杀,也常想杀人,然而都不实行。"[28]从这封信中,可以得知"他们俩"中的一方很可能是"常常想到自杀,也常想杀人"的鲁迅自己的某种象征。而另一方应当是这里提到的"或则愿我有钱,有名,有势,或则愿我陨灭,死亡"的人,也就是可以沾他的光的同时又对他极为怨恨的人。而这样的人只能是曾与他极为亲近而如今感情破裂的人。考虑到作者写这段话时的特殊背景，通过这两段文字的对照，几乎可以确定"他们俩"很可能是在文坛上并立的兄弟俩的艺术缩影。与"都不实行"的自杀与杀人的心理告白相对应的是，作品中"他们俩"并没有采取进一步的决斗行动，双方以身嗜血的心理冲动到此为止，"既不杀戮也不拥抱"。杀戮，意味着彻底了结双方过去的恩怨，同时满足双方受虐与虐人两个向度的心理渴望；拥抱，即双方化干戈为玉帛，相逢一笑泯恩仇，握手言和，重归于好。可见，所谓"复仇"，除了某种强烈的怨恨情绪之外，其实还潜藏着某种求和的意愿。

分离、放弃与告别主题

《我的失恋》作为导火索引发了《晨报副刊》编辑部的冲突之后，与《影的告别》、《求乞者》一起发表在《语丝》第四期上。这三篇作品不管作者是否有意放在一起，但都表达了某些相近或相联系的意向。

关于《我的失恋》，鲁迅本人对这篇作品创作缘起的两次解释，都是说"自己看不惯当时失恋诗风行"，据此孙席珍认为这首诗是讽刺徐志摩的。看来作者在创作之前确有这方面的考虑。但是创作缘起毕竟不能等同于文本的深层意蕴。闵抗生先生就注意到这部作品的脱节现象，指出作品中存在着两个"我"、"两种失恋"[29]。据许寿裳和孙伏园的解释，"我"的赠品或是鲁迅平时极为喜爱之物，或为鲁迅常用之物。"我"将自己的心爱之物与常用之物赠给心爱之人，却引来一系列误解，最终导致隔膜而分手。文本描述的造成两者之间隔膜与错位的客观环境阻隔——"山太高"、"人拥挤"、"河水深"和"没有汽车"，对于热恋中的人来说显然不是不可逾越的；这只能是一种象征，隐喻着双方的心理巨大隔膜。应当说，爱人对"我"不无感情，但从她"赠我"的"百蝶巾"、"双燕图"、"金表索"和"玫瑰花"来看，她的感情是优雅、传统而又注重形式的；而从"我"的赠品"猫头鹰"、"冰糖葫芦"、"发汗药"和"赤练蛇"来看，"我"的感情是深沉、异端而又注重实际的，这就构成了价值观的冲突。"我"的赠品不能被对方所理解、接受并造成了一连串的误会，既说明双方缺乏对话与沟通,又显示对方心胸狭窄,根本不给“我”解释的机会。在恋人屡屡“翻脸不理我”之后,“我”最终痛定思痛、选择彻底放弃:“不知何故兮——由她去吧。”解读这首诗的关键是把握诗中反复出现的“从此翻脸不理我”的情绪特征。“从此翻脸不理我”在诗中反复出现,在节奏上构成萦回往复的感伤咏叹调,这与经常萦绕在作者内心深处的那个心理死结形成了某种相似性。周作人不就是这样对作者“从此翻脸不理我”么?作为被误解的一方,鲁迅始终处于“不知何故”的状态,即便“邀欲问之”,对方也“不至”。时过境迁,作为心理创痛的浓缩,这场冲突在诗人内心被高度简化为“从此翻脸不理我”这样一句话语;诗中的旋律恰到好处表现了这一事件对诗人心灵的反复纠缠。“由她去吧”也恰到好处地表达了作者的一种无奈情绪。如果说《伤逝》假借了男女的死亡来哀悼兄弟恩情的断绝的,那完全有充分的理由认为这首诗也不仅仅是普通恋爱诗,乃是又一次假借了男女的分手隐喻自己在屡屡碰壁之后对兄弟之情的一种无可奈何的决绝。

《影的告别》以向梦中人告别的方式诉说自己的苦闷心境,解释自己彷徨的原因:“我不过一个影,要别你而沉没在黑暗里了。然而黑暗又会吞并我,然而光明又会使我消失。”“然而我不愿彷徨于明暗之间,我不如在黑暗里沉没。”对于羽太加诸自己而周作人信以为真的种种诬蔑,鲁迅是心知肚明的,他曾当着众人的面与周作人一家发生过激烈的冲突,他很清楚自己已经被抹“黑”;而即便真相大白(“光明”),周作人幡然悔悟接他回去,他能不计前嫌地再回到八道湾么,他不是在那里迷失过么?“你还想我的赠品。我能献你甚么呢?无已,则仍是黑暗和虚空而已。”在难以名状的伤心与绝望之中,作者流露出了潜意识中的自我毁灭情绪:“我独自远行,不但没有你,并且再没有别的影在黑暗里。只有我被黑暗沉没,那世界全属于我自己。”与黑暗一同沉没是已经被抹黑的自我获得彻底解脱的一种可能的方式。值得重视的是,《影的告别》创作触发点很可能来自周作人翻译的日本作家佐藤春夫的短篇小说《形影问答》[30]。这篇小说描写睡梦中的“我”,碰到一个从月亮里下来研究孤独与沉闷的大学生(实际是“我”的影子的暗喻),第二天夜里当“我”在收获作品发表的喜悦的时候,背后又响起了昨天晚上的那个声音:“我颇不平的回过头去。在那里,在坐着的我的后边,横在地板和有花样的墙壁的上面,映出一个歪斜的蹲着的我的影子。”小说表现了作家内心里的孤独与沉闷对自我的控制以及对其创作的影响。作品主旨与后来鲁迅翻译的《苦闷的象征》极为吻合。《影的告别》也采用了《形影问答》中影子对人诉说的话语方式;两篇文章的情调与其极为相近:夜间的氛围、孤独与沉闷、分离的形影等等。

《影的告别》中出现的“告别”主题在《题辞》中也有明显的表现:“过去的生命已经死亡。我对于这死亡有大欢喜,因为我借此知道它曾经存活。死亡的生命已经朽腐。我对于这朽腐有大欢喜,因为我借此知道它还非空虚。”“过去的生命”显然指作者自己的一段“过去”,“已经死亡”应当是暗示自己与周作人携手走过的一段生命已经无可挽回地“死亡”;通过这“死亡”和“朽腐”,我知道它曾经存活过而且那一段生活并非空虚,然而那都是过去了,我现在已经超越过去,超越了过去的生命,所以我有了“大欢喜”。“大欢喜”本为佛家术语,意为“一切放下”之后获得澄明的涅槃境界。“去罢,野草,连着我的题辞!”否定过去、告别过去的意味非常明显,也就是鲁迅式的“一切放下”。“我以这一丛野草,在明与暗,生与死,过去与未来之际,献于友与仇,人与兽,爱者与不爱者之前作证。”作者立言作证的意图不容忽视,值得重视的是作者运用的对立语汇:“明与暗,生与死,过去与未来之际”,暗示作者经历的这一前前后后的时间极为重要,这一事件饱含了明的一方面,但还有暗的一方面,对我自身而言,只有清理过去,祛除死的、暗的心理压力,才能走向新生与未来。这里的“友与仇,人与兽,爱者与不爱者”应该有着较为明确的对象,联系鲁迅写作前后的怨恨情绪也就不难理解了。

上述文本中出现的放弃、告别主题在《野草》首篇《秋夜》中呈现为一种潜隐状态的“分离”意识。《秋夜》中的主要意象模式是“枣树与夜空的对峙”,在其之下的二级意象模式是“两株树”的并立:“在我的后园,可以看见墙外有两株树,一株是枣树,还有一株也是枣树。”作者这不经意的一笔实际上显示了他的潜意识中的某些牵挂和渴望,并排而立的“两株树”曾经是文坛上一道最亮丽的风景。《秋夜》中的“两株树”使人想起沈尹默在《月夜》中写过的“两株树”:“霜风呼呼的吹着,/月光明明的照着,/我与一株顶高的树并排立着,/却没有靠着。”在这里,《月夜》也存在两级意象模式,呼呼吹着的霜风与“两株树”构成了一种对峙关系(“我”显然可以理解为另一株树)。第二级的意象模式是“我”(较小的一株树)与“顶高的树”构成了并立关系。《秋夜》在题目上也接近《月夜》,时间氛围也较为相近:一篇写冬夜,一篇写秋夜;甚至《秋夜》第一句话结尾时的句式也与《月夜》后两句的句式相近:“一株是枣树,还有一株也是枣树”与“并排立着,却没有靠着”都使用了反复的修辞句式。由此可见,《秋夜》很可能在创作中受到《月夜》的影响。《月夜》这首诗作为白话诗的第一批婴儿,与胡适、刘半农以及沈尹默本人的九首诗一起发表在1918年1月《新青年》上,在当时产生了相当大的影响。作为沈尹默的好友,也是新诗尝试者的鲁迅肯定是很关注其新诗创作的,也很可能对《月夜》中的“我”与“树”的隐喻留下深刻印象。《月夜》的“两株树”隐喻作者与有着巨大影响的《新青年》编辑部其他同人的关系,表现其个性独立的观念。同样是以树喻人,《秋夜》的“两株树”则是象征了两兄弟的分手。随着行文的展开,最初的两株枣树慢慢地变成了一株:“枣树,他们简直落尽了叶子。……他简直落尽叶子,单剩干子,然而脱了当初满树是果实和叶子时候的弧形,欠伸得很舒服。但是,有几枝还低压着,护定他从打枣的竿梢所得的皮伤。”值得注意的是作者在这里又一次强调了“皮伤”,流露出作者被伤害后的自艾自怜情绪。这样开头,显然起到了强调的作用,是两株而不是一株,都是枣树而不是什么别的树。“第一节所写的‘枣树’是新文化运动革命队伍的象征”,“先总说而后分述,象征着新文化阵营内原统一而后分化为不同团体的现象,即鲁迅所说的‘《新青年》的团体散掉了’”[31]。“这种特殊的语境使读者直觉出两株枣树的独立性。先生在陈述一株枣树的存在的时候,并不否定和忽略另一株枣树的存在,然而他们虽同在黑暗的天空下面，却似乎没有任何直接的联系，彼此都是互不相干的孤独的个体。但同时作者也暗示了他们联系的可能性：相同的时间和空间。”[32]我们解读这“两棵树”重要的是不要忘记“我的后院”这个限定性的语汇，这个限定词明显暗示了“枣树”象征的具体指向。“两棵枣树分立，强调另一株也是枣树，包含兄弟失和的隐痛，而抑‘相煎何太急’，扬‘本是同根生’，表现了一种‘种’的意识。”[33]随着文本的展开，枣树由双数逐渐变为单数，另一棵枣树似乎在无意中滑落了。以鲁迅的严谨，在写作中绝不可能出现这种笔误，笔者认为，这是鲁迅有意识地滑落，正是以此来表达心中极端隐蔽的情绪。“打枣”显然既是心理伤害也是身体伤害的隐喻。对于鲁迅来说，最难以忘却的恐怕还是那次回去取自己东西时的肢体冲突。这些都加重了“枣树”本来就难以愈合的创痛。有意味的是，在鲁迅南下以后，周作人写了一篇怀念故乡的散文，题目就叫《两株树》。夜阑人静、无法入眠的时候，他或许想起了其兄《秋夜》中那著名的“两株树”的隐喻吧？

牺牲者的被弃与幽怨情绪

1925年3月18日，鲁迅在《语丝周刊》十八期发表了杂文《牺牲谟》，该文以戏仿的口吻讽刺了引诱别人牺牲的卑鄙伎俩，表达了对牺牲者的深刻同情和役使者的强烈不满。后来周建人认为杂文《牺牲谟》“有他自己在八道湾这段生活的体会在内”（周建人：《鲁迅与周作人》，见《新文学史料》第4辑，人民文学出版社，1983年）。在此文写作之前，他就以牺牲者的被弃为题材写了散文诗《颓败线的颤动》和《复仇（其二）》。

《复仇（其二）》借《马可福音》中耶稣受难的故事表达了对负义者的怨恨与悲悯。耶稣怀着对以色列人的爱心，试图以先觉者的身份去救助民众，却遭到他们的残酷迫害。作品在悲剧性的氛围中描写了以色列人对耶稣的无情戏弄和残酷迫害。面对四周的敌意，他充分感受到生命的悲哀与绝望。他经历了一系列痛苦的灵魂挣扎，进而走向精神复仇。文本的外在层面似乎是鲁迅的固有话题：先觉者与庸众的对立；但在潜在层面上却隐含着对负义者的怨恨情绪与受虐情绪：

在遭受残酷的迫害中他痛得“柔和”、“舒服”,有着“就要被钉杀了的欢喜”,当“碎骨的大痛楚透到心髓”时,“他即沉酣于大欢喜和大悲悯中”。表现被拯救者对拯救者的卑怯残酷的杀戮是文章的重点所在。作品中的受难者找到了如何处理他人对自己污蔑和折磨的方法:被钉上十字架的耶稣拒绝喝人们用没药调和的酒,拒绝伤害者采取的任何试图缓解痛苦的行为。他要让人们永远记着这痛苦和罪恶,他以自己的拒绝和更大的肉体痛苦赢得了心理上的复仇。

《颓败线的颤动》通过两个梦描写了一个女人的不幸遭遇。前一个梦记述了她年轻时代靠出卖肉体抚养孩子的故事:在“饥饿,苦痛,惊异,羞辱,欢欣的波涛”中,“瘦弱渺小的身躯”为“约略两岁的女孩”挣得了买烧饼的“小银片”。第二个“梦的年代隔了许多年了。屋的内外已经这样整齐;里面是青年的夫妻,一群小孩子,都怨恨鄙夷地对着一个垂老的女人。”《颓败线的颤动》表达了一种被弃后的自我放逐情绪,被轧干一切的老女人在垂暮之年遭受了一系列的侮辱之后“在深夜中走出,遗弃了背后一切的冷骂和毒笑”,“她在深夜中尽走,一直走到无边的荒野”。其情绪极其痛苦而复杂:“眷念与决绝,爱抚与复仇,养育与歼除,祝福与咒诅……”冯雪峰在《论野草》中敏锐地将其作为鲁迅自己经验的隐喻,认为它是“在爱与憎发生激烈的矛盾斗争时才有的,是一个热烈地爱人们而反抗性也极强的人,在遭受着像这个老女人这样的待遇的时候才会发生的”[34]。实际上,老女人的诸多遭遇颇像八道湾的鲁迅:都是施恩亲人反遭其遗弃,都是遭到一家人围攻,都看似主动出走实则被变相放逐。显然,作者是借这一奇特形象来表达自己内心的激烈情绪。“如果说这篇散文诗的‘奇’还不仅是‘奇’在主人公被放逐的遭遇的话,就应看到老女人被放逐后萌生的流放意识及由此产生的‘反抗’方式的‘奇’:她于深夜走向无边的荒野,举手面向苍天,悲愤至于无言;她那颓败的身躯全面颤动了。”[35]她欲哭无泪、欲诉无言、欲恨有顾虑、欲别还有眷念,所以只能“举两手尽量向天,口唇间漏出人与兽的,非人间所有,所以无词的言语”。在一家人的侮辱中,“她冷静地,骨立的石像似的站起来了。她开开门板,迈步在深夜中走出,遗弃了背后一切的冷骂和毒笑”。作为牺牲者的母亲就这样被受惠的女儿一家所唾弃，一怒之下走出了家门。置身荒野的老母亲，怨恨、悲伤上达苍穹，“空中也即刻一同振颤，仿佛暴风雨中的荒海的波涛”，“如遭飓风，汹涌奔腾于无边的荒野”，可谓天怨人怒，悲愤无可名状！与充满忏悔意识的《伤逝》大为不同的是，《颓败线的颤动》表现出极为强烈的怨恨与谴责情绪。

关于这篇作品，钱理群教授认为：“至少可以说，‘兄弟失和’是触发鲁迅创作《颓败线的颤动》的最初原因之一。”[36]有意思的是，胡尹强教授为了将这篇作品与高长虹联系起来以支撑其观点，对鲁迅创作这篇作品的那天晚上进行了毫无根据的想象，认为一年半之后鲁迅在给许广平信中流露出来的对高长虹的愤怒情绪“早在1925年6月29日肯定已经就强烈地感受到了”，“很难相信，1925年5、6月，高长虹川流不息进出诗人寓所，敏感的诗人会一点‘在等月亮’的疑心也没有”[37]。胡先生显然无视一个基本事实，即在1925年6月29日之后的近一年时间里，高长虹继续川流不息地到鲁迅寓所来，鲁迅不但没有反感，还多次赠与其书，并且亲自给其文集写序。很难设想，像鲁迅这样爱憎分明的人在觉察到高长虹的不良企图之后，还会对其如此热心、如此友好！所以胡尹强的说法——“风闻和疑心凝聚成散文诗《颓败线的颤动》”，显然是站不住脚的。这里必须廓清一个长期以来就存在的错误观念：认为鲁迅在《颓败线的颤动》以及《复仇（其二）》流露出来的对“恩将仇报”者的义愤主要针对高长虹等狂飙社青年。实际上，这两篇作品写作前后一段时间，鲁迅与高长虹等狂飙社成员正处于蜜月期，合作得很愉快。鲁迅对高长虹等狂飙社成员不满并与其决裂是在鲁迅南下厦门之后，也就是说《野草》所暗示的负义者，绝不可能是高长虹等人，而是另有所指。无论兄弟之间发生了怎样的不快，也无论对方有多么委屈，但事实上“兄弟失和”对鲁迅的心理影响更大一些，他内心充满受伤的感觉：“在生活的路上，将血一滴一滴地滴过去，以饲别人，虽自觉渐渐瘦弱，也以为快活”；但后来“人们笑我瘦弱了，连饮过我的血的人，也来嘲笑我的瘦弱了。……这实在使我愤怒，怨恨了，有时简直想报复。”[38]对照上面提到的1924年9月他写给李秉中的那封信中的那段话,似乎能更准确地看出鲁迅的怨恨情绪指向:“无以报答盛意”为何就“常常想到自杀,也常想杀人”呢?“饮过我的血的人”也就是那“或则愿我有钱,有名,有势,或则愿我殒灭,死亡”的“若干人”,能够饮其血而又使其“嚼黄连”的人在这时也就只有那与其手足相连的人。相互参照,这里含蕴的对负义者怨恨与复仇的情绪指向是明显的,由此也就不难理解《颓败线的颤动》与《复仇(其二)》真正的创作动因了。

综上所述,《野草》的创作的确受到作者从八道湾出走后产生的幽怨情绪与悲悯情怀的深刻影响,那种把其中所有篇章都归结为爱情因素的说法显然是站不住脚的。鲁迅借助《野草》的创作,缓解了长达数年的内心紧张,平复了心灵创痛;因而无论从创作层面还是从现实层面来看,鲁迅都实现了自己的目标。

注 释

① 高旭东先生在《鲁迅:在医生与患者之间》认为,“在过去的鲁迅研究中,只注重阐发作为医生的鲁迅,而忽略乃至有意避开了作为患者的鲁迅,结果就造成了圣化或神化鲁迅。……使鲁迅成为离我们越来越远的他者。”参见《文学与治疗》,社会科学文献出版社 1999 年版,第 164 页。

② 鲁迅后来对许广平说:“宴从门(家),从日,从女;敖从出,从放。我是被家里的日本女人逐出来的。”参见《欣慰的纪念》,人民文学出版社 1952 年版,第 24 页。

③⑧㉖㉗ 《鲁迅杂文全集》,河南人民出版社,1994 年 12 月。

④ 陈子善、王自立编:《郁达夫忆鲁迅》,花城出版社 1982 年版,第 30 页。

⑤ 许寿裳:《亡友鲁迅印象记》,人民文学出版社 1953 年版,第 58 页。

⑥ 《鲁迅全集》第 14 卷,人民文学出版社 1981 年版,第 500—501 页。

⑦ 施太格缪勒:《当代西方哲学主潮》中译本,上卷,商务印书馆 1986 年版,第 182 页。

⑨⑫ [奥]弗洛伊德:《精神分析导论讲演》,国际文化公司 2000 年版,第 240、242 页。

⑩⑪⑫㊳ 《鲁迅全集》第 11 卷,人民文学出版社 1981 年版,第 79、430、430、249 页。

⑬⑭ 童庆炳:《中国古代心理诗学与美学》,中华书局 1992 年版。

⑮ 汪卫东:《鲁迅前期文本中的“个人”观念》,人民文学出版社 2006 年版,第 277 页。

⑯《鲁迅全集》第10卷,人民文学出版社,1981年版,第63页。

⑰［日］丸尾常喜:《复仇与埋葬——关于鲁迅的〈铸剑〉》,《中国现代文学丛刊》1995年3期,第82页。

⑱杜衡:《〈望舒草〉序》,参见《戴望舒诗全编》,浙江文艺出版社1989年版,第50页。

⑲［瑞士］荣格:《心理学与文学》(冯川、苏格译),三联书店1987年版,第114页。

⑳周启明:《鲁迅的青年时代》,中国青年出版社1957年版,第89页。

㉑裴争等:《自虐、自剖与自救——重读〈风筝〉》,《山东教育学院学报》2002年第3期,第19页。

㉒许寿裳:《我所认识的鲁迅》,人民文学出版社1978年版,第50—54页。

㉓周作人:《知堂回忆录》(下),河北教育出版社2002年版,第486页。

㉔谢菊:《〈伤逝〉解读》,《鲁迅研究月刊》2001年11月,第56页。

㉕㉝刘彦荣:《奇谲的心灵图景》,百花文艺出版社2003年版,第53、103页。

㉙闵抗生:《地狱边沿的小花》,第55页。

㉚《晨报副刊》1922年1月8日。

㉛张觉:《论鲁迅〈秋夜〉的象征主义特征及其象征意义》,《鲁迅研究月刊》1999年第8期。

㉜邹湘桥:《浅论〈秋夜〉中的思想与自我形象》,《河池师专学报》1994年第4期。

㉞李宗英、张梦阳编:《十年来鲁迅研究论文选》,中国社会科学出版社1982年版,第137页。

㉟吴小美:《鲁迅与屈原》,《兰州大学学报》2001年第5期,第3页。

㊱钱理群:《心灵的探索》,上海文艺出版社1988年版,第118页。

㊲胡尹强:《鲁迅:为爱情作证——破解〈野草〉世纪之谜》,东方出版社2004年版,第234页。

(《鲁迅研究月刊》2008年第5期)

《朝花夕拾》:鲁迅的“休息”与“沟通”

李 怡

鲁迅的代表作在不同的侧面展示着作者的精神世界。《呐喊》、《彷徨》着眼于现实人生的抗争,《野草》属于自我心灵的拷问,杂文体现了对当下社会文明形态的批判,在这方面,我以为散文集《朝花夕拾》值得我们加以细细的品味,很显然,与鲁迅作品通常呈现出来的紧张感、压抑感、灰暗感不同,《朝花夕拾》另有一种别样的轻松和明朗。

在过去,阐释者习惯于继续沿着《呐喊》、《彷徨》的理解思路,在“反封建”的巨大历史意义中寻找鲁迅的锋芒与斗志,于是便出现了“百草园”与“三味书屋”的尖锐对立。事实上,只要我们平心静气地进入《朝花夕拾》的世界,就会很自然地发现,那种以“百草园”为民主自由,以“三味书屋”为封建保守的对立在很大程度上是似是而非的判断,与其说《朝花夕拾》是又一次反封建的出击,还不如说是作者在特殊心境当中的一番沉吟,一番浅唱。鲁迅自己就这样定位《朝花夕拾》:“我常想在纷扰中寻出一点闲静来”,“我有一时,曾经屡次忆起儿时在故乡所吃的蔬果:菱角,罗汉豆,茭白,香瓜。凡这些,都是极其鲜美可口的:都曾是使我思乡的蛊惑”,“他们也许要哄骗我一生,使我时时反顾”。[1](鲁迅《朝花夕拾·小引》,p. 229,p. 230)当然,在我看来,这里的“闲静”又与中国古代文人寄情山水的自我解脱不同,它依然体现了鲁迅对现实人生的追求与关怀。

一

鲁迅的“闲静”,具有自己独特的内涵和意义。

在中国古代文化传统中,“闲”是一种典型的个人精神形态。追根溯源,它可以联系到道家文化切断社会关系的"逍遥"理想。在后来的知识分子生活中,"闲"就是"闲适",本质上讲,这是作为现实人生失意之后的一种自我调节的态度。其基本的特点就是对现实人生的"不介入",甚至主动地"退出"。它采取与现实人生发展相对立的方向,主要是在自得其乐的精神向度上嘲风弄月,自我调养,所谓"闲居三十载,遂与尘事冥。诗书敦夙好,园林无世情"[2](p. 243)。晚明的小品文就是这一中国式闲适的集中体现。

然而,晚明小品所代表的中国式闲适却分明不符合鲁迅对人生与文学的理想。在《小品文的危机》中,鲁迅感叹说,五四散文小品在"挣扎和战斗"中成功之后,"以后的路,本来明明是更分明的挣扎和战斗,因为这原是萌芽于'文学革命'以至'思想革命'的。但现在的趋势,却在特别提倡那和旧文章相合之点,雍容,漂亮,缜密,就是要它成为'小摆设',供雅人的摩挲,并且想青年摩挲了这'小摆设',由粗暴而变为风雅了"。[3](鲁迅《南腔北调集·小品文的危机》,p. 576)他接着提出了自己关于小品文的著名主张:

> 生存的小品文,必须是匕首,是投枪,能和读者一同杀出一条生存的血路的东西;但自然,它也能给人愉快和休息,然而这并不是'小摆设',更不是抚慰和麻痹,它给人的愉快和休息是休养,是劳作和战斗之前的准备。[3](鲁迅《南腔北调集·小品文的危机》,p. 576)

鲁迅在这里用了"休息"一词,与"闲适"的差别在于,"休息"不是引导人离开人生,增加否定现实人生追求的趣味,而是积蓄生命活力的一个过程,是在冷静中增加对人生理解的一种方式。

以上《小品文的危机》一文虽然写成于1933年,离创作《朝花夕拾》的时间已有了七八年之距,不过,以鲁迅一生文学理想的稳定来看,他在1930年代的表述自然不是散文观念的转换而应当是一种比较准确的自我经验的宣示。因为,我们可以在散文集《朝花夕拾》中看到,鲁迅一方面真切、自然而朴素地回溯着"过去的故事",另外一方面却又没有因为沉浸于"过去"的趣味而如中国古代知识分子那样的"忘我"甚至"自失"起来。

故乡、童年之所以充满魅力,主要的原因还在于“距离”。距离帮助我们推开眼前必须面对的事物,让身边的烦恼暂时远去。回到过去就是回到一处“超功利”的世界,人“自由”而没有“负担”。如果没有这样的精神轻快,其实故乡、童年也无所谓“美丽”了;反过来也可以说,没有实际人生烦恼的纠缠,我们也无法确知“超功利”世界的可贵——这是两个互动的层面。

《朝花夕拾》的魅力就在于恰到好处地设置和利用了这样的“距离”。越是遥远的童年事物,鲁迅充满情趣的叙述越多于直接的价值判断。因为,价值的判断本身就属于当下生存的“结果”,过分剑拔弩张的抨击也就缩小了与“过去”的距离,这样,也就失去了“休息”的意义。例如《从百草园到三味书屋》,过去我们已经习惯于将它视为抨击“封建教育压抑摧残儿童”的控诉书,于是便不难得出这样的判断来:“百草园”是充满童趣的美好世界,而“三味书屋”则代表了封建教育对儿童的压抑和摧残。其实,这大概是没有读出鲁迅在文中那无所不在的情趣来:

> 三味书屋后面也有一个园,虽然小,但在那里也可以爬上花坛去折蜡梅花,在地上或桂花树上寻蝉蜕。最好的工作是捉了苍蝇喂蚂蚁,静悄悄地没有声音。然而同窗们到园里的太多,太久,可就不行了,先生在书房里便大叫起来:
>
> “人都到那里去了?!”
>
> 人们便一个一个陆续走回去;一同回去,也不行的。他有一条戒尺,但是不常用,也有罚跪的规则,但也不常用,普通总不过瞪几眼,大声道:
>
> “读书!”
>
> 于是大家放开喉咙读一阵书,真是人声鼎沸。有念“仁远乎哉我欲仁斯仁至矣”的,有念“笑人齿缺曰狗窦大开”的,有念“上九潜龙勿用”的,有念“厥土下上上错厥贡苞茅橘柚”的……先生自己也念书。后来,我们的声音便低下去,静下去了,只有他还大声朗读着:
>
> “铁如意,指挥倜傥,一座皆惊呢～～;金叵罗,颠倒淋漓噫,千杯未醉

嗬～～……"

我疑心这是极好的文章,因为读到这里,他总是微笑起来,而且将头仰起,摇着,向后面拗过去,拗过去。[1](鲁迅《从百草园到三味书屋》)

一个有腊梅可折,有蝉蜕可寻的所在,一个并不十分严厉的师长,而且,他读书的痴迷也是这样的可爱……对于此情此景,鲁迅的陶然是明显的。实际上,与百草园比较,三味书屋是他人生的另外一番体验。从百草园到三味书屋,鲁迅满怀意趣地为读者呈现了他丰富的童年记忆。这就像那位长妈妈一样,鲁迅既描写了她的诸多"劣迹",同时也讲述了她的朴素与真诚,所有这些"优点"与"缺点"在拉开人生的距离之后,都共同形成了"记忆"的丰富,而丰富本身却是意趣盎然的体现。

当然,鲁迅的确没有完全沉浸在这样的趣味中,正如他自己说:"我常想在纷扰中寻出一点闲静来,然而委实不容易。目前是这么离奇,心里是这么芜杂。一个人做到只剩了回忆的时候,生涯大概总要算是无聊了罢。"[1](鲁迅《朝花夕拾·小引》,p. 229)看起来,就是当下的"离奇"、"芜杂"的遭遇令鲁迅无法真正进入到"过去",又真正地"闲静"下来。于是,一部《朝花夕拾》就是鲁迅寻觅"闲静"而有时却无法"闲静"的产物。

二

在《朝花夕拾》中,这种寻觅"闲静"却无法完全"闲静"的心境有着生动的体现,而又正是这样的两重复杂性最终造就了鲁迅散文的独特性。

首先,鲁迅不断在过去的回忆中穿插当下人生遭遇的意象与情绪,以形成新旧勾连,"休息"因此与"超脱"有别。《朝花夕拾》的题材,主要是鲁迅过去人生的记忆,然而鲁迅却显然无意专心讲这些"过去的事情",而是不断在历史的叙述中穿插当下的"事件",看似轻松幽默的联想中,到处是讽喻现实的明确指向。例如《狗·猫·鼠》本是叙说作者对这三种动物的态度,然而下笔伊始,却一连带出了多个当代人物与当代事件：

> 我是常不免于弄弄笔墨的，写了下来，印了出去，对于有些人似乎总是搔着痒处的时候少，碰着痛处的时候多。万一不谨，甚而至于得罪了名人或名教授，或者更甚而至于得罪了“负有指导青年责任的前辈”之流，可就危险已极。为什么呢？因为这些大脚色“不好惹”的。怎地“不好惹”呢？就是怕要浑身发热之后，做一封信登在报纸上，广告道：“看哪！狗不是仇猫的么？鲁迅先生却自己承认是仇猫的，而他还说要打‘落水狗’！”[1]（鲁迅《狗·猫·鼠》，p. 232）

这里，所谓“名人或名教授”是暗讽现代评论派，“负有指导青年责任的前辈”、“不好惹”则是徐志摩的用语，“浑身发热”又是陈西滢的言论。在这样的散文作品中，鲁迅多次运用杂文笔法，不时引入涉及当下思想论争的言论，看似“闲静”，实则锋芒时露。这便是鲁迅式的“休息”，既不同于中国古代文人脱离现实矛盾的超脱，也有别于出现在一些杂文中的那种斗争的尖锐和锋利，鲁迅的现实暗讽在这里不是加强了内容的紧张性，而是在任意而写的“自由”中体现“随心所欲”的快感，是对现实人生遭遇的另外一种跨越形式——它还是服从于作者所追求的散文的“休息”，不过这是一种仅仅属于鲁迅自己的休息方式。

其次，鲁迅的回忆虽然看来都是自由写作，随意、洒脱，但整个作品集其实都存在一个自觉不自觉的核心主题：这里不是一般的童年琐事汇编，而是一个生命的成长的记录。从总体上看，《朝花夕拾》记录了一个生命从混沌初开、自我意识发生直到文化思想发展的全过程，而生命的历程本身就带有了某种庄重、严肃的意味，有别于一般的打趣和玩乐。生命就是搏击，就是理性的发生，就是“意义”的寻找。

在《朝花夕拾》中，鲁迅不是用他的“闲静”令我们丧失生存的意志与前进的欲望，而是试图在这样一种特殊的安宁中引发我们更深刻地思考人生的问题，鲁迅更愿意与我们一起来分享他对于各种生命与人生意义的“理解”。阅读《朝花夕拾》，我们并不是简单进入了鲁迅遥远而混沌的童年，而是更加理解了此时此刻的鲁迅的人生。

《狗·猫·鼠》并非一个人与“宠物”的故事,这里我们可以真正读出的是鲁迅自己人格的投射。鲁迅说了:“人禽之辨,本不必这样严”,“说起我仇猫的原因来,自己觉得是理由充足,而且光明正大的。一,它的性情就和别的猛兽不同,凡捕食雀鼠,总不肯一口咬死,定要尽情玩弄,放走,又捉住,捉住,又放走,直待自己玩厌了,这才吃下去,颇与人们的幸灾乐祸,慢慢地折磨弱者的坏脾气相同。二,它不是和狮虎同族的么?可是有这么一副媚态!”[1](鲁迅《狗·猫·鼠》,p. 234)这里已经说得很清楚了:动物的脾性,其实不过是人类生存态度的投影。

《阿长与〈山海经〉》自然是鲁迅童年经历的叙写,但其中却不时暗示出鲁迅对待人际关系的基本态度。例如“虽然背地里说人长短不是好事情,但倘使要我说句真心话,我可只得说:我实在不大佩服她。最讨厌的是常喜欢切切察察,向人们低声絮说些什么事,还竖起第二个手指,在空中上下摇动,或者点着对手或自己的鼻尖”[1](鲁迅《阿长与山海经》)。鲁迅的一生不就是在反抗各种“流言”,也反抗着种种的“切切察察”么?

《二十四孝图》主要也不是关于传统儿童教育形式的回顾,其中真正呈现的是鲁迅关于文化与生命成长关系的思考,他甚至暂时放弃了“休息”,将新文学运动的体验寄寓其中:“我总要上下四方寻求,得到一种最黑,最黑,最黑的咒文,先来诅咒一切反对白话,妨害白话者。即使人死了真有灵魂,因这最恶的心,应该堕入地狱,也将决不改悔,总要先来诅咒一切反对白话,妨害白话者”,“只要对于白话来加以谋害者,都应该灭亡!”[1](鲁迅《二十四孝图》)

《五猖会》从童年参加迎神赛会时的遭遇写起,包含的是关于传统家庭教育方式对儿童身心健康的影响。我们不无同情地读到,童年鲁迅背诵《鉴略》的结果是:“开船以后,水路中的风景,盒子里的点心,以及到了东关的五猖会的热闹,对于我似乎都没有什么大意思”,“只有背诵《鉴略》这一段,却还分明如昨日事”,“我至今一想起,还诧异我的父亲何以要在那时候叫我来背书”。[1](鲁迅《五猖会》)这个“诧异”后来便诞生了鲁迅的著名命题:我们现在怎样做父亲?

《无常》自然也不是简简单单的“鬼”故事，作者试图提醒我们注意一个重要的问题：在这无情的世界里，我们究竟如何珍惜人间的感情？因为，本来无情的“无常”其实都还这么有人情味，甚至超过了许多的人类：“因为他是勾魂使者，所以民间凡有一个人死掉之后，就得用酒饭恭送他。至于不给他吃，那是赛会时候的开玩笑，实际上并不然。但是，和无常开玩笑，是大家都有此意的，因为他爽直，爱发议论，有人情，——要寻真实的朋友，倒还是他妥当。”[1](鲁迅《无常》)

《父亲的病》所交代的也不是一段家庭的不幸的往事，鲁迅更关心的是其中所包含的文化与生命的内在关系。在父亲的遭遇当中，鲁迅读到的远非是一个小家庭的不幸，而是传统文化如何扼杀一个生命的过程。下面这段叙述涉及中西文化不同的死亡观念，读起来真有点惊心动魄：

> 中西的思想确乎有一点不同。听说中国的孝子们，一到将要“罪孽深重祸延父母”的时候，就买几斤人参，煎汤灌下去，希望父母多喘几天气，即使半天也好。我的一位教医学的先生却教给我医生的职务道：可医的应该给他医治，不可医的应该给他死得没有痛苦。——但这先生自然是西医。
>
> 父亲的喘气颇长久，连我也听得很吃力，然而谁也不能帮助他。我有时竟至于电光一闪似的想道：“还是快一点喘完了罢……”立刻觉得这思想就不该，就是犯了罪；但同时又觉得这思想实在是正当的，我很爱我的父亲。便是现在，也还是这样想。
>
> 早晨，住在一门里的衍太太进来了。她是一个精通礼节的妇人，说我们不应该空等着。于是给他换衣服；又将纸锭和一种什么《高王经》烧成灰，用纸包了给他捏在拳头里……
>
> “叫呀，你父亲要断气了。快叫呀！”衍太太说。
>
> “父亲！父亲！”我就叫起来。
>
> “大声！他听不见。还不快叫?!”
>
> “父亲!!! 父亲!!!”

他已经平静下去的脸,忽然紧张了,将眼微微一睁,仿佛有一些苦痛。

"叫呀! 快叫呀!"她催促说。

"父亲!!!"

"什么呢?……不要嚷。……不……"他低低地说,又较急地喘着气,好一会,这才复了原状,平静下去了。

"父亲!!!"我还叫他,一直到他咽了气。

我现在还听到那时的自己的这声音,每听到时,就觉得这却是我对于父亲的最大的错处。[1](鲁迅《父亲的病》)

在关于师生友情的《藤野先生》中,鲁迅所要挖掘的便是一种超越功利的人间真情,这真情对于鲁迅具有巨大的"原动力"的意义,是他突破各种"正人君子"围攻的精神支柱:"他所改正的讲义,我曾经订成三厚本,收藏着的,将作为永久的纪念。 不幸七年前迁居的时候,中途毁坏了一口书箱,失去半箱书,恰巧这讲义也遗失在内了。 责成运送局去找寻,寂无回信。 只有他的照相至今还挂在我北京寓居的东墙上,书桌对面。 每当夜间疲倦,正想偷懒时,仰面在灯光中瞥见他黑瘦的面貌,似乎正要说出抑扬顿挫的话来,便使我忽又良心发现,而且增加勇气了,于是点上一枝烟,再继续写些为'正人君子'之流所深恶痛疾的文字。"[1](鲁迅《藤野先生》)历史就这样又一次回到了现实,而人生的故事也因此被赋予了十分深刻的意义。

相对而言,《范爱农》似乎本身是一个比较"写实"的故事,但讲述故事的鲁迅却无意掩饰自己的丰富的情感和深邃的思考,在这份沉痛与严肃的背后,是鲁迅希望与读者共同面对的现实:"爱农先是什么事也没得做,因为大家讨厌他。 他很困难,但还喝酒,是朋友请他的。 他已经很少和人们来往,常见的只剩下几个后来认识的较为年青的人了,然而他们似乎也不愿意多听他的牢骚,以为不如讲笑话有趣。"[1](鲁迅《范爱农》)不是么,我们都处于一个爱听笑话、需要轻松的时代,笑话与轻松已经开始令我们那些独特的个性渐渐不为社会所包容了。

三

在艺术上,《朝花夕拾》超越了传统散文的“独语”形式,追求的是对话与沟通。

众所周知,中国传统抒情散文颇受庄禅思想的影响,以“无言独化”为最高精神境界。它拒绝社会性沟通,强调返回个人内心。恰如明人郑瑄云:“人大言我小语,人多烦我少记,人悸怖我不怒,淡然无为,神气自满,此长生之药”[4](卷7),“见美女时作虎狼看,见黄金时作粪土看,这个中享了多少清福,让他说话我只闭口,让他指责我只袖手,这个中省了多少闲气”[4](卷13)。这样一种规避世俗纷扰的人生态度造就了中国优秀的散文小品“独语”的传统。

在中国现代作家当中,也有自觉秉承这一“独语”传统的,例如徐志摩《翡冷翠山居闲话》所表达的“独游”观念就是:

> 这样的玩顶好是不要约伴,我竟想严格的取缔,只许你独身;因为有了伴多少总得叫你分心,尤其是年轻的女伴,那是最危险最专制不过的旅伴,你应得躲避她象你躲避青草里一条美丽的花蛇!平常我们从自己家里走到朋友的家里,或是我们执事的地方,那无非是在同一个大牢里从一间狱室移到另一间狱室去,拘束永远跟着我们,自由永远寻不到我们;但在这春夏间美秀的山中或乡间你要有机会独身闲逛时,那才是你福星高照的时候……[5](p. 100)
>
> 你一个人漫游的时候,你就会在青草里坐地仰卧,甚至有时打滚,因为草的和暖的颜色自然的唤起你童稚的活泼;在静僻的道上你就会不自主的狂舞,看着你自己的身影幻出种种诡异的变相……[5](p. 100)

这可以说就是现代人理解的“无言独化”了。

不过,以“抗俗”而不是“避世”为己任的鲁迅显然与之不同。《朝花夕拾》第一篇是《狗·猫·鼠》,散文一开篇就带有十分明显的自我“表白”的

意味:

> 从去年起,仿佛听得有人说我是仇猫的。那根据自然是在我的那一篇《兔与猫》;这是自画招供,当然无话可说,——但倒也毫不介意。一到今年,我可很有点担心了。

在这里,鲁迅的态度十分鲜明:就是要让读者全面了解他本人在这一动物"事件"中所体现的真实人生态度,他与读者沟通与对话的愿望格外强烈。

我们注意到,出于沟通与对话的需要,《朝花夕拾》的大部分篇章都充满亲切、和蔼的叙述态度,具有鲜明的"讲述性",总结起来,我们可以发现,这样的叙述模式居多:

1. "在什么什么地方的时候,我大抵在干什么"。如《范爱农》:"在东京的客店里,我们大抵一起来就看报。"

2. "我家的……"如《从百草园到三味书屋》:"我家的后面有一个很大的园……"

3. "我还记得……"如《无常》等。

鲁迅在亲切的叙述语气中还不时与读者交流、沟通,并时刻注意读者的知识基础与即时的反应,以便适当予以补充、调整。

例如《阿长与〈山海经〉》:"长妈妈,已经说过,是一个一向带领着我的女工,说得阔气一点,就是我的保姆。"第二段特别注意到了读者与作者的地域差异:"我们那里没有姓长的;她生得黄胖而矮,'长'也不是形容词。"

有时候,鲁迅也略略离开故事,加入一点补充,这也是充分顾及了读者接受的知识背景。例如《无常》:"倘使要看个分明,那么,《玉历钞传》上就画着他的像,不过《玉历钞传》也有繁简不同的本子的,倘是繁本,就一定有。"

值得提出的是,在《朝花夕拾》中,鲁迅似乎具有一种相当自觉的"读者意识"。也就是说,他为自己选择了特殊的读者对象,从而体现出了对这样的读者的充分重视。这就是接受美学所谓的"隐含读者"。接受美学认为,除了一般意义的读者外,作家都还有自己心目中最想倾诉的对象,这样就产生了"隐含读者”。隐含读者就是作者心目当中的最能够领悟和体味其创作动机的读者,作家往往就按照这样的预设来调整作品的内容以及叙述方式。

那么,鲁迅所选择的“隐含读者”有什么特点呢?《藤野先生》有云:“东京也无非是这样。”这似乎表明,这样的读者并没有去过东京,但同时却有了解东京等异域事物的兴趣,在《狗·猫·鼠》中,“名人或名教授”,或者“负有指导青年责任的前辈”之类“大脚色”也成了他讽刺挖苦的对象,这也将“大脚色”们排斥在外了。这不仅因为鲁迅一向对他们讽刺不已,更重要的是整个篇章所呈现的亲切平等的态度也显然就不是送给这些“博学人物”的,鲁迅关注的是同他一样对于人生、生命有着真诚信念与态度但又多少还存在着某些疑虑的人。

此外,鲁迅还不厌其烦地对他所叙述的内容加以仔细说明、分析、交代(如《后记》中如此详尽的考证、说明),努力提供更多的“背景材料”,甚至附上图片,这似乎表明,这些内容都是“非绍兴人”、“非鲁迅年龄阶段人”所不能知道的,——虽然不知道,但他们这样的读者显然又对于鲁迅的人生经历充满了好奇与兴趣。

综合以上分析,我认为,一个显而易见的事实就是,鲁迅为自己选择的“隐含读者”应该是当时的青年人。当然,是那些愿意接近鲁迅,愿意与鲁迅交流的青年人。鲁迅努力在与青年一代的沟通与对话中交流人生的观感与思考,寻觅自己的知音与同道。

参考文献

[1] 鲁迅. 鲁迅全集[Z]. 北京:人民文学出版社,1981.

[2] 陶渊明. 辛丑岁七月赴假还江陵夜行涂口[A]. 沈德潜编. 古诗源[Z]. 北京:华夏出版社,2006.

[3] 鲁迅. 鲁迅全集[Z]. 北京:人民文学出版社,1981.

[4] (明)郑瑄. 昨非阉日纂[Z]. 明崇祯刻本.

[5] 徐志摩. 翡冷翠山居闲话[A]. 徐志摩全集[Z]. 南宁:广西民族出版社,1991.

[《首都师范大学学报(社会科学版)》2009 年第 1 期]

《鲁迅全集》背后的寻找

李　辉

缘起：为注释人物而四处求证

在当代出版史上，除了五卷本《毛泽东选集》，最引人注目的出版项目恐怕要算一九八一年版的十六卷《鲁迅全集》（人民文学出版社出版）。这不仅因为全集第一次汇集了业已搜集到的鲁迅所有创作文字，更因为在由“文革”向新时期转换的特殊年代，人民文学出版社以得天独厚的优势，汇集一批鲁迅专家和现代文学研究者，为他们提供极为难得的研究空间与途径，从而使编辑《鲁迅全集》成为打通当代与近现代、打通文学与政治的过程，进而留存了不可多得的、耐人寻味的历史印记。

一九八一年版《鲁迅全集》

“文革”后期，在鲁迅诞辰九十五周年和逝世四十周年之际，人民文学出版社于一九七六年八月先行出版《鲁迅书信集》（上、下两卷）和《鲁迅日记》（上、下两卷）。书信与日记两类作品的问世，是对鲁迅著作出版空白的填补，为随后《鲁迅全集》的编辑出版也做了铺垫。

一九八一年为鲁迅百年诞辰纪念，出版十六卷本《鲁迅全集》遂成为人民文学出版社的头等大事。这一项目一九七七年正式启动，但却是“文革”后期编辑工作的延续，其中注释工作为重中之重。

据程中原先生《胡乔木与一九八一版〈鲁迅全集〉》一文所述,主持全集注释工作的是胡乔木,而之前编辑出版《鲁迅日记》与《鲁迅书信》,也是胡乔木帮助周海婴上书毛泽东而促成。

编辑、出版一部比较完备和准确的《鲁迅全集》新的注释本,胡乔木一直大力支持。一九七五年十月,周海婴就鲁迅书信、著作的编辑出版问题上书毛主席。信稿就是得到胡乔木的指点,经过胡修改、润色,并由胡转呈毛的。十一月一日,毛泽东作了批示,表示“我赞成周海婴同志的意见”,要政治局讨论一次,“作出决定,立即实行”。这个批示,使“四人帮”百般阻挠鲁迅书信集出版的倒行逆施无法再继续下去,《鲁迅全集》的整理和注释也一变过去“一直无人过问”的状况。国家出版局很快作出规划:立即着手出版包括现存全部鲁迅书信的《鲁迅书信集》;新注鲁迅著作单行本二十六种,一九七七年底前出齐;新注《鲁迅全集》十五卷(正式出版时增加《索引》一卷,为16卷),一九八〇年底前出齐。一九七五年十二月五日,党中央、毛主席批准了这个规划。为进一步贯彻落实毛泽东的批示,国家出版事业管理局又于一九七六年四月二十三日至五月十日召开了鲁迅著作注释工作座谈会,北京、上海、天津、辽宁、吉林、山东、河北、江苏、浙江、福建、湖北、广东、广西等十三个省、市、区宣传部门负责同志,大专院校参加鲁迅著作注释的代表,从事鲁迅研究的专家,认识、熟悉鲁迅的老同志,共七十九人参加,拟订了《鲁迅全集》和鲁迅著作单行本的注释、出版规划,具体落实了分工、任务。国务院于一九七六年七月一日《批转国家出版事业管理局关于鲁迅著作注释工作座谈会的报告》(国发[1976]54号),要求各省、市、区革委会,国务院各部委“参照执行”。到一九七六年鲁迅诞辰九十五周年之际,一部收入一千三百八十一封书信的新的《鲁迅书信集》终于问世。

胡乔木在“反击右倾翻案风”中作为重点批判对象受到严重打击,可是粉碎“四人帮”以后,还是没有恢复正常的政治生活。一九七七年四五月间，邓小平再次复出已成定局。邓力群正同王震计议，通过什么途径，让胡乔木重新出来工作。就在这时，“五一”劳动节后刚刚上任的国家出版局局长王匡拜访了胡乔木，恳请他主持新版《鲁迅全集》的注释工作。胡乔木欣然同意。

根据胡乔木的意见，经国家出版局同意，成立了“《鲁迅全集》领导小组”，具体领导鲁迅著作编辑室的工作。林默涵任组长，组员为冯牧、秦牧、王仰晨（鲁迅著作编辑室主任）、李文兵（鲁迅著作编辑室副主任）。《鲁迅全集》的编注工作随即在胡乔木的指导下紧张而有序地开展起来。

（《纵横》2004年第6期）

如上所述，编辑一九八一年注释本《鲁迅全集》，在历史转折时期成为出版界最具承前启后意义的工作。

对鲁迅日记、书信中出现过的众多人物的生卒年月、经历、该人与鲁迅的关系等进行考证，无疑是注释中虽繁琐却颇有必要的工作。于是，自一九七七年起，由鲁迅著作编辑室（以下简称“鲁编室”）聘请的专家，四处采访，八方去函，为求注释条目的尽量准确而奔波。

十几年前，我从潘家园摊主那里得到一批编辑《鲁迅全集》过程中的相关史料。主要为两部分：一，巴金、胡风、曹靖华、萧军、黄源、聂绀弩等数十人回忆与鲁迅交往的谈话记录整理原件；二，为求证相关人物的生卒年月等情况，鲁编室与相关部门的往来信函原件。

鲁编室对一些多年来杳无踪迹的人物如潘汉年、储安平等人的下落八方求证，集中在一九七九、一九八〇两年。时值拨乱反正、平反冤假错案之际，全集出版期限又日益逼近，这一求证，成了他们此时急迫的任务。

应该感谢相关部门当年对编辑《鲁迅全集》这一工作的重视，他们在收到鲁编室的询问函后，基本上均认真而及时地予以回复。今天看来，这些往来信函，以意想不到的方式为一些人物的命运提供了线索，同时，它们本身也成为解读当年历史语境和细节的特殊史料。

三十多年前,鲁编室的专家们以他们的细致与孜孜以求,为我们的学术研究和文化批评,在学理上、求实风格上,提供了最好的范例。

鲁编室专家们的八方求证,从另外一个角度说明我对文怀沙真实年龄、入狱具体原因的质疑,并非小题大做,而是确有其必要性。一个人物,无论重要与否,一旦进入文化、历史的环境,他的年龄、经历就必须相对准确、真实,不容编造,不能存在过多的疑点。这也不是无关紧要的一己之事,而是影响到对与之相关事件、相关人物的研究与叙述。如果编造被视为真实,叙述就有可能陷入盲区,甚至不可避免地产生歧义。我一再强调,质疑文怀沙的关键问题在于现实中他的编造,这是真、假之辨,而不是把当年的历史行迹重新提出,作所谓是非之辨。没有文怀沙本人当今就以上问题所作的编造,焉有我的质疑?如此明了的逻辑,急于为他辩护的人,为何不愿也不敢正视,却在那里“王顾左右而言他”?

下面试将编辑《鲁迅全集》时关于部分人物的求证往来信函,予以整理。史料中的年月书写、文字叙述、涉及当事人的政治界定等,为保持原貌,均不予改动(包括漏字错字)。为反映当年编辑原貌,本文所引注释也引自一九八一年版,二○○五年新版《鲁迅全集》如有改动,以新版为准。另外,需要特别强调的是,相关当事人的历史结论,应以后来的定论为准,祈望读者明察之。

一、关于潘汉年、向培良

潘汉年与向培良彼此之间并无关联，各自与鲁迅的关系亲疏更有很大差别。他们的名字连在一起，乃是因为他们的生命归宿都在湖南。

在鲁迅日记中，潘汉年只出现过一次，记载很简单："下午潘汉年、鲍文蔚、衣萍、小峰来，晚同至中有天饭。"（1927年12月13日）向培良作为"狂飙社"成员，在二十年代曾与鲁迅来往密切，仅在鲁迅日记中即出现九十余次。

潘汉年一九五五年被公开宣布逮捕之后，就从公众视野中消失了。从鲁编室往来信函时间顺序看，鲁编室先去信潘汉年最后劳改的湖南米江茶场询问下落，同时，又分别去信湖南省公安局和公安部，进一步询问潘与向的情况。

湖南省米江茶场政治处回函

鲁迅著作编辑室：

来信收悉，经查问有关材料和人，潘汉年于一九七五年送入我场，因病于一九七七年四月死亡，至于何年出生，由于潘的所有档案未给我们，故此不明。请你们去信公安部，或我省公安局政治部询问。

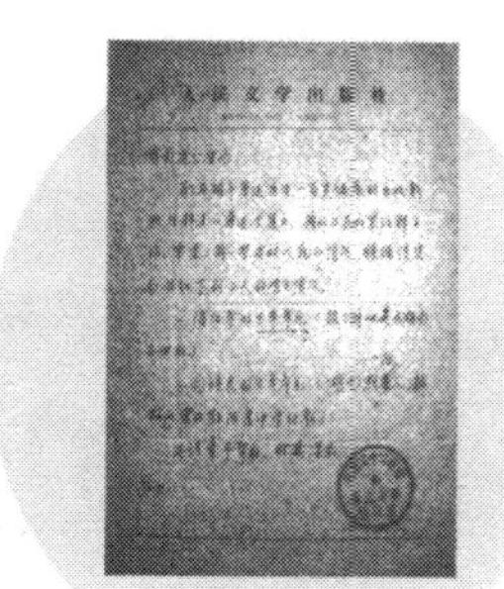

鲁编室关于潘汉年致湖南公安局函

致

礼

盖章（湖南省米江茶场政治处）

一九八〇．二．二十六

鲁编室致湖南公安局函

湖南省公安局：

为了明年鲁迅先生一百岁诞辰时出版新版注释本《鲁迅全集》，我们

正在加紧注释工作,需要了解一些当时人物的情况,特烦请您局告知下列二人的有关情况:

一、潘汉年的生卒年月。(据了解他是在湖南去世的)

二、向培良的生卒年月。(湖南黔阳人,解放后曾在黔阳某中学任教)

万请惠予帮助。盼复,并致

敬礼!

盖章(人民文学出版社鲁迅著作编辑室)

八〇. 四. 二

湖南省公安厅回函

人民文学出版社:

你社鲁迅著作编辑室四月二日来信了解潘汉年、向培良二人的生卒年月,现将查档情况告知如下:

潘汉年一九七五年五月由公安部送来湖南,安置在我厅所属劳改单位米江茶场。一九七七年四月十四日病故。据我厅给湖南省委《关于潘汉年送长沙医院治病问题的请示报告》中记载,潘当时七十二岁。但其详细出生年月不清,需请你社向公安部查讯。

向培良出生于一九〇五年四月七日,一九五六在湖南省黔阳县一中任语文教员,以后情况不清,需讯问当地有关部门。

湖南省公安厅(盖章)

一九八〇年五月二日

公安部第十三局回函

人民文学出版社鲁迅著作编辑室:

现将你们需要了解潘汉年的两点情况告知如下,供参考。

一、潘汉年生于一九〇六年一月(农历乙巳年十二月十八日),一九五五年被捕,一九七五年五月二十八日释放,由湖北劳改单位安置。何时死

亡，请问湖北劳改单位。（此处似为笔误，应是湖南——李辉）

二、一九二七年八月至一九二八年潘汉年在上海地下党法南区委编入街道支部；公开职业是在光华书店同叶灵凤恢复出版“幻洲”半月刊，同时编辑“现代小说”杂志。

盖章（公安部第十三局）

一九八〇年五月十二日

黔阳县第一中学回函

人民文学出版社鲁迅著作编辑室负责同志：

来信了解向培良的情况，据存我校档案资料所查，现介绍如下：

一、向培良，别名姜蕴、漱美。湖南省黔阳县沙湾公社案头大队人，生于一九〇五年农历四月七日。1955 年 3 月由沅陵县一中调来我校任语文教员。1958 年 6 月 19 日因历史反革命及右派被黔阳县人民法院判处有期徒刑拾年。据说在劳动改造期间 1961 年病亡于湖南省溆浦县。

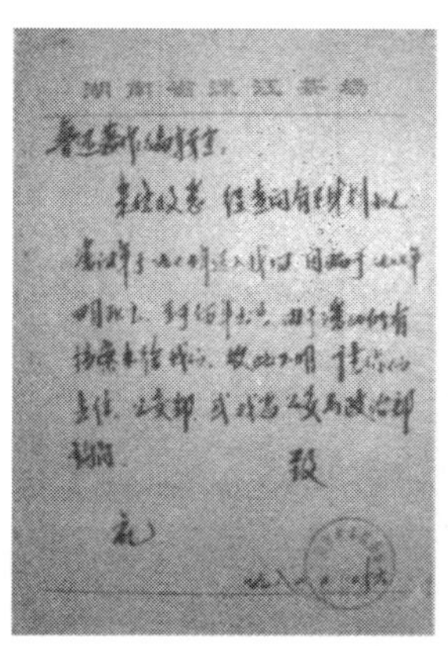

米江茶场关于潘汉年的回函

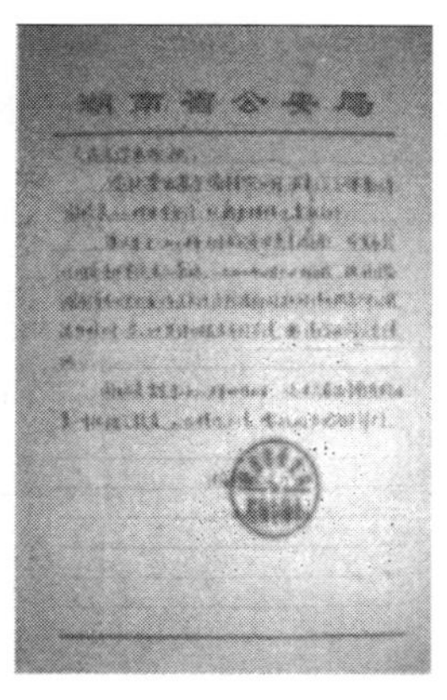

湖南省公安局

湖南省公安局关于潘汉年的回函

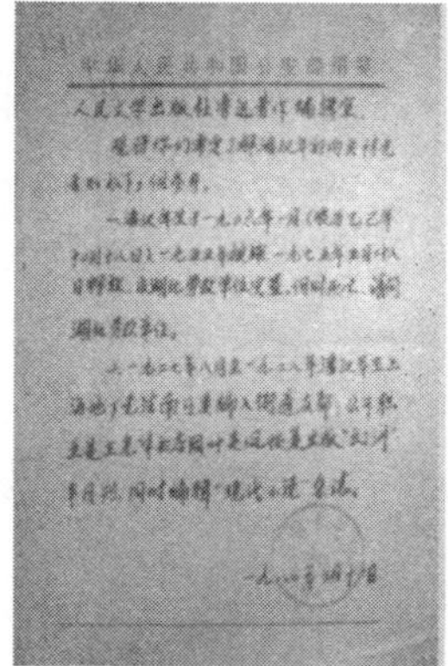

公安部关于潘汉年的回函

向培良的历史问题，1980 年三月经黔阳地委摘帽办批复，确认向培良被划右派分子是属于错判，予以改正。1979 年 12 月黔阳县人民法院已撤销原判。

二、向培良有二子二女。(以下略——李辉)

三、向培良的历史经历大概这样:1913—1924年先后在沅陵、长沙、北京读书,以后的社会活动在各地各校任教,主要是教语文,也教过历史,在大专学校教过文学艺术理论和戏剧等科目。除教书外,曾任过武汉革命日报、衡阳日报副刊编辑,上海南华书店总编辑,怒潮剧社副社长、国立戏剧学校研究实验部主任、中国万岁剧团少将团长等反动职务。49年后在安江农校、洪达中学、沅陵一中、黔阳一中等学校任教。

以上情况,供你们参考。

黔阳一中(盖章)

80.5.20

经过一番求证后,在《鲁迅全集》中,两位人物的注释分别如下:

潘汉年(1906—1977)　江苏宜兴人,作家,"左联"成员。潘梓年之弟。一九二七年底与叶灵凤筹编《现代小说》月刊。

向培良(1905—1961)　湖南黔阳人,狂飙社主要成员。一九二四年在中国大学学习时开始与鲁迅交往。一九二五年参加《莽原》周刊筹备工作,不久与吕琦、高歌往开封编辑《豫报副刊》,十月回京与高长虹等刊印《狂飙》不定期刊。一九二六年鲁迅为他选编小说集《飘渺的梦》,并介绍给北新书局出版,鲁迅赴厦门前在女师大的讲演系由他记录整理。鲁迅离京后不久他们的关系就逐渐疏远以至断绝。以后他投靠了国民党反动派。

二、关于储安平

储安平在鲁迅日记中只出现一次,记载为"寄安平信并稿"(一九二九年六月二十一日)。

此信未收录入全集。储安平一九五七年在《光明日报》被打成右派,"文革”初期下落不明，鲁编室希望求证他的归宿。

人民文学出版社

关于储安平的往来信函

鲁编室致《光明日报》函

光明日报负责同志：

我们正在编注《鲁迅全集·日记》，其中有关储安平的一些情况需要向你们了解，请在百忙中拨冗赐复为祷！

一、他的生卒年？籍贯（江苏宜兴）？

二、他1929年6月前后在何处任何职？

因定稿在即，务请早日掷示。

此致

敬礼！

盖章（人民文学出版社鲁迅著作编辑室）

80.8.14

《光明日报》社人事处回函（写在鲁编室来函上）

储安平在我社任职只几个月的时间。我社没有他的档案和干部卡片。经访问报社几位老同志，对上述两点都说不知道。请你们问一下九三学社看看他们是否知道。

盖章（光明日报社人事处）

8.15

由回函可见此次求证未果。史料中未有九三学社回函，储安平的归宿无法确定，故《鲁迅全集》中的注释为：

储安平（1905—?）　江苏宜兴人。上海光华大学学生，《奔流》、《北新》投稿者。

时过三十年，储安平的死亡之谜，似仍未解开。

三、关于谷万川

谷万川(笔名“半林”)在三十年代初参加过北平的左联组织，在鲁迅日记中出现过一次，记载为“得半林信”(一九三五年十月十八日)。

鲁编室致河北望都县公安局函

望都县公安局负责同志：

我室因编注《鲁迅全集・日记》，需要了解谷万川的一些情况。查谷万川案件，曾由您局处理，故请将下列情况抄示我室。

一、谷的生年和卒年？

二、籍贯？

三、一九三三年时在何处任何职？

四、他的最后政治结论。

定稿在即，请尽早掷告为祷！

此致

敬礼！

盖章(鲁编室)

1980.8.29

河北望都县公安局回函

人民文学出版社：

你社发来的了解谷万川情况的信收悉。现将情况函告你社：

一、谷的生年和卒年？

1905年生，1970年11月8日被望都县军管会枪决。

二、籍贯？

河北省望都县杨家村公社谷家村人。

三、一九三三年时在何处任何职?

1933 年在北京师大读书,参加左翼作家联盟。

四、他的最后政治结论?

1980 年 4 月 15 日复查结论为:属于错判,宣告无罪。

望都县公安局(盖章)

1980 年 9 月 1 日

回函未说明谷万川被枪决的具体原因。《鲁迅全集》中的注释为:

谷万川(1905—1970) 笔名半林,河北望都人,北平"左联"成员,当时是北京师范大学学生,《文学杂志》编辑。

四、关于马吉风

马吉风(又写作马吉峰)与鲁迅的往来是在一九三五、一九三六年,在日记中出现过三次。

鲁编室致济南市公安局函

济南市公安局:

我们正进行《鲁迅日记》的注释工作,其中关于马吉峰的情况需要向你们了解。

马吉峰,又名马吉风,叛徒、国民党特务。原在西安一带活动,1949 年西安解放后,被当地军管会遣返回济。同年在济南被公安局拘留审查,后送山东劳改局泰安地区劳改队进行劳动改造。据说在"文化大革命"中 1967 年或 1968 年死在劳改队。

我们要了解的是:

1. 马吉风的生、死年,籍贯,简历。

2. 特别是 1935 年至 1936 年间他在上海何处任何职?

3. 他档案上有无谈过他与鲁迅先生的交往?是怎样写的?

以上各条,请你们帮助了解,并予复示。

此致

敬礼!

盖章(人民文学出版社鲁迅著作编辑室)

79.5.25

附:《鲁迅日记》中有关马吉风的记载供参考。

1935年8月15日:上午……得马吉风信,午后复。

1935年8月18日:下午得马吉风信。

1936年8月2日:下午……得马吉风信,并稿,即复并还稿。

济南公安局回函

人民文学出版社:

你们来信了解马吉峰的情况,经查:马吉峰,济南人,1916年生人,1970年2月7日因高血压、心脏病并脑溢血死亡。

所了解马吉峰与鲁迅先生交往一事,档案上没有反映出来。只有1935年8月—1935年9月在上海月明公司东方剧社任社员和1936年10月—1937年2月在上海联华书局任编辑这一段简历。

其他情况若需要可来详细查阅。

此致

敬礼

盖章(济南市公安局)

79.5.29

在《鲁迅全集》中关于马吉风的注释为:

马吉风(1916—1970) 又名马吉峰、马蜂,山东济南人。一九三五年至一九三六年间在上海月明公司东方剧社和联华书局等处任职。是个隐藏的国民党特务分子。

五、关于李朴园

李朴园在鲁迅日记中出现过两次，记载分别为：“上午得李朴园信”（一九二八年四月十八日），“午后复李朴园信”（一九二八年四月二十一日）

鲁编室致浙江美术学院函

浙江美术学院负责同志：

我们正在编注《鲁迅日记》，其中涉及到李朴园。据说李朴园解放后曾在您院任教，我们想请你们查阅他的档案，将下列情况告诉我们。

1. 他的生年、籍贯。

2. 他的简历。(特别是1928年时在何处任何职?)

3. 现在何处？如已死，请将卒年见告。

此致

敬礼！

盖章(人民文学出版社鲁迅著作编辑室)

79.8.27

浙江省文化局政治处回函(写在函下方)

人民文学出版社鲁迅著作编辑室：

根据你室要求，我处将李朴园有关情况写了一材料，附后请查收。

盖章(浙江省文化局政治处)

1979.11.7

李朴园证明材料

李朴园生于1901年，河北省曲周县人。

该人 1927.9—1928.1　在南京伪国民政府大学院任干事

1928.2—1938.7　在杭州伪国立西湖艺专任教

1938.11—1942.5　在陕甘伪剧教队任队长

1942.7—1944.7　在重庆国立歌剧学校任教导主任

1944.8—1946.7　在重庆国立艺专任教

1946.8—1949.7　在苏州社教学院任教

1949.10—1950.3　在杭州省立商校任教

1950.3—1950.11　在浙江省文工团任编辑

1950.11—1953.2　在浙江省文联任编辑

1953.3—1954.6　在浙江省文化局工作

该人政治历史复杂，肃反时列为审查对象，1956年6月于杭州病故。

盖章(浙江省文化局外调材料专用章)

1979.11.7

不知为何，《鲁迅全集》没有参考和使用这一回函的资料，李朴园的注释仅仅简单写为：

李朴园　画家。杭州国立艺术院教授。

六、关于陈垣、王桐龄、杨树达

在鲁迅日记中，杨树达出现五次(均在一九二四年)，陈垣一次(一九二三年十一月八日)，王桐龄一次(一九二四年七月十四日)。鲁编室误认为他们三位均是北京师范大学人员，故一并询问。

北京师范大学校史编写组回函

人民文学出版社鲁迅著作编辑室：

来函收悉。王桐龄已故，详细情况正在派人查阅档案，俟有结果后即告。

杨树达先生系北大中文系文字学专家，详细情况请与北大党委联系。据我校中文系老教师说，杨伯骏（峻）先生是他的亲属现在商务印书馆工作，请查询。

致

敬礼

北京师范大学校史编写组

（盖章为“北京师范大学办公室”）

1980.1.5

北京师范大学校史编写组回函

鲁迅著作编辑室：

关于王桐龄及陈垣的情况，经查阅档案后，又访问了有关人员核实，迟复甚歉，还需补充什么可随时告知。

我校正在编写校史，王桐龄、陈垣二先生与鲁迅先生的交往情况，我们也很想了解，有关资料可否函告？若有必要我们也可派人前往拜访，望示。

顺致

敬礼

北京师范大学校史编写组

（盖章为“北京师范大学办公室”）

1980年2月10日

附材料两份

关于王桐龄先生的情况

1. 王桐龄，别名王峄山，河北任丘赵北口村人，生于1877年，卒于1953年5月

2. 他的简历（一九二五年以前的）

1912年9月在日本东京帝国大学毕业回国后任北京高等师范学校

教授

1914年4月始兼高师史地部教务主任

1915年7月始兼师范教员养成所教务主任

1918年7月养成所结束解主任职

1920年8月派往日本研究

1922年8月回校担任教授

1929年10月兼本校女子学院史地部主任教授

(以[上]摘自1950年8月本人填的登记表)

3. 王桐龄自民国元年开始担任北京高师、北京师大历史系教授，一直在师大工作，1937年抗日战争爆发师大迁往西北，他没有去，这段历史不详。1946年师大迁回北京，他又回校任教授，于1951年退休，1953年5月病故。

4. 他本人于1946年填的登记表上曾有以下几项：

民元年十月至二年九月任教育部参事秘书

民元年十月至二十六年十月任北高师及师大主任教授

民十五年八月至十八年七月燕京大学教授

民十七年五月至十九年七月女师大主任教员

民十四年九月至十八年八月志成中学校长

5. 他有幼子名王雯现住西单察院胡同新门牌27号(旧门牌15号)

长子王霈现在美国德克萨斯州某公司任工程师，如需联系请先与王雯联系。

关于陈垣同志的一些情况

一、陈垣生于1880年11月12日，不是生于1879年。今年正好是他百年诞辰，我校准备举行纪念活动。卒于1971年6月21日。

二、他是自1921年10月至1922年5月任教育部次长。

三、关于他1923年工作单位。经查阅他生前填写的登记表，1922年始任京师图书馆馆长、北京大学研究所国学门导师，1923年始任燕京大学教授。

四、关于他的学历

1901年清末秀才，1907年广州博济医学院学生，1908年创办广州光华医学院，并于1910年毕业于该校，并留校任教，后又研究过中医史。

在《鲁迅全集》中，上述三人的注释分别为：

王桐龄（1877—1953）　字峄山，河北任丘人，历史学家。曾留学日本，一九一二年回国，历任教育部参事秘书、北京高等师范学校史地部教务主任、北京师范大学历史系教授等职。一九二四年曾与鲁迅同赴西安讲学。

陈垣（1880—1971）　字援庵，广东新会人，历史学家。一九二一年年底至一九二二年五月任教育部次长，其间又任京师图书馆馆长、北京大学研究所国学门导师。一九二三年为北京燕京大学教授。

杨树达（1885—1956）　字遇夫，湖南长沙人，语言学家。曾留学日本，一九二五年间为教育部编译馆编译员，并先后任北京师范大学、清华大学教授。

七、关于伍崇学

伍崇学与鲁迅一起到日本留学，在一九一三年至一九一八年间的鲁迅日记中，先后出现近二十次。从史料中南京相关回函来看，鲁编室是为搜集鲁迅书信而查询，惜乎未有发现。

南京市革命委员会文物保管委员会复函

北京文学出版社负责同志：

2月1日函敬悉。据徐鹏同志调查访问,伍崇学老先生,生于1881年,解放后任南京市文史馆馆员,1954年因病逝世。伍崇学先生夫人姚婉青早故,他一直未续弦,因此无后。他的侄儿伍正达,现年70岁,在南京邮电学校任教,家住南京马路街34号,原保存鲁迅先生给伍崇学的信札及伍先生的诗文等,"文化大革命"期间遭"造反派"抄家,这些重要文物的下落,请直接与伍正达同志联系。

此致

敬礼

南京市革命委员会文物保管委员会

(盖章)

朝天宫4号

1980.2.26

《鲁迅全集》中,关于伍崇学的注释为:

伍仲文(1881—1954)　名崇学,字习之,又字仲文,江苏南京人。鲁迅在南京矿路学堂和日本弘文学院学习时的同学。一九一三年为教育部视学,六月间到浙江视察学务。一九一五年三月任普通教育司司长。一九一七年九月任江西教育厅厅长,旋即改任浙江教育厅厅长,一九一九年底辞职。

很遗憾,三十年前,鲁编室未能找到鲁迅致伍崇学信札。不过,南京回函仍留有一条线索,有心人如继续挖掘,或许会有意外发现。且寄希望那些在"文革"中被抄走的鲁迅信札,没有化为灰烬,仍在人间。

伍家后辈,人在何处,君知否?

完稿于二〇〇九年十月八日,北京

(《书城》2009年第12期)

图书在版编目(CIP)数据

十年论鲁迅 ：鲁迅研究论文选 ：2000～2010 / 王彬彬，王晴飞主编. -- 南京 ：南京大学出版社，2015.7

(中国新文学研究丛书. 鲁迅研究系列)

ISBN 978-7-305-15485-0

Ⅰ. ①十… Ⅱ. ①王… ②王… Ⅲ. ①鲁迅研究一文集 Ⅳ. ①I210—53

中国版本图书馆 CIP 数据核字(2015)第 146388 号

出版发行 南京大学出版社
社　　址 南京市汉口路 22 号　　　邮　编 210093
出 版 人 金鑫荣

丛 书 名 中国新文学研究丛书·鲁迅研究系列
书　　名 十年论鲁迅——鲁迅研究论文选(2000—2010)
主　　编 王彬彬　王晴飞
责任编辑 施　敏

照　　排 南京南琳图文制作有限公司
印　　刷 南京爱德印刷有限公司
开　　本 787×960　1/16　印张 37.25　字数 542 千
版　　次 2015 年 7 月第 1 版　2015 年 7 月第 1 次印刷
ISBN 978-7-305-15485-0
定　　价 100.00 元

网址：http://www.njupco.com
官方微博：http://weibo.com/njupco
官方微信号：njupress
销售咨询热线：(025) 83594756